Über den Autor

Martin Struschka, geb. 1968, lebt seit 1990 hauptsächlich in Asien, seit 1993 ständig in Vietnam. Trotz seines Studiums der Islamwissenschaft (oder gerade deshalb) fühlt er sich in Fernost eher zu Hause als im Nahen Osten. Thailand hat er mehrfach und ausgiebig bereist. Im Jahre 1991 war er als Lehrer für Englisch in einer thailändischen Provinzstadt tätig und erwarb während dieser Zeit sehr gute Kenntnisse der Thailändischen Sprache in Wort und Schrift. Über die Englischkenntnisse seiner Schüler ist allerdings nichts Näheres bekannnt ...

Khun Iad Ploymeunwaay ist Thailänderin. Sie hat den Thai-Texten den letzten Schliff gegeben.

walk&talk

Martin Struschka

Thailand

Sprachführer
Thai und Englisch
Reiseknigge
Praxistips

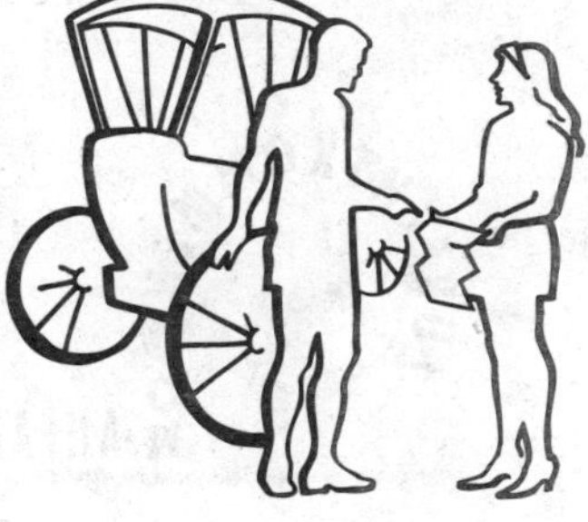

walk&talk Thailand

Band 14

ISBN 3-927895-17-2

Thomas Schreiber Verlag
Frankfurter Ring 193a
80807 München

Email:
walktalk@infodirekt.de

Umschlaggestaltung:
Iris Steiner, München
Satz: Benno Kieselstein, Hamburg
Belichtung:
Studio Baller, München
Mitarbeit:
Renate Dienersberger
Fotos: Martin Struschka: S. 53, 59, 63, 69, 70, 85, 119, 123, 136, 177; alle anderen: T. Schreiber

Kritik, Anregungen oder sonstige Mitteilungen sind jederzeit willkommen.
Alle Übersetzungen, Fachausdrücke, Fakten sind sorgfältig recherchiert. Für die Richtigkeit kann jedoch keine Gewähr übernommen werden.

Printed in Singapore

Auflage	5.	4.	3.	2.	1.
Jahr dieses Druckes	1999	98	97	96	95

Die letzte Zahl ist jeweils maßgeblich

ZURECHTKOMMEN VON ANFANG AN

Einleitung

Über dieses Buch

Wer nach Thailand reist, braucht mehr oder weniger gute Englischkenntnisse, wenn er sich vorwiegend in den großen Touristenregionen aufhält, und darüber hinaus ein gewisses Repertoire an Brocken der Thai-Sprache, wenn er sich abseits dieser Gegenden bewegt. Da die große Mehrheit der westlichen Touristen, die nach Thailand kommen, weder Thai spricht noch die eigentümliche Schrift lesen kann, hat sich ein Kommunikationsverfahren etabliert, das nach dem **Zeigeprinzip** funktioniert: Zeige im Restaurant auf das Gericht (die angebotenen Speisen sind oft am Eingang ausgestellt), das du essen möchtest; deute mit dem Finger auf den Thai-Schriftzug der Straße im Stadtplan, zu der der Taxifahrer dich bringen soll; laß dir mit den Fingern zeigen, welchen Preis der Händler verlangt. Damit diese erstaunlich mächtige Zeigetechnik auch in vielen weiteren Situationen anwendbar ist, haben wir bei allen thailändischen Sätzen in diesem Buch auch die geschriebene Form angegeben.

Für den, dessen Englisch lückenhaft ist - und wer wird schon behaupten, daß das auf ihn nicht zutrifft - sind alle Redewendungen auch in **Englisch** angegeben. Das wird so manches Mal hilfreich sein gegenüber den (wenigen) Thailändern, die Englisch sprechen, aber auch im Gespräch mit den vielen Gleichgesinnten aus aller Welt, die einem in Thailand begegnen werden.

Für jenen schließlich, der sich in Thai artikulieren möchte - sei es, daß er schon Sprachkenntnisse besitzt, sei es daß er die Reise dazu nutzen möchte, sie zu erlangen - hält dieses Buch eine **Lautschrift** bereit, die man einfach wie Deutsch abliest. Diese ist ergänzt um die exakte Wort-zu-Wort-Übersetzung des thailändischen Satzes, damit die von unserer Ausdrucksweise gänzlich verschiedene Satzstruktur deutlich wird.

Dieser Reisesprachführer ist, wie alle Bände der walk&talk-Reihe, nach Themenbereichen gegliedert, die die typischen Situationen einer Reise wiedergeben. Für Thailand besonders wichtig sind die für die walk&talk-Reihe charakteristischen Hinweise zu Land und Leuten, den Spielregeln im Umgang miteinander und den Besonderheiten des täglichen Lebens. Sie stehen als Einleitungen am Anfang eines Kapitels sowie im Kapitel „Reiseknigge".

Dieser Sprachführer legt Wert auf die gesprochene Sprache und weniger auf grammatikalische Korrektheit. Thai in Wort und Schrift unterscheidet sich erheblich, und es gibt viele Sprachebenen, die die soziale Stellung, den Bildungsgrad und auch den Beruf des Sprechers reflektieren. Die in diesem Buch benutzte sprachliche Ebene ist sehr einfach, wird von allen Thais verstanden sowie von vielen benutzt. Darüber hinaus erwartet man natürlich vom Ausländer nicht, daß er mit sprachlichen Raffinessen vertraut ist.

Es ist einerlei, ob man als Rucksack- oder Pauschalreisender eine Tour nach Thailand unternimmt: Es wird sich immer die Gelegenheit bieten, mit Thais in Kontakt zu kommen, und jeder Thai freut sich, wenn sich ein Tourist bemüht, auch nur ein paar Worte Thai zu sprechen. Dabei soll der vorliegende Band helfen.

„Das Wichtigste"

Wer sich in Thai auf das absolut notwendige Minimum beschränken möchte, für den ist die Beschäftigung mit dem Kapitel „Das Wichtigste" ab S. 27 ausreichend. Hier sind die unverzichtbaren Floskeln und Vokabeln in praxisnaher Form zusammengefaßt.

Englisch

Es sei gleich erwähnt, daß Englisch sich zwar durch den verstärkten Kontakt zum Westen großer Beliebtheit erfreut, jedoch nur von wenigen Thais außerhalb touristischer Einrichtungen fließend gesprochen und verstanden wird. Das hängt mit der Tatsache zusammen, daß Thailand nie Kolonie einer westlichen Macht war; dies wiederum erklärt den großen Stolz der Thais auf Sprache, Monarchie und Lebensart - eben auf all das, was Thailand ausmacht. Darüber, das sei gleich vorweggeschickt, läßt ein Thai nicht mit sich diskutieren.

Redewendungen Die Redewendungen sind nach diesem Schema aufgebaut:

■ Wie geht´s? – *How are you?*
pen yàang rai bâang lâ – เป็นอย่างไรบ้างล่ะ
sein - wie? - auch - (P)

Deutsch – *Englisch*
Lautschrift - Thai
Wort-zu-Wort Übersetzung

(Erklärung von (P) siehe weiter unten.)

Vokabellisten und die Vokabellisten folgen diesem Muster:

Danke.	*Thank you.* – ***khøøp khun*** – ขอบคุณ
Deutsches Wort	*Englisch* – ***Lautschrift*** – Thaischrift

Die Sprache

Die thailändische Sprache (oder kurz Thai) ist eine isolierende monosyllabische tonale Sprache, um es im Fachchinesisch der Linuguisten auszudrücken. Allerdings sagt diese Anreihung lateinischer Fachausdrücke bereits einiges über die Eigenarten des Thai gegenüber den europäischen Sprache aus:

Isolierend bedeutet, daß grammatikalische Formen für Fälle, Geschlecht, Singular/Plural, Zeiten und Personalbezeichnungen fehlen. Tatsächlich gibt es im Thai, wie auch im Chinesischen, keine Beugungsformen für den Plural: ***khon*** (Person) bezeichnet eine oder mehrere Personen. Oder bei Verben: Die Silbe ***pai*** (gehen) kann im Prinzip heißen: „Ich gehe“, „Du gehst“, „Geh!“, „Sie gingen“, „Wir werden gehen“ usw.

Monosyllabisch bedeutet, daß der Grundwortschatz aus einsilbigen Worten besteht, ebenso wie im Chinesischen. Die o.g. Wörter ***khon*** und ***pai*** sind Beispiele dafür.

Tonal bezeichnet Sprachen, die Töne und Tonvarianzen zur Unterscheidung von Wortbedeutungen verwenden: mài (neu) oder mâi (nicht) oder mái (Holz). Auch hier gibt es Parallelen zum Chinesischen.

Durch dieses grundsätzlich unkomplizierte Sprachmodell ist es relativ einfach, gleich loszusprechen, ohne ständig darüber nachzudenken, welcher Fall benutzt werden muß oder welche Pluralendung ein Wort nun hat.

Die Schrift

Das Erlernen der Thaischrift ist ein schwieriges und langwieriges Unterfangen, da man sich mit zahlreichen und komplizierten Regeln sowie deren Ausnahmen auseinanderzusetzen hat. Sehr nützlich ist daher die in diesem Buch verwendete Lautschrift, bei deren Benutzung man nicht über besondere Leseregeln zu grübeln hat, sondern einfach munter drauflosreden kann. (Aber die Töne nicht vergessen! Siehe den folgenden Abschnitt.)

Wer etwas tiefer in die Struktur der thailändischen Sprache und auch Schrift eindringen möchte, sei zunächst auf das Kapitel „Kurzeinführung in die Thai-Sprache“ am Ende des Buches sowie auf entsprechende weiterführende Literatur verwiesen.

Lautschrift und Aussprache

Die Aussprache der thailändischen Laute erfolgt wie in der Tabelle auf S. 189 angegeben.

Dieses Buch verwendet eine Lautschrift, wie sie der deutschen Aussprache am nächsten kommt. Eine Laut- oder Umschrift bleibt jedoch immer nur der Beschreibungsversuch einer Sprache; sie kann meist nicht die tatsächlichen Laute wiedergeben. Mit ein bißchen Übung werden Sie jedoch lernen, die Buchstaben der Lautschrift so zu lesen, wie Thais sie aussprechen würden.

In der hier verwendeten Lautschrift werden die Wortgrenzen durch eine Lücke gekennzeichnet, in der Thaischrift dagegen traditionell nur die Satz- bzw. Sinngrenzen. Wörter, die in der Lautschrift mit einem Bindestrich verbunden sind, bedeuten, daß es sich hier um ein zusammengesetztes Wort handelt, dessen einzelne Bestandteile eigenständige Bedeutung haben und damit auch einzeln (wenn auch in einem anderen Zusammenhang) verwendet werden können.

Konsonanten

Üblicherweise stellen die thailändischen Konsonanten europäische Zungen nicht vor besondere Probleme, da sie genau oder ähnlich wie die Konsonanten im Deutschen ausgesprochen werden.

Ein bißchen Übung und auch Aufmerksamkeit beim Lesen der Umschrift verlangt allerdings die Aussprache von ***t, k*** und ***p***. Man ist natürlich geneigt, ein deutsches t, k oder p zu sprechen. Diese drei Laute stellen aber jeweils Mischformen zwischen d und t, k und g bzw. b und p dar.

th, kh und ***ph*** werden dagegen wie deutsche t, k und p gesprochen, aber stärker behaucht (aspiriert), also mit mehr Druck und härter.

y bezeichnet einen Halbvokal, gesprochen wie deutsches j in „jeder".

Vokale

Ein Hauptproblem beim Sprechen von Thai ist der große Vokalreichtum: Neben den für uns ungewöhnlichen Stöhnlauten (d.h. offenes, dumpfes ü und ö, in der Lautschrift annäherungsweise als ü und ö wiedergegeben) bereiten vor allem die Vokalverbindungen (z.B. üa, ääo, etc.) Schwierigkeiten.

Das in der Lautschrift verwendete Zeichen ***ø*** steht für ein offenes o, wie in „Gott", im Gegensatz zum geschlossenen o wie in „rot", das in der Lautschrift normal mit ***o*** wiedergegeben ist.

Oft unterschätzt wird auch die Wichtigkeit der Vokallänge, die, wie die Töne, wortbedeutend sein kann. In diesem Buch sind alle **langen Vokale** doppelt geschrieben (also ***aa, uu, ii***, etc. für langes a, langes u, langes i, etc.).

Die Vokalverbindung ***ai*** wird wie deutsch „ei" ausgesprochen. In der lang gesprochenen Version kommt nur ***aay*** vor.

Die Lautschrift kennzeichnet das Auftauchen zweier Vokale, die getrennt geprochen werden müssen, also einen Stimmabsatz haben (wie im Deutschen gesprochen: ***be'einflussen***, nicht ***beinflussen***) mit: '. (z.B. สะอาด - ***sà'àat*** - sauber)

Achten Sie beim Hören von Thai vor allem auf die Vokale, da hier die meisten Variationsformen vorkommen können!

Die Vokale sind sicher durch die Lautschrift am schwierigsten zu erfassen, so daß man gut daran tut, sich von einem Thai einige Kost- bzw. Hörproben geben zu lassen, um die Unterschiede zur deutschen Aussprache zu hören.

Die Tabellen im Kapitel „Kurzeinführung in die Thai-Sprache“ ab S. 189 geben noch ein paar weitere Hinweise zur Aussprache und zur Thaischrift.

(?) und (P)

In den Wort-zu-Wort-Übersetzungen der Redewendungen bezeichnet (?) die unübersetzbare Fragepartikel ***mǎi***, deren Gebrauch eine Aussage zu einem Fragesatz macht. Andere Fragewörter werden bei den Wort-zu-Wort-Übersetzungen mit einem Fragezeichen versehen (also z.B. „wie(?)“, „was(?)“).

(P) bezeichnet verschiedene Höflichkeits- oder Aussagepartikel.

Töne

Töne sind in diesem Buch in der Lautschrift über dem ersten Vokalzeichen der Silbe bezeichnet. Dabei steht:

- ̀ für den tiefen Ton: Gibt der Silbe einen dumpfen Klang, wie im Deutschen das letzte Wort in einem Aussagesatz: „Ich gehe weg.“. Beispiel: ***mài*** - neu

- ̂ für den fallenden Ton: Ähnlich wie im Ausruf „Er kommt!“. Beispiel: ***mâi*** - nein, nicht

- ́ für den hohen Ton: Ähnlich wie „Geh!“. Beispiel: ***mái*** - Holz

- ̌ für den fragenden (steigenden) Ton: Ähnlich wie das letzte Wort eines deutschen Fragesatzes: „Nicht wahr?“. Beispiel: ***mǎi*** - Seide.

Unmarkiert ist der mittlere oder neutrale Ton, der eigentlich am schwierigsten ist, weil man gar nicht weiß, was man mit seiner Stimme machen soll: eben „neutral“.

Der fragende (steigende) und der fallende Ton werden auch als dynamische Töne bezeichnet, weil sie Ton- oder Stimmbewegungen darstellen, von tief nach hoch bzw. von hoch nach tief. Die traditionelle Reihenfolge der Töne ist: neutral, tief, fallend, hoch, steigend.

Meist sind die Thais freudig überrascht, wenn jemand auch nur ein paar Wörter in ihrer Sprache zum besten geben kann.

Alle theoretischen Vorträge über Töne nützen allerdings nicht allzuviel: Das Beste ist , sich die Töne von Thais vorsprechen zu lassen und dann zu versuchen, sie nachzuahmen.

Grund-legendes

Typische Worte

Egal, wie lange man sich in Thailand aufhält, ob man in Bangkok bleibt oder in die Provinzen fährt: Einige Thai-Wörter sind geradezu unvermeidlich. Man hört sie immer wieder, und die Thais amüsieren sich königlich, wenn ein „Farang" sie benutzt. Und da hätten wir auch schon das erste Wort:

***faràng* - ฝรั่ง** Das Wort, das man am besten unübersetzt mit „Farang" stehen läßt, bezeichnet allgemein, was man „westlich" nennen könnte. Meistens wird es auf Personen bezogen und bezeichnet dann einen Ausländer aus Europa, Nordamerika oder Australien. Der Begriff leitet sich vom Begriff „Franken" ab, eine Bezeichnung, unter der Europäer von Marokko bis eben hin nach Thailand bekannt sind.
Der Begriff, den die Thais sehr gerne verwenden, hat übrigens keinerlei diskriminierende Bedeutung. Er ist einfach der Gegenbegriff zu „Thai", das in seiner Grundbedeutung „frei" heißt.

sanùk* - สนุก** Auch dies ist ein Wort, welches man nicht ohne weiteres mit nur einem Begriff übersetzen kann. „Sanuk" ist Spaß, Ausgelassenheit, Lebensfreude. Man wird diesen Begriff ständig hören. Manchmal sagt man auch ***sanùk dii, also wörtl. „Spaß gut"; das ist dann eine Steigerungsform zu ***sanùk***. Das Schlimmste, was einem passieren kann, ist ***mâi sanùk***, „kein Spaß", eben all die langweiligen und lästigen Dinge im Leben, angefangen vom Zahnarztbesuch bis zur täglichen Arbeit. Spätestens wenn der Reisende aus Thailand wieder in die kalte Heimat zurückfliegen muß, wird er sagen: ***mâi sanùk.***

pai thîau* - ไปเที่ยว** Ein Begriff, der eng mit ***sanùk verknüpft ist - ***pai thîau*** heißt soviel wie „sich amüsieren gehen, ausgehen, Spaß haben", eigentlich alles was nicht ***pai thurá*** ist. Das ist nämlich wörtl. „gehen Geschäft", Arbeiten gehen, Geschäfte machen etc.

Sehr oft wird die Frage ***pai thîau măi*** auftauchen: Als Aufforderung, zum Essen, ins Kino oder gar zum Thai-Boxen mitzukommen. ***pai thîau*** ist auch die Standardantwort auf die in Thailand übliche informelle Begrüßungsform:

pai năi* - ไปไหน** „Wohin gehst Du/geht ihr?" gemäß dem lateinischen „quo vadis?" für jemanden, den man gerade auf der Straße trifft. Als Europäer ist man dann oft geneigt, genau zu erklären, wohin man gerade unterwegs ist. Die Frage ist jedoch wirklich nur eine Floskel, auf die es eigentlich nur zwei Antworten gibt: Entweder ***pai thurá, man hat also etwas Wichtiges zu tun, oder eben ***pai thîau.***

mâi pen rai **-** ไม่เป็นไร

„Macht nichts!", „Keine Ursache", „Gern geschehen" sind mögliche Übersetzungen für diesen ständig benutzten Begriff. ***mâi pen rai*** kann die Antwort auf ***khòøp khun*** „Danke" sein, aber auch die Reaktion auf einen Tag, an dem mal wieder alles schief gelaufen ist: ***mâi pen rai,*** „take it easy".

sabaay **-** สบาย

Hierfür gibt es nun eine deutsche Übersetzung, die sehr gut paßt: „gemütlich". ***sabaay*** ist alles, was angenehm und leicht ist, und bezieht sich auch auf das körperliche Wohlbefinden. Unter Bekannten lautet eine Begrüßungsform, wenn man sich längere Zeit nicht gesehen hat: ***sabaay dii măi,*** wörtl. „angenehm gut (Fragepartikel)", also „Geht es Dir gut?". ***mâi sabaay*** ist, wenn man sich nicht wohlfühlt, ohne richtig krank zu sein. Man fragt z.B. auch: ***khun nøøn sabaay măi,*** „Haben Sie gut geschlafen?"

Die Liste an „eigentümlichen", erklärungsbedürftigen Wörtern ließe sich noch schier endlos weiterführen, jedoch sollte die obige Auswahl als Grundstock erst mal genügen. In der Tat kann man mit der Benutzung dieser paar Wörter die Thais des öfteren zu dem Ausruf verleiten: ***phûut phaasăa thai kèng,*** wörtl. „sprechen Sprache Thai prima", also „Du sprichst aber toll Thai!", worauf man sich allerdings nicht allzuviel einbilden, sondern es mehr als Aufmunterung zum Weiterüben sehen sollte.

Höflichkeitspartikel

Zwei sehr grundlegende Silben sollen noch am Beginn des Buches erklärt werden. Eigentlich handelt es sich dabei nur um zwei verschiedene Formen mit identischer Bedeutung, die jedoch jeweils nur von Männern bzw. nur von Frauen verwendet werden. Man nennt diese Silben auch „Höflichkeitspartikel".

khá **-** คะ oder ***khâ*** **-** ค่ะ

Nur von Frauen verwendet: Jeder Satz in diesem Buch sollte, wenn er von einer Frau höflich vorgetragen werden soll, mit dem Partikel ***khá*** bzw. ***khâ*** enden, also ***khun tschûu arai khá***: „Wie heißen Sie (bitte)?". Mögliche Antwort einer Frau: ***tschan tschûu ìat khâ,*** „Ich heiße Ijad".
Wie man sieht, wird ***khá*** meist bei Fragen und ***khâ*** bei Aussagen verwendet.

khráp **-** ครับ

Nur von Männern verwendet: Jeder Satz in diesem Buch sollte, wenn er von einem Mann höflich vorgetragen werden soll, mit dem Partikel ***khráp*** enden, also ***khun tschûü arai khráp***: „Wie heißen Sie (bitte)?". Mögliche Antwort eines Mannes: ***phŏm tschûü somtschai khráp***, „Ich heiße Somchai".

Tatsächlich scheinen manche höflich vorgetragenen Ansprachen fast nur aus ***khráp*** bzw. ***khá/khâ*** zu bestehen. Für die Thais ist die Verwendung dieser Partikel sehr wohlklingend. Je mehr sie verwendet werden, desto angenehmer der Sprachfluß.

In diesem Buch sind die Partikel nicht hinter jeden Satz gestellt, man sollte aber seine Fragen und Antworten reichlich mit ***khráp*** bzw. ***khá/khâ*** ausstatten. Zwar werden es Ihnen die Thais nachsehen, wenn Sie den für uns ungewöhnlichen Gebrauch der „Höflichkeitspartikel" vergessen, doch wird man es Ihnen umgekehrt sehr hoch anrechnen, wenn Sie sich höflich ausdrücken können. Dagegen ist die Verwendung eines falschen Wortes oder falschen Tons oft zweitrangig.

Anglo-Thai

In den Touristenzentren gibt es kaum Probleme mit dem Englischen. Zumindest die grundlegenden Dinge werden dort von den Thais verstanden. Englisch wird in den staatlichen Schulen ab der 5. Klasse Grundschule gelehrt, in privaten Schulen auch oft schon ab der 1. Klasse Grundschule. Die Schwierigkeit vor allem in den ländlichen Provinzen ist jedoch, daß gerade die Lehrer nur unzureichende Englischkenntnisse haben bzw. eine Aussprache pflegen, bei der man schon einige Phantasie aufbringen muß, um sie zu verstehen.

Grundsätzlich gilt: Je weniger ein Gebiet touristisch erschlossen ist, desto schwieriger wird es mit dem Englischen. Oft genieren sich viele Thais auch einfach, die fremde Sprache zu benutzen, weil sie Angst haben, nicht verstanden zu werden. Wenn man sich jedoch Mühe gibt und ein wenig langsamer und deutlicher spricht, dann wird man merken, daß viele Thais mehr „auf dem Kasten haben" als anfangs gedacht.

Umschrift

Bei thailändischen Begriffen in romanischen Buchstaben (basierend auf der englischen Aussprache) ergibt sich durch die Struktur der Thaischrift das Problem, ob man die Wörter so wiedergeben soll, wie man sie schreibt (Transskription) oder wie man sie spricht (Transliteration). Tatsächlich existieren in Thailand beide Systeme nebeneinander, besonders bei Orts- und Personennamen, z.B.

ชลบุรี - ***tschonburii*** - Chonburi (wie gesprochen) oder Cholburi (wie geschrieben). Beide Varianten kommen zur Bezeichnung dieser Provinz 100km südöstlich von Bangkok vor.

Umgekehrt gibt es inzwischen sehr viele englische Begriffe, die ins Thai eingegangen sind, ähnlich wie ja auch das Englische die deutsche Sprache stark beeinflußt. Es gilt als modern, englische Wörter oder Satzteile zu verwenden, wobei für die Thais kein Verständigungsproblem besteht, für den mit den thailändischen Ausspracheregeln nicht vertrauten Farang jedoch schon. Jugendliche in Bangkok benutzen schon mal untereinander ***aay*** (von engl. „I") und ***yuu*** (von engl. „you"). So nützliche englische Wörter wie „idiot" (***iidìat***), „guest-house" (***kèt-hau***), „lipstick" (***lípsatik***), „uniform" (***yuuniføøm***), „communist" (***khøømmiunít***) und „nuclear energy" (***niuklia ennöödschì***) haben Eingang in das Thai gefunden, um nur einige zu nennen. Die Übergänge sind natürlich fließend, und Sprache ist eben ständig in Veränderung begriffen.

Im Englischunterricht haben die Lehrer übrigens immer Angst vor zwei Wörtern: „yes" und „door". Beide haben, in thailändischer Weise ausgesprochen, eine sehr obszöne Bedeutung, die regelmäßig im Klassenzimmer zur Erheiterung der Schüler führt. Es sei Farangs angeraten, diese Wörter, zumindest beim Sprechen von Thai, nicht zu verwenden.

Falls die Verständigung sehr schwierig ist, kann man auch Wörter oder Sätze in Englisch aufschreiben bzw. vom Gesprächspartner aufschreiben lassen. Die meisten Thais können Englisch sehr viel besser schreiben als sprechen und haben auch keine Probleme mit dem lateinischen Alphabet.

Reiseknigge

Im folgenden werden einige Verhaltensweisen bzw. Tabus besprochen, durch deren Beachtung man sehr viel mehr über die Kultur und Gesellschaft der Thai erfahren kann. Thais wird dann nämlich klar, daß der Farang sich bemüht, die Werte ihrer Gesellschaft zu akzeptieren und sich ihrer in Jahrhunderten gewachsenen Kultur zu öffnen. Wenn man die Kultur und Lebensart kennt und respektiert, wird man bessere Kommunikation betreiben können als mit ein paar Thaivokabeln.

Es sei jedoch ausdrücklich darauf hingewiesen, daß die Hinweise in diesem Buch keinesfalls erschöpfend sind und auch nur ein Beschreibungsversuch sehr viel komplexerer Verhältnisse sein können. So ist auch das vorliegende Buch - genau wie jede andere westliche Beschreibung Thailands - ein erster Schritt in eine Richtung, die jeder dann für sich weiter erkunden kann oder muß.

Die Thais haben übrigens ihre eigene Version vom „When in Rome do as the Romans do", die man sich bei seiner Thailandreise zur Prämisse machen sollte:

เข้าเมืองตาหลิ่ว ต้องหลิ่วตาตาม

eintreten - Stadt - Augen - verdrehen, müssen - verdrehen - Augen - folgen

„Wenn Du in eine Stadt kommst, wo die Leute schielen, mußt Du ebenfalls schielen."

Das Gesicht verlieren

Einige der unten beschriebenen Verhaltensweisen haben bei Nichtbeachtung durch Thais einen „Verlust des Gesichts", ***nâa tä,äk*** (wörtl. „Gesicht zerbrechen") zur Folge, was eine soziale Ächtung darstellt: Niemand möchte mehr mit jemandem zu tun haben, der das Gesicht verloren hat, weil dieser nicht in der Lage ist, sich selbst zu beherrschen. Die Furcht vor dieser sozialen Ächtung ist traditionell ein Bindeglied, das die thailändische Gesellschaft zusammenhält.

Ausländer, die nicht in die thailändische Gesellschaftsstruktur integriert sind, haben zunächst kein „Gesicht". Das heißt, sie haben keinen einzuordnenden Rang in der Gesellschaft, der auf dem Spiel stehen würde. Das heißt nun wiederum nicht, daß Farangs machen können, was sie wollen: Auch hier bestehen bei Fehlverhalten die Sanktionen in sozialer Isolation. Aber natürlich wird von Thais der Tatsache sehr viel mehr Verständnis entgegengebracht, daß der Ausländer sich mit den Sitten und Gebräuchen im Lande nicht so gut auskennt. Thais sind daher sehr nachsichtig bei Fehlverhalten von Farangs, oft so sehr, daß man den Missetäter nicht einmal über sein falsches Verhalten aufklärt.

Wohlstand

Thailand befindet sich gerade auf dem besten Wege, ein weiterer „Tiger" zu werden, wie die wirtschaftlich starken Länder Asiens genannt werden. Damit verbunden ist materieller Wohlstand, zumindest für Einige. Gemäß der asiatischen Einstellung, daß man Wohlstand nicht zu verstecken braucht, ergeben sich daher Verhaltensweisen, die uns etwas befremdlich erscheinen mögen, bei näherem Hinsehen aber auch hierzulande nicht gänzlich unbekannt sind: Es wird geprahlt und angegeben, daß sich die Balken biegen.

In Bangkok und anderen Städten wird tatsächlich mit Geld um sich geworfen. Jede auch nur angedeutete Sparmaßnahme wird mit dem verächtlichen Begriff ***khîi nĭau*** bedacht, was soviel wie „geizig" bedeutet. Es ist eine Grundhaltung des Augenblicks, des Daseins nur im „Hier und Jetzt" ohne große Gedanken über Zukunftsprobleme, die ja doch nur ***pùat hŭa***, Kopfschmerzen, verursachen und ohnehin heute nicht gelöst werden können. Gerade diese Einstellung macht Europäern oft zu schaffen, denn es liegt ja auch etwas Wahres darin. Und jemand, der zuviel ins Nachdenken gerät, wird gerne als Miesepeter und Spielverderber abgestempelt - als jemand, der eben „zuviel nachdenkt" (***khon khít mâak***). Die „Hier und Jetzt"-Einstellung macht andererseits für viele Besucher gerade die Freiheit aus, die in Thailand zu herrschen scheint.

Kritik

Kritik wird vermieden, soweit es geht, nicht nur im persönlichen Dialog, sondern auch in Debatten, intellektuellen Diskussionen und an Universitäten. Diese scheinbare Kritiklosigkeit dient dem Schutz der Persönlichkeit, dem Schutz des Egos, dem Wahren des Gesichts. Wenn jemand seine Meinung kundtut, so ist es nicht fair, ihn durch Kritik bloßzustellen und eines besseren belehren zu wollen. Zum anderen ist es auch Selbstschutz: Tatsächlich sind viele Thais trotz der Gelassenheit und Ruhe nach außen hin sehr leicht erregbar und zu starken Reaktionen fähig, wenn das „Gesicht" in Gefahr ist zu „zerbrechen". Die Thais wissen das und würden deshalb einen Gesprächspartner nicht unnötig reizen.

Die Thais haben eigene sprachliche Wege der Kritik, die diplomatischer und subtiler sind, die aber ein Farang nicht einmal als Kritik verstehen würde. Besonders beliebt ist natürlich die Kritik in absentia, d.h. der Tratsch mit Freunden über eine andere Person. Dieser auch uns nicht fremden Form von „Kritik" sind die Thais durchaus geneigt.

Es ist also immer angebracht, jemandem „nette" Dinge zu sagen, denn das Miteinander gestaltet sich so einfach angenehmer, selbst wenn man weiß, daß es sich nur um Floskeln handelt. Freundlichkeit ist aber insofern immer ehrlich gemeint, da sie bewußt dem Zweck dient, eine behagliche Atmosphäre zu schaffen. Letztendlich ist der Umgang der Thais miteinander im höchsten Maße auf Konfliktvermeidung ausgerichtet, und es müssen schon eine Reihe gravierender Verhaltensfehler (aus Sicht der Thais) geschehen, bis tatsächlich ein Streit losbricht, jemand also seine Beherrschung oder wie die Thais es nennen, sein „kühles Herz" (***dschai yen***), seine Gelassenheit verliert.

Dem Farang sei also angeraten, „ebenfalls zu schielen" und sich aktiv an der Schaffung dieser freundlichen Atmosphäre zu beteiligen.

Stimme

Es ist nicht nur wichtig, was man sagt, sondern auch, wie man es sagt. Tatsächlich klingen die Stimmen von Farangs hart in den Ohren der Thais, die ein sehr musikalisches Gehör haben. Darüber hinaus pflegen sich Farangs tatsächlich einige Dezibel lauter zu unterhalten als Thais. Thais drücken mit ihrer tonalen Sprache emotionale Regungen durch die Lautstärke aus. So erwecken die Farangs bei den Thais oft den Eindruck, als befänden sie sich ständig auf Hundert. Von den tieferen und lauteren Stimmen und nicht zuletzt der größeren Statur im Verhältnis zu den Thais kommt auch die wenig schmeichelhafte Bezeichnung ***khwaay*** (Büffel) für uns Westler, eine Bezeichnung, die aus Höflichkeit natürlich nie in unserer Gegenwart geäußert wird.

Man sollte also nie zu laut sprechen, selbst wenn man wirklich mal aufgeregt ist, denn das führt garantiert nicht zu dem Ergebnis, das man erreichen will. Bei gesenkter Stimme und höflicher Rede (***kaan phûut sùphâap***) werden die Thais alles versuchen, dem Fremden zu helfen.

Lächeln

Zu der angenehmen Atmosphäre gehört auch das Lächeln (***yím***). Man sagt, daß Thais sich aus jeder Situation herauslächeln können. Das ist sicher etwas überspitzt ausgedrückt. Tatsache ist aber, daß das Lächeln dazu dient, das Gegenüber milde und freundlich zu stimmen und damit wieder zur Konfliktvermeidung beizutragen; es ist kein „falsches Lächeln", sondern hat einen klaren Zweck. Man sollte es eben nur nicht unbedingt als ständigen Ausdruck der Heiterkeit verstehen. So wird auch erklärbar, warum gefaßte Verbrecher von den Titelblättern der Zeitungen lächeln: Sie wollen die sie richtende Öffentlichkeit gnädig stimmen und gleichzeitig ihr Verbrechen durch das Lächeln verharmlosen.

Auch bei einer Entschuldigung (***khǿø thôot***, wörtl. „Bitten Bestrafung") wird gelächelt, damit einem leichter verziehen wird. Und natürlich ist das Lächeln auch dazu da, eine Brücke zu bauen zum Farang, mit dem man sich zwar nicht unterhalten kann, der sich aber wohlfühlen soll in Thailand. Und da Lächeln ja ansteckend ist, sollte man fröhlich mitlächeln. Man wird sehen, vieles wird leichter im „Land des Lächelns".

Begrüßung

Traditionelle Begrüßung in Thailand ist der Wai (***wâi***), das Zusammenlegen der Hände vor der Brust oder vorm Gesicht. Gleichzeitig ist der Wai nicht nur Begrüßung, sondern dient auch zu jeder Äußerung von Respekt, zur Danksagung und Entschuldigung. Die Höhe der Hände (vor der Brust, vor dem Kinn oder vor der Nase) bei zusammengelegten Handflächen und die Tiefe der Verbeugung drücken das Ausmaß des Respektes aus. Dabei wird der Wai immer vom Statusniederen initiiert, also von Kindern zu Erwachsenen, Jüngeren zu Älteren, Angestellten zu Vorgesetzten, Laien zu Mönchen. Mönche, die einen ausgesprochen hohen Grad an Respekt in der thailändischen Gesellschaft genießen, werden begrüßt, indem man die Handflächen vor der Nase hält und seinen Kopf tief senkt.

Thais halten es im Prinzip für unangebracht, wenn Farangs den Wai benutzen. Farangs werden auch selten mit einem Wai begrüßt, was vor allem daran liegt, daß die Farangs keinen Status in der Gesellschaft haben. Ein Thai weiß daher nicht genau, mit welchen Wai er einen Ausländer zu begrüßen hat. Falls doch, sollte man den Wai entsprechend dem Status des Gegenübers zurückgeben. Bei Kindern ist es besser, den Wai mit einem Lächeln zu beantworten, ohne Verbeugung und ohne Zusammenlegen der Handflächen. Manche Thais, die stärker mit westlicher Kultur in Berührung gekommen sind, finden das Händeschütteln ungeheuer modern und machen, wenn ihnen ein Farang „in die Hände fällt“, ausgiebigst Gebrauch davon. Das Wort für Händeschütteln heißt in Thai bezeichnenderweise ***tschék-hään*** vom Englischen „shake-hands“.

dschai

Man tut sich etwas schwer, diesen Begriff zu übersetzen: „Herz“ ist eine häufige Übertragung, trifft aber den Sinn nicht genau: Man müßte noch „Geist“, „Wille“, „Wesen“, „Gemüt“ dazusetzen, um seiner Bedeutung näherzukommen. ***dschai*** kommt eigentlich als Begriff nie alleine vor. Es gibt aber über hundert Wortverbindungen mit ***dschai***, die alle mehr oder weniger mit den oben genannten Übersetzungsversuchen zu tun haben und somit irgendwie mit der „Volksseele“ der Thai.

Hier einige Beispiele: Jemand, der gelasssen mit den Unbillen des Alltags fertig wird und sich beherrschen kann, ist ***dschai yen*** („Herz kühl“). Das Gegenteil, ein leicht reizbarer Mensch, ***dschai røøn*** („Herz heiß“), gerät leicht in Gefahr, das Gesicht zu verlieren. Wenn einem etwas leid tut, dann ist das ***sĭa dschai*** („verlieren Herz“), und wenn einem die von anderen erwiesene Freundlichkeit peinlich ist und man sich verpflichtet fühlt, dann ist das ***kreeng dschai*** („fürchten Herz“). Die Freundlichkeit und „Herzlichkeit“ der Thais ist ***náam dschai*** („Wasser Herz“).

All diese Ausdrücke sind nicht nur einfach Wörter, sie sind Konzeptionen im Leben der Thai. Vielleicht wird das ein Fremder nicht auf Anhieb verstehen, aber wenn man Geduld mit sich und den anderen hat, sein „kühles Herz“ bewahrt, dringt man vielleicht tiefer ein in das ***dschai*** der Thais.

Kopf

Der Kopf (***hŭa***) ist, buchstäblich, das Höchste. Nach thailändischer Tradition ist er Sitz des Selbst (***àattaman***), die buddhistische Lehre kennt ja den Begriff Seele nicht. Daher gilt es als unhöflich und beleidigend, den Kopf zu berühren. Das gilt sowohl für den eigenen (man sieht selten, daß Thais sich am Kopf kratzen oder sonst am Kopf anfassen) als auch für den Kopf der Mitmenschen. Bei engeren Beziehungen, wie z.B. Verwandschaft oder Ehepaaren, ist das natürlich etwas anderes, jedoch vermeidet man auch dann jede vertrauliche Kopfberührung in der Öffentlichkeit. Sollte es dennoch nötig sein, den Kopf eines anderen zu berühren (z.B. um etwa Schmutz zu entfernen), so sollte man dabei auf jeden Fall um Verzeihung bitten (***khǒø thôot***). Da jede Kopfberührung etwas Intimes hat, stehen z.B. Friseusen oftmals in dem Ruf, unter Umständen auch noch weitere Dienste anzubieten.

Auch die Höhe des Kopfes ist entscheidend. So sollte sich der eigene Kopf möglichst immer niedriger befinden als der des Ranghöheren (nach Alter, Status). Geht man an sitzenden Personen vorbei, besonders Mönchen, sollte man sich dabei ein wenig bücken, um die Geste des Niedrighalten des Kopfes wenigstens anzudeuten. Auch wenn man zwischen stehenden Personen durchgeht, gilt es als höflich unter Beachtung der Hierarchie (also nicht bei Kindern) den Kopf zu beugen.

Füße

Die Füße (***tháu***) sind der Gegenpart zum Kopf und damit der „niedrigste" Körperteil: Sie gelten als unrein. Dadurch wird praktisch alles, worauf die Füße laufen oder zeigen, ebenfalls unrein. Man sollte auf niemanden mit dem Fuß zeigen, da dies eine sehr rüde Geste ist, die allenfalls in den Thaiboxkampf gehört und sonst nur zum Zeigen auf Tiere oder Dinge angebracht ist. Auch sollte man beim Sitzen niemals mit dem ausgestreckten Fuß auf gegenüber sitzende Personen deuten, sondern möglichst immer im „Schneidersitz" hocken, selbst wenn dem Ungeübten dabei garantiert nach kurzer Zeit die Beine einschlafen. Oft wird dem westlichen Gast aus diesem Grunde auch eine andere Sitzgelegenheit, also etwa ein Hocker oder eine Bettkante angeboten, denn der Gast soll es ja vor allem bequem haben.

Wenn man einer anderen Person versehentlich auf den Fuß tritt (das kommt natürlich im Gedränge häufiger vor), sollte man sich auf jeden Fall entschuldigen (***khǒø thôot***).

Beim Betreten eines Hauses oder Tempels sind immer die Schuhe auszuziehen. Bei Besuchen in privaten Häusern gilt: Selbst wenn einen der Gastgeber dazu auffordert, die Schuhe doch ruhig anzulassen, ist es höflicher, sie trotzdem auszuziehen. Und: Niemals auf die Türschwelle eines Tempels oder Hauses treten: das bringt Unglück.

Hände und Finger

Thais vermeiden gegenseitige Berührungen in der Öffentlichkeit soweit es geht, und jeder Austausch von Zärtlichkeiten außerhalb des Hauses ist tabu. Für Frauen ist es sogar gänzlich verboten, Mönche zu berühren. Wenn sie den Mönchen Gaben überreichen wollen, müssen sie diese erst auf den Boden stellen bzw. einem Mann geben, der sie dann an den Mönch weiterreicht.

Wie in den meisten Gesellschaften Asiens gilt die linke Hand als unsauber, da sie zur Reinigung nach dem Toilettengang benutzt wird (Toilettenpapier, das es in Thailand zwar gibt, wird zumeist als Serviette benutzt). Jedenfalls sollte man die linke Hand nicht zum Überreichen irgendwelcher Gegenstände verwenden. Als besonders höfliche „Übergabemethode" gilt, mit der linken Hand unter den Ellbogen des rechten Armes zu greifen und den zu überreichenden Gegenstand mit der rechten Hand entgegenzustrecken.

Herangewunken wird mit ausgestrecktem rechten Arm, Handfläche nach unten, wobei man mit den Fingern eine winkende Bewegung macht. Die bei uns gewohnte Geste, mit nach oben gerichtetem Zeigefinger zu winken, ist in Thailand unüblich und unhöflich. Der nach oben gerichtete Daumen bei geballter Faust heißt „Number One", also irgendetwas besonders Tolles.

Gezählt wird meistens an den Fingergliedern, beginnend mit dem kleinen Finger. Da jeder Finger über drei Glieder verfügt, kommt man so auf mehr als zehn. Wenn man dennoch mit den Fingern zählen muß (z.B. beim Bestellen von zwei Bier im Lokal), dann benutzt man den Daumen zuletzt: Erwähnte zwei Bier werden also mit Zeige- und Mittelfinger angezeigt. „Drei" ist entsprechend nicht Daumen, Zeige- und Mittelfinger, sondern Kleiner, Ring- und Mittelfinger. Erstere Kombination würde als „zwei" gedeutet werden.

Kleidung

Kleidung (***sûa phâa***) gilt in Thailand als wichtiges Statussymbol. Niemand freut sich, wenn man ihm ansieht, daß er sich keine gute Kleidung leisten kann. Die Art, wie viele Touristen in Thailand herumlaufen, gilt als ausgesprochen schäbig, und die Thais wundern sich häufig, wie sich die Farangs die weite Reise leisten konnten, wenn sie nicht einmal genug Geld haben, um sich „menschlich" anzuziehen. Natürlich ist man in den großen Städten mittlerweile an Boxer-Shorts und ärmellose T-Shirts gewöhnt, jedoch würde es manchen Farang in Urlaubs-Outfit wundern, wenn er die Bemerkungen verstehen könnte, die hinter seinem Rücken gemacht werden.

Vor allem beim Betreten von Tempeln ist darauf zu achten, daß keine kurzen Hosen, zu knappe Röcke oder Oberteile getragen werden, da dies als Respektlosigkeit gegenüber dem Buddha gedeutet wird.

Sauberkeit und Hygiene, Schönheit

Die Thais achten sehr auf Hygiene und sind äußerst empfindsam gegen jede Art von Gerüchen (***klin***) , seien es duftende (***hǒøm***) oder stinkende (***měn***). Auf den eigenen Körpergeruch achtend, baden (***àap náam***) Thais mehrmals am Tag und pudern sich hinterher oft mit duftendem Talkonpuder ein. Schwitzen (***ngü,a òøk***) gilt als unangenehm, weswegen anstrengende Tätigkeiten und Fußmärsche weitestgehend vermieden werden.

Trinkgelder

In Reisebüchern über Thailand ist oft zu lesen, daß Trinkgelder (***thíp***) nicht erwartet werden. Das ist nicht ganz richtig. Sie werden sicher nicht erwartet an Essensständen am Straßenrand o.ä. Doch ansonsten gehören Trinkgelder durchaus in den thailändischen Dienstleistungssektor, und wer meint, für ihn gelte das nicht, wird sich des öfteren das Prädikat ***khîi nǐau***, also „geizig" einhandeln. Mich haben thailändische Freunde gebeten, dieses Problem im Buch zu erwähnen, denn es ist auch für anwesende Thais peinlich, wenn der Farang auch noch die letzten Bahtstücke vom Rückgeld einsammelt.

Ein Hinweis dazu: In Restaurants, wo die Rechnung auf einem Tablett, Teller oder sonstwie verpackt gereicht wird, ist Trinkgeld grundsätzlich angebracht. Es sollte sich je nach Qualität der Bedienung zwischen „Aufrunden" und 10% der Rechnungssumme bewegen.

Privatsphäre

Traditionell wird in asiatischen Ländern, in denen man seit jeher dichter gedrängt lebte, nicht so streng auf Privatsphäre geachtet wie in unseren individualisierten Gesellschaften. Vor Freunden und Verwandten gibt es keine Geheimnisse, und man kann auch Fremden gleich bei der ersten Begegnung Fragen stellen, die bei uns zunächst als persönlich und „none of your business" gelten würden (nach Einkommen, Alter, Familienverhältnissen). Auch Gepäckstücke sind nicht heilig, wenn sie irgendwo greibar stehen: Sie werden schon mal auf irgendwelche exotischen Gegenstände hin durchwühlt, die der Farang vielleicht dabei hat. Wem „Gepäckdurchsuchungen" als etwas zu aufdringlich erscheinen, sollte sein Gepäck wegschließen. Allzu vertraulichen Fragen kann man mit der Antwort ***mâi bøøk*** (wörtl. „nicht sagen") begegnen: „Sag ich Dir nicht". Diese Antwort ist keineswegs brüsk, wie sie im Deutschen erscheinen mag, sondern einfach die Klarstellung, daß man an dieser Stelle keine weiteren Auskünfte geben möchte, was auch von jedem Thai respektiert werden wird.

Zum Mangel an Privatsphäre paßt, daß Besuche jederzeit auch unangemeldet gemacht werden können. Ausgesprochene Einladungen kann man akzeptieren, ohne Angst haben zu müssen, daß sie nur Floskeln sind. Jedoch sollte man darauf achten, daß man nicht die Gastfreundschaft zu sehr ausnutzt, besonders bei ärmeren Familien.

AIDS

AIDS (***èed, rôok èed***) und die Angst davor sind sicher auch ein zwischenmenschlicher Faktor geworden. Die thailändische Regierung hatte jahrelang mit Schreckensbildern von AIDS-Opfern im Endstadium gegen die tödliche Immunschwäche Kampagne gemacht. Die Folge war, daß von der Bevölkerung die Gefahr einer HIV-Infektion, die ja keine äußeren Veränderungen mit sich bringt, nicht erkannt wurde, weil man nur auf die entstellenden Hautveränderungen geachtet hatte, die erst Merkmal der Endphase der Immunschwächekrankheit sind. Damit war jeder äußerlich Saubere automatisch „AIDS-frei". Die Infektionsraten in Thailand sind heute sehr hoch und liegen zum Teil bei über 60% der Prostituierten in einigen Landesteilen, und dort werden natürlich auch vermehrt Familien infiziert. Inzwischen ist die Aufklärung umfassender und der Gebrauch von Kondomen (***thŭng yaang anaamai***, im Slang auch ***miitschai*** genannt) ist selbstverständlicher geworden.

Gesellschaft

Was zum Schluß noch erwähnt werden sollte, ist die extreme Diskrepanz, die zwischen Stadt (da gibt es eigentlich nur Bangkok) und Land herrscht, sowohl in Bezug auf die Einkommensverhältnisse als auch auf den Einfluß westlicher Lebensweise. Dadurch relativiert sich alles oben Gesagte in dem Maße, wie man etwa deutsche

Traditionen und Sitten in einem schwäbischen Dorf nicht auf Hamburg, Berlin oder München übertragen kann. Der Riss besteht aber nicht nur zwischen Stadt und Land, sondern geht auch durch Generationen: Man kann sagen, daß ein Jugendlicher in Bangkok heute vielleicht mehr mit seinen Altersgenossen in Berlin gemeinsam hat als mit seinen Altvorderen in Bangkok oder mit Gleichaltrigen in der thailändischen Provinz.

Gewiß ungültig sind einige der in diesem Buch gegebenen Hinweise auch in den „exterritorialen Zonen": Das sind Patpong Road in Bangkok und Pattaya an der Ostküste, um die extremsten Beispiele zu nennen. In diesen Disney Lands der exotischen Männerphantasien, die bisweilen sogar von Thais als exotisch bestaunt werden, ist thailändisch-traditionelles Verhalten nicht gefragt und hilft den Mädchen auch nicht bei ihrer Art Kampf ums Überleben. „Exterritorial" ist ein sehr passender Begriff für diese Gebiete, eben weil ursprüngliche Verhaltensweisen der Thais hier überhaupt nicht gelten. Wer meint, durch Aufenthalte in Pattaya und Patpong einen Einblick in die thailändische Lebensweise bekommen zu haben, hätte seinen Urlaub vielleicht doch besser auf „Balkonien" verbringen sollen.

König Bhumipol (in der Hocke) wird vom thail. Volk einhellig verehrt und geliebt. Kritische oder gar abfällige Bemerkungen über ihn werden von jedem Thai als persönliche Berleidigung empfunden.

Das Wichtigste

Danke!
khòøp khun
ขอบคุณ

Auf Wiedersehen.
sawàt-dii
สวัสดี

Zu teuer!
phääng köön pai
แพงเกินไป

O.K.!
tòk-long
ตกลง

Wo?
thîi năi
ที่ไหน

Haben Sie...?
mii ... mai
มี...ไหม

Dieses
nîi
นี่

Wasser
náam
น้ำ

Was kostet das?
nîi raakhaa thâurai
นี่ราคาเท่าไร

Grundwortschatz

Nicht vergessen, daß hinter jedem höflichen gesprochenen Satz ein ***khráp*** für Männer und ***khá/ khâ*** für Frauen gesprochen werden sollte (siehe S. 13)!

Ja und Nein

Ja — *Yes* – ***tschâi*** – ใช่

Oft wird für „ja" aber einfach nur ***khráp*** von Männern bzw. ***khâ*** von Frauen benutzt. Eine Frage, die ein Verb beinhaltet, beantwortet man, indem man das Verb einfach wiederholt:

Frage: Gehen wir? — ***pai măi*** – ไปไหม – gehen-(?)

Antwort:
Ja. — ***pai*** – ไป – gehen
Natürlich! — *Of course!* – ***nâä-nøøn*** – แน่นอน
Einverstanden! OK! — *O.K., all right!* – ***tòk-long*** – ตกลง
Nein. — *No.* – ***mâi tschâi*** – ไม่ใช่

Auch hier gilt: Fragen, die ein Verb beinhalten, werden mit Verneinung des Verbes beantwortet:

Frage: Gehen wir? — ***pai măi*** – ไปไหม – gehen-(?)

Antwort: Nein. — ***mâi pai*** – ไม่ไป – nicht-gehen

Höflichkeiten

Danke. — *Thank you.* – ***khòøp khun*** – ขอบคุณ
Vielen Dank. — *Thank you very much.* ***khòøp khun mâak*** – ขอบคุณมาก
Entschuldigung. — *I´m sorry, excuse me.* – ***khŏø-thôot*** ขอโทษ
Macht nichts! — *It doesn´t matter! Never mind!* ***mâi pen rai*** – ไม่เป็นไร
Guten Tag. — *Good morning/good afternoon/ good evening* – ***sawàt-dii*** – สวัสดี
Auf Wiedersehen. — *Good bye* – ***sawàt-dii, pai kòøn*** สวัสดี / ไปก่อน
Wie geht es Ihnen? — *How are you?* – ***sabaay dii rŭ̆ü*** สบายดีหรือ

Obige Frage stellt man in Thailand nur, wenn man sich längere Zeit nicht gesehen hat, nicht aber im Sinne von „Wie geht´s?" als Floskel, mit der man jemanden informell begrüßt.

Gegenständliches

Ding, Sache — *thing, matter* – ***sìng*** – สิ่ง
das hier, dies(es) — *this* – ***nîi*** – นี่
das dort, jenes — *that* – ***nân*** – นั่น

	groß	*big* – ***yài*** – ใหญ่
	klein	*small* – ***lék*** – เล็ก
	gut	*good* – ***dii*** – ดี
	schlecht	*bad* – ***mâi dii*** – ไม่ดี
Essen & Trinken	Essen, Speise	*meal, food* – ***aahaan*** – อาหาร
	essen (Verb)	*to eat* – ***kin*** – กิน
	Reis	*rice* – ***khâao*** – ข้าว
	Obst	*fruits (Pl)* – ***phŏnlamái*** – ผลไม้
	Gemüse	*vegetables (Pl)* – ***phàk*** – ผัก
	Wasser	*water* – ***náam*** – น้ำ
	trinken	*to drink* – ***kin náam*** – กินน้ำ
	Tee	*tea* – ***náam-tschaa*** – น้ำชา
	Kaffee	*coffee* – ***kaafää*** – กาแฟ
	Eis (-würfel)	*ice* – ***náam-khắng*** – น้ำแข็ง
	Zucker	*sugar* – ***náam-taan*** – น้ำตาล
Tun, Kommen, Gehen	tun, machen	*to do, to make* – ***tham*** – ทำ
	gehen	*to go* – ***pai*** – ไป
	kommen	*to come* – ***maa*** – มา

Ich und Du

Dies ist ein etwas komplizierteres Thema im Thailändischen, da eine große Menge von Personalpronomen in Verwendung ist, je nach Status des Sprechers und des Angesprochenen. Hier werden nur Pronomen aufgeführt, die „neutral" sind und damit allgemein verwendbar. (Für weitere Informationen siehe auch die Kurzgrammatik ab S. 181).

ich (weiblich)	*I* – ***dìtschăn, tschăn*** – ดิฉัน / ฉัน

(***tschăn*** wird von thailändischen Frauen eigentlich häufiger benutzt als ***dìtschăn***, jedoch empfinden es viele Thais als angebrachter, wenn weibliche Farangs ***ditschăn*** verwenden)

ich (männlich)	*I* – ***phŏm*** – ผม
wir	*we* – ***rau*** – เรา
Sie, Du, Ihr	*you* – ***khun*** – คุณ
er, sie	*he, she* – ***khău*** – เขา
sie (3. pl)	*they* – ***phûak khău*** – พวกเขา
es	*it* – ***man*** – มัน

man wird für sowohl Dinge als auch für Tiere verwendet. Bisweilen dient ***man*** auch zur eher abfälligen Bezeichnung für „er" oder „sie", und leider wird damit auch manchmal der Farang bedacht, zumindest hinter seinem Rücken.

Possessivpronomen, also „mein, dein, unser" etc. stehen im Thai hinter dem Substantiv, also z.B. ***bâan khøøng phŏm*** บ้านของผม, „mein Haus" (von einem Mann gesprochen), wörtl. „Haus-Sache-ich". Entsprechend werden „unser", „Ihr", etc. gebildet: ***khøøng rau, khøøng khun*** etc.

Oft wird das Wort ***khøøng*** auch weggelassen, so daß man einfach nur sagt ***bâan phŏm,*** „mein Haus"; ***bâan rau,*** „unser Haus"; ***bâan khău,*** „sein Haus" oder „ihr Haus" usw.

Häufig benutzte Satzmuster

■ Wie heißen Sie? – *What is your name?*
khun tschûü arai – คุณชื่ออะไร

■ Haben Sie ...?/Gibt es ...?
Have you got …?/Is there …?
mii … măi – มี ... ไหม

■ Ich möchte .../Ich brauche ... – *I would like …*
dìtschăn/phŏm tøøng-kaan …
ดิฉัน / ผม ต้องการ...

■ Ich suche nach ... – *I am looking for …*
dìtschăn/phŏm haa … – ดิฉัน / ผม หา...

■ Kann ich ... bekommen? – *May I get …?*
dìtschăn/phŏm dschà dâi … dâi măi
ดิฉัน / ผม จะได้...ได้ไหม

■ Wissen/Kennen Sie ...? – *Do you know …?*
khun rúu … măi – คุณรู้...ไหม
oder: ***khun sâap ... măi*** – คุณทราบ...ไหม

■ Können Sie mir helfen? – *Could you help me?*
khun tschûay dìtschăn/phŏm dâi măi
คุณช่วย ดิฉัน / ผม ได้ไหม

■ Zeigen Sie mir bitte ... – *Please show me ...*
khøø hâi dìtschăn/phŏm rúu ...
ขอให้ ดิฉัน / ผม รู้...

■ Geben Sie mir bitte ... – *Please give me ...*
khøø hâi dìtschăn/phŏm ... – ขอให้ ดิฉัน / ผม ...

■ Was kostet das? – *How much is this?*
nîi raakhaa thâurai – นี่ราคาเท่าไร

■ Zu teuer! – *Too expensive!*
phääng kөön pai – แพงเกินไป

Unverständliches

■ Was ist das? – *What is that?*
nîi küü arai – นี่คืออะไร

■ Was bedeutet das? – *What does it mean?*
nîi mǎay kwaam wâa arai – นี่หมายความว่าอะไร

■ Ich verstehe. – *I understand.*
dìtschǎn/phǒm khâu-dschai – ดิฉัน / ผม เข้าใจ

■ Ich verstehe nicht. – *I don´t understand.*
dìtschǎn/phǒm mâi khâu-dschai
ดิฉัน / ผม ไม่เข้าใจ

■ Verstehen Sie? – *Do you understand?*
khun khâu-dschai mǎi – คุณเข้าใจไหม

■ Wie nennt man das? – *What do you call that?*
nîi rîak wâa arai – นี่เรียกว่าอะไร

■ Sprechen Sie Englisch? – *Do you speak English?*
khun phûut phaasǎa angkrìt pen mǎi
คุณพูดภาษาอังกฤษเป็นไหม

Fragen

Wo?

■ Wo? – *Where?*
thîi nǎi – ที่ไหน

■ Wohin? – *Where to?*
pai nǎi – ไปไหน

■ Woher? – *Where from?*
dschàk thîi nǎi – จากที่ไหน

■ Wo ist/sind ...? – *Where is/are ...?*
... yùu thîi nǎi – ... อยู่ที่ไหน

■ Wo bekomme ich/Wo gibt es ...?
Where can I get ...?
dìtschǎn/phǒm dschà dâi ... thîi nǎi
ดิฉัน / ผม จะได้...ที่ไหน

■ Wohin fährt dieser Bus/Zug?
Where is this bus/train going to?
rót nîi dschà pai thîi nǎi – รถนี้จะไปที่ไหน

Wann?

■ Wann? – *When?*
mûarai **–** เมื่อไร

■ Wann kommen wir an? – *When shall we arrive?*
mûarai dschà thǔng **–** เมื่อไรจะถึง

■ Wann öffnet ...? – *When will ... open?*
mûarai ... dschà pööt **–** เมื่อไร...จะเปิด

Wie?

■ Wie? – *How?*
yàang-rai **–** อย่างไร

■ Wie komme ich nach ...? – *How do I get to ...?*
phŏm/ditschăn dschà pai ... yàang-rai
ผม / ดิฉันจะไป...อย่างไร

■ Wie weit? – *How far?*
klai thâurai **–** ไกลเท่าไร

■ Wie lange? (zeitlich) – *How long?*
naan thâurai **–** นานเท่าไร

■ Wieviel? – *How much?*
thâurai **–** เท่าไร

■ Wieviele? – *How many?*
kìi **–** กี่

Sonstige Fragewörter

■ Was? – *What?*
arai **–** อะไร

■ Warum? – *Why?*
tammai **–** ทำไม

■ Wer? – *Who?*
khrai **–** ใคร

■ Welche (-r,-s)? – *Which?*
năi **–** ไหน

■ Welcher Zug fährt nach ...?
Which train is bound to ...?
rót-fai dschà pai ... kan năi **–** รถไฟจะไป...คันไหน

Nach dem Weg fragen

Man sollte einen Thai niemals fragen, ob dies oder das der richtige Weg beispielsweise zum Hotel sei. Die Antwort auf eine so direkte Frage kann stets nur positiv sein: „ja , ja“, selbst wenn der Befragte nicht die geringste Idee hat, wo das gewünschte Hotel sich befinden könnte. Es würde aber für Thais unhöflich wirken und der Befragte würde sein „Gesicht verlieren“, wenn er eine solche Frage mit einem ehrlichen „Ich weiß nicht“ beantwortet. Um also niemanden in solche Zwangssituationen zu bringen, muß man die Frage etwas einfacher halten: „Wie komme ich zum Hotel Soundso?“ oder „Wissen Sie, wo das Hotel Soundso ist?“. Damit ermöglicht man dem Befragten Pluspunkte zu sammeln, d.h. er kann seine Hilfsbereitschaft zeigen, und man selbst kann dann vielleicht erleben, wie sehr sich die Thais bemühen, Schwierigkeiten aus dem Weg zu schaffen, ohne Rücksicht auf die eigene Zeit, einfach aus Hilfsbereitschaft und ohne Hintergedanken.

Wo und wohin?

■ Wie komme ich zum Hotel ...?
How do I get to the ... Hotel?
phǒm/ditschăn dschà pai roong rääm ... yàang-rai
ผม / ดิฉันจะไปโรงแรม...อย่างไร
ich (m)/ich (w) - werden - gehen - Hotel ... - wie(?)

■ Wissen Sie, wo das Hotel ... ist?
Do you know where the ... Hotel is?
khun sâap măi wâa roong rääm ... yùu thîi-năi
คุณทราบไหมว่าโรงแรม...อยู่ที่ไหน
Sie - wissen - (?) - daß - Hotel ... - sein - wo(?)

■ Wie weit ist es? – *How far is that?*
man yùu klai măi – มันอยู่ไกลไหม
es - sein - weit - (?)

■ In welcher Richtung? – *Which direction?*
thaang năi – ทางไหน
Strecke, Weg-welcher(?)

■ Ich möchte zu dieser Adresse fahren.
I would like to go to this address.
phǒm/ditschăn tôong-kaan pai thîi-yùu nîi
ผม / ดิฉันต้องการไปที่อยู่นี้
ich (m)/ich(f) - möchten - gehen - Adresse - diese

Richtungsangaben

auf dieser Seite	*on this side* – ***khâang níi*** – ข้างนี้
links	*left* – ***sáai*** – ซ้าย
rechts	*right* – ***khwăa*** – ขวา
hier	*here* – ***thîi nîi*** – ที่นี่
dort	*there* – ***thîi nân*** – ที่นั่น
in der Nähe, nahe	*nearby, close to* – ***klâi*** – ใกล้
weit	*far* – ***klai*** – ไกล
oben	*on top* – ***khâang bon*** – ข้างบน
auf	*on* – ***bon*** – บน
unten	*below, down* – ***khâang lâang*** ข้างล่าง
unter	*under* – ***tâi*** – ใต้
vorne	*ahead, in front* – ***khâang nâa*** ข้างหน้า
davor, vor	*in front of* – ***thîi nâa*** – ที่หน้า
hinten	*back, in the rear, behind* – ***khâang lăng*** – ข้างหลัง
hinter	*behind* – ***lăng*** – หลัง
Fahr weiter!	*Go on!* – ***pai tòø pai*** – ไปต่อไป
Fahr zurück!	*Go back!* – ***klàp pai*** – กลับไป
Biege links ab!	*Turn left!* – ***líao sáai*** – เลี้ยวซ้าย
Biege rechts ab!	*Turn right!* – ***líao khwăa*** – เลี้ยวขวา
Fahr geradeaus!	*Go straight!* – ***trong pai lööy*** ตรงไปเลย

Zahlen

Grundzahlen

Das Zahlensystem im Thai ist wie in allen sino-tibetischen Sprachen sehr einfach. Die einzige Ausnahme bilden die Zahlen mit „-zwanzig" sowie die „Eins".

Schwierigkeiten bereitet eher das Erlernen der thailändischen, aus dem indischen stammenden Zahlzeichen. Für Telefonnummern etc. benutzt man inzwischen zumeist die „arabischen" Zahlen, wie wir sie auch in Europa verwenden. Jedoch werden bei Jahreszahlen, Haus- und Busnummern oft noch die traditionellen Zahlzeichen verwendet, so daß es nützlich ist, auch diese zu kennen. Die Aussprache ist aber immer Thai, egal ob es sich nun um „arabische" oder „indische" Zahlzeichen handelt.

Ungerade Zahlen (***măay-lêek khîi***) gelten in Thailand übrigens als glückbringend.

Grundzahlen **Die Grundzahlen siehe auf der hinteren Umschlagseite!**

Ein kleines Zahlenbeispiel:

24 798 - ๒๔๗๙๘ ***søøng-mùùn-sìì-phan-dschèt-róøy-kâu-sìp-pàät***

Die Thais verwenden übrigens kein Dezimalkomma, sondern einen Dezimalpunkt.

Personen und Gegenstände Das Zählen von Personen oder Gegenständen ist im Thai eine etwas komplizierte Angelegenheit. Man muß neben dem Zahlwort auch noch das Kategoriewort (Klassifikator) des gezählten Gegenstands nennen. Es gibt über Hundert dieser Kategoriewörter, doch selbst die Thais benutzen nicht alle davon, und so kann man sich auf die drei wichtigsten Kategoriewörter beschränken: ***khon*** für Personen, ***tua*** für Tiere und ***an*** für Gegenstände (besonders bei den Gegenständen gibt es sehr viele unterschiedliche Kategoriewörter).

Die Reihenfolge ist immer: Gezählte Person/Gegenstand - Zahl - Kategoriewort

Beispiele:

drei Männer	***phûu-tschaay săam khon*** – ผู้ชายสามคน
zwei Hunde	***măa søøng tua*** – หมาสองตัว
sechs Tische	***tø hòk an*** – โต๊ะหกอัน

Die Kategoriewörter braucht man auch, wenn man die Demonstrativpronomen „dies" oder „jenes" benutzt, in der Reihenfolge: Person/Gegenstand - Kategoriewort - „dies/jenes", z.B.:

dieser Hund	***măa tua nîi*** – หมาตัวนี้
jener Mann	***phûu-tschaay khon nán*** – ผู้ชายคนนั้น

Ordnungszahlen Die Ordnungszahlen funktionieren genauso wie die Grundzahlen; man muß nur vor jede Zahl die Silbe ***thîi*** setzen, also:

1. *First*	***thîi nùng/rääk***	ที่หนึ่ง / แรก
2. *Second*	***thîi søøng***	ที่สอง
3. *Third*	***thîi săam***	ที่สาม

usw.

Uhrzeit

Im Thai gibt es zwei Methoden, die Uhrzeit auszudrücken. Die traditionelle Methode, die den Tag in vier „Wachen" zu je sechs Stunden einteilt, und die Methode, die meist im Radio und Fernsehen verwendet wird und einfach die 24 Stunden des Tages durchzählt, ähnlich wie auch im Deutschen.

Die erste Methode ist sehr gewöhnungsbedürftig, und man muß oft im Kopf nachrechnen. Wer also die Lernarbeit scheut, kann durchaus die 24h-Methode verwenden und wird mit Sicherheit von jedem Thai verstanden werden. Diese werden jedoch von sich aus eher die traditionelle Methode benutzen.

Hier die Uhrzeiten nach der offiziellen Methode:

1:00 – ๑.๐๐ น.	***nùng naalíkaa*** – หนึ่งนาฬิกา
2:00 – ๒.๐๐ น.	***sø̌øng naalíkaa*** – สองนาฬิกา
3:00 – ๓.๐๐ น.	***sǎam naalíkaa*** – สามนาฬิกา
4:00 – ๔.๐๐ น.	***sìi naalíkaa*** – สี่นาฬิกา
5:00 – ๕.๐๐ น.	***hâa naalíkaa*** – ห้านาฬิกา
6:00 – ๖.๐๐ น.	***hòk naalíkaa*** – หกนาฬิกา
7:00 – ๗.๐๐ น.	***dschèt naalíkaa*** – เจ็ดนาฬิกา
8:00 – ๘.๐๐ น.	***pä̀ät naalíkaa*** – แปดนาฬิกา
9:00 – ๙.๐๐ น.	***kâu naalíkaa*** – เก้านาฬิกา
10:00 – ๑๐.๐๐ น.	***sìp naalíkaa*** – สิบนาฬิกา
11:00 – ๑๑.๐๐ น.	***sìp-èt naalíkaa*** – สิบเอ็ดนาฬิกา
12:00 – ๑๒.๐๐ น.	***sìp-sø̌øng naalíkaa*** – สิบสองนาฬิกา
13:00 – ๑๓.๐๐ น.	***sìp-sǎam naalíkaa*** – สิบสามนาฬิกา
14:00 – ๑๔.๐๐ น.	***sìp-sìi naalíkaa*** – สิบสี่นาฬิกา
15:00 – ๑๕.๐๐ น.	***sìp-hâa naalíkaa*** – สิบห้านาฬิกา
16:00 – ๑๖.๐๐ น.	***sìp-hòk naalíkaa*** – สิบหกนาฬิกา
17:00 – ๑๗.๐๐ น.	***sìp-dschèt naalíkaa*** – สิบเจ็ดนาฬิกา
18:00 – ๑๘.๐๐ น.	***sìp-pä̀ät naalíkaa*** – สิบแปดนาฬิกา
19:00 – ๑๙.๐๐ น.	***sìp-kâu naalíkaa*** – สิบเก้านาฬิกา
20:00 – ๒๐.๐๐ น.	***yîi-sìp naalíkaa*** – ยี่สิบนาฬิกา
21:00 – ๒๑.๐๐ น.	***yîi-sìp-èt naalíkaa*** – ยี่สิบเอ็ดนาฬิกา
22:00 – ๒๒.๐๐ น.	***yîi-sìp-sø̌øng naalíkaa*** – ยี่สิบสองนาฬิกา
23:00 – ๒๓.๐๐ น.	***yîi-sìp-sǎam naalíkaa*** – ยี่สิบสามนาฬิกา
24:00 – ๒๔.๐๐ น.	***yîi-sìp-sìi naalíkaa*** – ยี่สิบสี่นาฬิกา

Die wichtigsten Zeitbegriffe

(Uhr-) Zeit	*time* – **weelaa** – เวลา
Uhr	*clock* – **naalíkaa** – นาฬิกา
Armbanduhr	*wrist-watch* – **naalíkaa khôø müü** นาฬิกาข้อมือ
Wecker	*alarm clock* – **naalíkaa plùk** นาฬิกาปลุก
Sekunde	*second* – **wí-naathii** – วินาที
Minute	*minute* – **naathii** – นาที
Stunde	*hour* – **tschûa-moong** – ชั่วโมง
Tag	*day* – **wan** – วัน
Woche	*week* – **aathít, sàpdaa** อาทิตย์ / สัปดาห์
Monat	*month* – **düan** – เดือน
Jahr	*year* – **pii** – ปี
Jahrhundert	*century* – **satàwát** – ศตวรรษ
morgens	*morning* – **tøøn tscháu** – ตอนเช้า
mittags	*noon* – **thîang wan** – เที่ยงวัน
nachmittags	*afternoon* – **tøøn bàay** – ตอนบ่าย
abends	*evening* – **tøøn yen** – ตอนเย็น
nachts	*night* – **klaang khüün** – กลางคืน
Mitternacht	*midnight* – **thîang khüün** – เทืองคืน
tagsüber	*during the day* – **klaang wan** กลางวัน
den ganzen Tag	*the whole day* – **tháng wan** – ทั้งวัน
täglich	*daily* – **thúk wan** – ทุกวัน
Wochenende	*weekend* – **sîn sàpdaa, său aathít** สิ้นสัปดาห์ / เสาร์อาทิตย์
vorgestern	*day before yesterday* – **waan-süün** วานซืน
gestern	*yesterday* – **mûa-waan níi** – เมื่อวานนี้
heute	*today* – **wan níi** – วันนี้
morgen	*tomorrow* – **phrûng-níi** – พรุ่งนี้
übermorgen	*day after tomorrow* – **marüün níi** มะรืนนี้
vor drei Wochen	*three weeks ago* – **săam aathít thîi lǽäo** – สามอาทิตย์ที่แล้ว
in zwei Monaten	*in two months* – **ìik søøng düan** อีกสองเดือน
seit vier Jahren	*for four years* – **tâng sìi pii lǽäo** ตั้งสี่ปีแล้ว
letztes Jahr	*last year* – **pii thîi lǽäo** – ปีที่แล้ว
nächstes Jahr	*next year* – **pii nâa** – ปีหน้า
(zu) früh	*early* – **reo** – เร็ว
(zu) spät	*late* – **săai** – สาย

pünktlich	*in time* – **trong weelaa** – ตรงเวลา
Einen Augenblick!	*Just a moment!* – **sàk khrûu** – สักครู่
jetzt	*now* – **tøøn níi, dĭao níi** ตอนนี้ / เดี๋ยวนี้
bald, gleich	*soon* – **nai mâi tscháa** – ในไม่ช้า
gleichzeitig	*at the same time* – **phrøøm kan** พร้อมกัน
früher	*in the past* – **năi adìit** – ในอดีต
jemals	*ever* – **khööy** – เคย
nie	*never* – **mâi khööy** – ไม่เคย
ein Mal	*once* – **khráng diao** – ครั้งเดียว
zwei Mal	*twice* – **sŏøng khráng** – สองครั้ง
selten	*hardly* – **mâi khôøi** – ไม่ค่อย
manchmal	*sometimes* – **baang thii, baang khráng** – บางที / บางครั้ง
oft	*often* – **bøøy bøøy** – บ่อยๆ
immer	*always* – **samŏŏ, thúk weelaa** เสมอ / ทุกเวลา

Maße und Gewichte

Thailand verwendet inzwischen offiziell das metrische System. Jedoch sind einige Einheiten des englischen Meßsystems durchaus noch in Gebrauch. Daneben gibt es auch noch eine Menge traditioneller thailändischer Maßeinheiten.

	Zentimeter	*centimetre* – **seentimét** – เซนติเมตร
	Zoll	*inch* – **níu** – นิ้ว (1" = 2,54 cm)
	Fuß	*foot (pl. feet)* – **fút** – ฟุต (1' = 30,48 cm)
	Meter	*metre* – **mét** – เมตร
	Wa	**waa** – วา (1 Wa = 2 m)
	Kilometer	*kilometre* – **kiloomét** – กิโลเมตร
	Meile	*mile* – **mai** – ไมล์ (1 mile 2= 1,61 km)
Flächenmaße	*Tarang Wa*	**taaraang waa** – ตารางวา (1 Tarang Wa = 4 m2)
	Rai	**râi** – ไร่ (1 Rai = 1600 qm)
Gewichte	Gramm	*gramme* – **gram** – กรัม
	Saleung	**salŭng** – สลึง (Goldgewicht: 3,8 gr)
	Baht	**bàat** – บาท (Goldgewicht: 4 Saleung = 15,2 gr)
	Kilogramm	*kilogramme* – **kiloogram** – กิโลกรัม

Kalender

In Thailand werden die Jahre nach dem buddhistischen Kalender gezählt, der mit dem Tode Gautama Buddhas im Jahre 543 v.Chr. beginnt. Die Thais sind uns also, anders ausgedrückt, bei der Jahreszahl um 543 Jahre voraus. Das Jahr 1995 ist in Thailand das Jahr 2538. Die thailändische Zählweise wird im Gegensatz zur gregorianischen Zeitrechnung (engl. AD = anno domini) mit BE abgekürzt, für „Buddhist Era", also buddhistische Ära. Offiziell beginnt das Jahr zwar auch mit dem 1. Januar, jedoch wird das Neujahrsfest (***sŏngkraan***) traditionell jedes Jahr am 13. April gefeiert.

Wenn man also wissen möchte, ob eine Jahreszahl nach christlicher oder nach buddhistischer Zeitrechnung gilt, fragt man:

køø søø rüü phøø søø **–** ค.ศ. หรือ พ.ศ.
christliche Zeitrechnung - oder (?) - buddhistische Zeitrechnung

køø søø ist die Abkürzung für ***khrít-sàkkàrâat*** (คริสต์ศักราช) und bezeichnet die christliche Zeitrechnung. ***phøø søø*** ist die Abkürzung für ***phútthá-sàkkàrâat*** (พุทธศักราช) und bezeichnet die buddhistische Zeitrechnung.

Wochentage

Die Wochentage beginnen im Thai alle mit ***wan,*** dem Wort für „Tag". Danach folgt der Name für den Tag. Wie im Lateinischen sind die Tage nach Sonne, Mond und Planeten benannt, allerdings in ihrer Sanskritfassung.

Montag	*Monday* – ***wan dschan*** – วันจันทน์
Dienstag	*Tuesday* – ***wan angkhaan*** – วันอังคาร
Mittwoch	*Wednesday* – ***wan phút*** – วันพุธ
Donnerstag	*Thursday* – ***wan pharǘhàt (sàbødii)*** – วันพฤหัสบดี
Freitag	*Friday* – ***wan sùk*** – วันศุกร์
Samstag	*Saturday* – ***wan său*** – วันเสาร์
Sonntag	*Sunday* – ***wan aathít*** – วันอาทิตย์

Monate

Die Zeichen in Klammer bezeichnen die gebräuchlichen Abkürzungen für die Monate.

Januar	*January* – ***mókkàraa-khom*** มกราคม	(ม.ค.)
Februar	*February* – ***kumpaa-phan*** กุมภาพันธ์	(ก.พ.)
März	*March* – ***miinaa-khom*** มีนาคม	(มี.ค.)
April	*April* – ***meesǎa-yon*** เมษายน	(เม.ย.)
Mai	*May* – ***phrűtsàphaa-khom*** พฤษภาคม	(พ.ค.)
Juni	*June* – ***míthùnaa-yon*** มิถุนายน	(มิ.ย.)
Juli	*July* – ***karákkadaa-khom*** กรกฎาคม	(ก.ค.)
August	*August* – ***sǐnghǎa-khom*** สิงหาคม	(ส.ค.)
September	*September* – ***kanyaa-yon*** กันยายน	(ก.ย.)
Oktober	*October* – ***tùlaa-khom*** ตุลาคม	(ต.ค.)
November	*November* – ***phrűtsadschìkaa-yon*** พฤศจิกายน	(พ.ย.)
Dezember	*December* – ***thanwaa-khom*** ธันวาคม	(ธ.ค.)

Tiersymbole

Thais benutzen auch den chinesischen Zwölfjahreszyklus, der jedem Jahr ein Tiersymbol zuordnet und nach zwölf Jahren von neuem durchlaufen wird, beginnend mit dem Jahr der Ratte bis zum Jahr des Schweins. Die Tiernamen sind allerdings Ableger aus dem Chinesischen und haben mit den thailändischen Tierbezeichnungen nichts gemeinsam.

Hier ein Zwölfjahreszyklus ab 1995:

christl. Jahr	buddh. Jahr	Tier-symbol	Englisch – Lautschrift – Thaischrift
1995	2538	Schwein	*pig* – ***kun*** – กุน
1996	2539	Ratte	*rat* – ***tschûat*** – ชวด
1997	2540	Rind	*cow* – ***tschalǔu*** – ฉลู
1998	2541	Tiger	*tiger* – ***khǎan*** – ขาล
1999	2542	Hase	*rabbit* – ***thò*** – เถาะ
2000	2543	Drache	*dragon* – ***maroong*** – มะโรง
2001	2544	Schlange	*snake* – ***masěng*** – มะเส็ง
2002	2545	Pferd	*horse* – ***mamia*** – มะเมีย
2003	2546	Ziege	*goat* – ***mamää*** – มะแม
2004	2547	Affe	*monkey* – ***wøøk*** – วอก
2005	2548	Hahn	*cock* – ***rakaa*** – ระกา
2006	2549	Hund	*dog* – ***dschøø*** – จอ

Ausrufe

Besonders typisch für gesprochenes Thai sind die Partikel und Ausrufe. Die Höflichkeitspartikel ***khráp*** bzw. ***khâ/khá*** wurde bereits vorgestellt (S. 13), und an ihren möglichst ständigen Gebrauch sei hier nochmals erinnert. Daneben gibt es aber noch eine ganze Menge anderer Partikel am Satzende, mit denen die unterschiedlichsten Intentionen verbunden sind. Hier die wichtigsten:

ná

ná wird benutzt, um eine Aufforderung „weicher" und freundlicher zu formulieren. Man kann daran auch noch die Höflichkeitspartikel knüpfen, um der Freundlichkeit gewissermaßen die Krone aufzusetzen: ***taam sabaay ná khráp*** für Männer bzw. ***taam sabaay ná khâ*** für Frauen. Häufigstes Beispiel dafür ist:

■ Wie bitte? – *I beg your pardon?*
arai ná khráp/khá – อะไรนะครับ / คะ
was? - (P) - (P)

sí

sí wird für Befehle und Aufforderungen verwendet.

lâ

lâ benutzt man, wenn man eine Antwort erwartet, also im Sinne von „sag mal", „sagen Sie mal": ***tham arai bâang lâ*** „Was machst Du denn so, sag mal?"

■ Wie geht´s? – *How are you?*
pen yàang rai bâang lâ – เป็นอย่างไรบ้างล่ะ
sein - wie? - auch - (P)

„... oder?"

Daneben gibt es auch unter Thailändern die bei uns ebenso bekannte Spezies der „Nicht wahr?"- bzw. „Oder?"-Sager, die diese Phrase am Ende fast jeden Satzes verwenden. Im Thai gibt es zwei Versionen für diese rhethorische Frage: ***tschâi măi*** oder ***rǚü plàu***.

kø

Die am häufigsten verwendete Partikel neben ***khráp*** bzw. ***khâ/khá*** ist auf jeden Fall ***kø*** (ก็). ***kø*** ist gewissermaßen eine Verlegenheits- und Füllpartikel, die man immer dann einschiebt, wenn man nicht genau weiß, was man sagen soll, etwa im Sinne von „äh", „also", „doch" oder dergleichen. Die Partikel wird nach dem Subjekt verwendet, z.B.:

■ Also, das weiß ich nicht. – *Well, I don´t know.*
phŏm/dìtschăn kø mâi rúu – ผม / ดิฉันก็ไม่รู้
ich (m)/ich (f) - (P) - nicht - wissen

kø dâi Sehr häufig kommt auch die Verbindung ***kø dâi*** vor, was soviel heißt wie „geht auch", „kann man auch machen" oder „von mir aus", „meinetwegen".

Und noch einige weitere Ausrufe:

üü Zustimmung („hmm"): ***üü*** (klingt eher wie ein Stöhnen, bedeutet aber „ja" oder „o.k.")

ŏ̌öy Wenn man jemanden ruft, den man kennt: ***ŏ̌öy*** z.B. : ***mâä ŏ̌öy***, „Mutti!"

thôo ŏ̌öy Im Sinne von „Sowas aber auch!", „Mensch!" sagt man in Thailand ***thôo ŏ̌öy***

wáa ***wáa*** ist ein Ausruf des Mißfallens aber auch im Sinne von „Oh Mann!"

wáay Für „Oh, mein Gott!" benutzt man ***wáay.***

ôohoo ***ôohoo*** wird bei Verwunderung und Anerkennung gerufen. Man hört diesen Ausruf sehr häufig, wenn die Männer um den Fernseher versammelt sind und die Übertragung vom Thai-Boxen kommentieren.

dschà taay Eine Phrase noch, die recht häufig verwendet wird, obwohl sie nicht besonders gepflegt klingt: ***dschà taay***, also wörtlich „werden sterben", würde man im Deutschen mit „verdammt" übersetzen, z.B.:

■ Heute ist es verdammt heiß! – *It´s damned hot today!*
wan-níi røøn dschà taay – วันนี้ร้อนจะตาย
heute - heiß - werden - sterben

Die hier vorgestellten Partikel und Ausrufe sind nur ein Ausschnitt aus einer sehr großen Palette.

Ankunft

ยินดีต้อนรับในเมืองไทย

yindii tôøn-ráp năi müang thai
„Willkommen in Thailand"

Einreise

Paßkontrolle/ Zoll

Wenn man nicht mit Thai Airways (***kaan bin thai***) auf dem Flughafen (***sanăam bin***) in Bangkoks Stadtteil Don Meuang (***døøn müang***) ankommt, sondern mit einer anderen Airline, dann steht einem erst einmal ein längerer Fußmarsch durch die Gänge des Flughafengebäudes bevor, der aber durch Fußgängerförderbände unterstützt wird. Die Paßkontrolle geht relativ langsam vonstatten, so daß man hier schon mal eine halbe bis eine Stunde und länger in der Schlange stehen kann. Bei der Paßkontrolle gibt man seinen Reisepaß und die Ein-/Ausreisekarte, die man schon im Flugzeug ausgefüllt hat, an den Beamten. Dieser drückt einem dann den Einreisestempel mit der maximalen Aufenthaltsdauer des Visums in den Paß und heftet den Ausreiseteil der Ein-/Ausreisekarte dazu. Achtung: Jeder Tag Visumüberzug kostet 100 Baht (ca. 7 DM)!

Nachdem man die Zollschranken passiert hat (Kontrollen bei westlichen Touristen sind eher die Ausnahme), steht man in der großen Flughafenhalle. Hier gibt es einige Banken, die zum etwa gleichen Kurs wie in der Stadt sämtliche gängigen Währungen umtauschen. Man sollte möglichst gleich ein wenig Geld umtauschen, um genügend für das Taxi oder den Bus zu haben.

In die Stadt

Man verläßt die Haupthalle nach links zu den Limousinen von Thai Airways in die etwa 35 km entfernte Innenstadt oder zu den preiswerteren sogenannten Koupon-Taxen. Eine preiswertere Alternative stellen der Zug, das Meter-Taxi oder die öffentlichen Busse dar. Der Zug fährt bis zum Hauptbahnhof, der Hualampong Station, allerdings nur sechsmal am Tag. Die ca. 35 Minuten lange Fahrt kostet 100 Baht . Von der Hualampong-Station wird man sich in der Regel aber auch ein Taxi zum Hotel/Guesthouse seiner Wahl nehmen müssen, so daß man eigentlich nicht viel dabei sparen kann. Ein alter Trick ortskundiger Reisender ist, im zweiten Stock des Flughafengebäudes von Don Meuang (Departure Hall) ein Taxi zu nehmen, da diese dort gerade ihre Fahrgäste ausgeladen haben und schnell wieder Leute in die Innenstadt mitnehmen wollen.

Bei der Fahrt mit dem Taxi empfiehlt es sich, die im Januar 1995 eingeweihte Schnellstraße (***thaang dùan***), als Hochstraße auf riesigen Betonpfeilern konstruiert, zu benutzen. Die Benutzungsgebühr von 20 Baht muß man allerdings selbst bezahlen; entweder gibt man dem Fahrer die 20 Baht bereits am Gebührenhäuschen der Schnellstraße oder zahlt einen entsprechend höheren Fahrpreis bei der Ankunft am Zielort.

Die Zeitverschiebung gegenüber der Mitteleuropäischen Zeit (MEZ) beträgt in Thailand 6 Stunden. Während der europäischen Sommerzeit sind es nur 5 Stunden.

Öffentliche Busse sind die billigste, aber nicht unbedingt die schnellste Möglichkeit, in die Stadt zu gelangen. Die Linien 39 und 59 fahren in die unmittelbare Nähe der Khao-San-Road, wo sich früher oder später die meisten Traveller wiederfinden. Mit 3 Baht (ca. 0,20 DM) ist man dabei.

Paß- und Zollkontrolle

Sowohl die Zollbeamten als auch die Damen und Herren vom Gepäckschalter (baggage claim counter) sprechen Englisch, so daß Thaikenntnisse hier nicht notwendig sind.

Paßkontrolle	*passport inspection*
Einreiseformalitäten	*immigration formalities*
zollpflichtige Gegenstände	*dutiable articles*
einfuhrbeschränkte Ggst.	*restricted articles*
Gepäckkontrolle	*luggage, baggage examination*
Visum	*visa*
zollfrei	*duty-free*
Zollbeamter	*customs officer*
Devisen	*foreign currency*
Reisepass	*passport*
Arbeitserlaubnis	*work permit*
Aufenthaltserlaubnis	*permit of residence*

Beim Zoll

◆ Was ist der Grund Ihrer Reise?
What is the purpose of your visit?

■ Ich mache Urlaub. / Ich bin auf Geschäftsreise.
I am on vacation/holidays. / I am on a business trip.

■ Ich bin nur auf der Durchreise.
I am on transit only.

■ Ich habe nichts zu verzollen.
I have nothing to declare.

■ Muß ich das verzollen?
Do I have to declare this?

■ Das ist für meinen persönlichen Gebrauch.
This is for my personal use.

Gepäck

■ Auf welchem Band kommt das Gepäck an?
On which belt will the luggage arrive?

■ Mein Gepäck fehlt.
My luggage is missing.

Rückreise

Rückbestätigung des Fluges

Man sollte keinesfalls vergessen, seinen Rückflug mindestens 3 Tage vor dem Abflugdatum rückbestätigen zu lassen:

■ Ich möchte meinen Flug rückbestätigen.
I would like to reconfirm my flight.

■ Es ist Lufthansa, Flugnummer LH745, am ..., um ...
It is Lufthansa, flight number LH475, on ..., at...

Zum Flughafen

Da die Fahrzeit von der Innenstadt Bangkoks bis zum Flughafen je nach Verkehrslage sehr variieren kann (zwischen 30 Minuten und 2 Stunden), sollte man seine Fahrt zum Flughafen etwas zeitiger antreten, um Streß zu vermeiden. Es empfiehlt sich, mindestens drei Stunden vor Abflug loszufahren.

Am Check-in-Schalter hat man dann 200 Baht Flughafensteuer zu entrichten. Die Summe kann ersatzweise auch in US-Dollar entrichtet werden.

Stadtverkehr

Hinweise

Bangkok ist, was den Verkehr angeht, sicher eine der berüchtigtsten Metropolen der Welt. Dabei ist der Verkehr eigentlich gar nicht so schlimm, denn man steht ohnehin dauernd im Stau. Gefahren, bzw. gestanden, wird links, d.h. es gilt Linksverkehr wie in England. Autos sind rechtsgelenkt. Die meisten Einwohner Bangkoks benutzen aber immer noch Motorräder (private Autos sind durch hohe Importzölle sehr teuer), zum Teil aus Kostengründen, zum Teil, um überhaupt voranzukommen im Verkehr. Wenn man die Straße überquert, sollte man besonders zwischen den Kolonnen auf Motorräder achten, die sich durchzuschlängeln versuchen.

Der thailändische Fahrstil ist halbwegs diszipliniert, d.h. zumindest rote Ampeln werden befolgt. Ansonsten gilt es aber mit (fast) allen Mitteln im Verkehrschaos voranzukommen, ohne allzugroße Rücksicht auf die Mitmenschen, die ja auch nichts anderes im Sinn haben.

Orientierungspunkte

Besonders die Taxi-Fahrer kennen sich in der Stadt recht gut aus (wenn sie nicht gerade am Tag zuvor aus irgendeiner Provinz gekommen sind, um in Bangkok zu arbeiten). Wenn man den Straßennamen oder den Namen eines wichtigen Gebäudes kennt, kann man ziemlich sicher sein, auch genau dorthin gebracht zu werden. Einen Stadtplan zu zeigen, hat meist wenig Sinn, denn viele Leute sind es nicht gewohnt, eine Karte zu lesen und brauchen erstmal 30 Minuten, um sich darauf zu orientieren. Wenn auf dem Stadtplan allerdings die Straßennamen in Thai aufgeschrieben sind, kann man einfach darauf zeigen, und los geht´s.

Eine gute Karte in dieser Hinsicht ist der „Bangkok, Thailand" genannte Stadtplan, den man überall in Bangkok bekommt. Dort sind neben den Straßennamen in Thai (natürlich auch in Englisch) außerdem die Buslinien eingezeichnet.

Straße und Hausnummer

Die Straßennamen auf den blauen Schildern sind durchweg in Englisch und in Thai bezeichnet.

Straßennummern bestehen oft aus zwei Zahlen, durch einen Strich getrennt, also z.B. „93/4": Die erste Nummer bezeichnet die Blocknummer bzw. die Hausnummer eines größeres Hauses mit mehreren Eingängen , die zweite Zahl die Hausnummer im Block. Auf Englisch liest man den Strich *„slash"* oder auch *„over"*. In Thai sagt man ***tháp***.

Oft kommt in den Straßennamen das Wort „Soi" vor. Soi (***søøy***) bezeichnet eigentlich keine eigene Straße, sondern die Seitengasse einer größeren Straße: 23/6 Sukhumvit Soi 4, bedeutet also die 4. Seitengasse der Sukhumvit Straße Hausblock 23, Hausnummer 6. Manchmal wird das Wort Soi auch weggelassen, also 22/7 Sukhumvit 4. In der Regel werden die Soi-Nummern wie auch die Blocknummern gemäß der Straßenseite mit geraden und ungeraden Nummern bezeichnet, also z.B. auf der linken Straßenseite alle Seitengassen und alle Blocknummern (der Hauptstraße) ungerade, auf der rechten Seite gerade.

Zur Orientierung

khâang *bedeutet „Seite" und wird oft Richtungsangaben vorangestellt. Man kann* ***khâang*** *aber auch weglassen.*

sìi-yäák *bedeutet wörtlich „vier auseinandergehen", also vier Straßen, die auseinandergehen.*

Ampel	*traffic light, red light* – **fai dääng** ไฟแดง
abbiegen	*to turn* – **líao** – เลี้ยว
links	*left* – **(khâang) sáay** – (ข้าง) ซ้าย
rechts	*right* – **(khâang) khwăa** (ข้าง) ขวา
geradeaus	*straight* – **trong pai** – ตรงไป
Gebäude	*building* – **aakaan** – อาคาร
Brücke	*bridge* – **saphaan** – สะพาน
Straße	*street, road* – **thanŏn** – ถนน
Haus	*house* – **bâan** – บ้าน
Kreuzung	*cross-road, intersection* – **sìi-yâäk** สี่แยก
parken	*to park* – **dschôøt rót** – จอดรถ
Parkplatz	*car park, parking lot* – **thîi dschôøt rót** – ที่จอดรถ
Tankstelle	*filling station, petrol station* – **pám náam-man** – ปั๊มน้ำมัน
Markt	*market* – **talàat** – ตลาด
Fluß	*river* – **mââ-náam** – แม่น้ำ
Kanal	*canal* – **khløøng** – คลอง
Ecke	*corner* – **mum** – มุม
Platz	*square* – **sanăam** – สนาม
Schnellstraße	*express way* – **thaang dùan** ถนนด่วน
Bahnhof	*train station* – **sathăanii rót fai** สถานีรถไฟ
Postamt	*post office* – **praisanii** – ไปรษณีย์
Hotel	*hotel* – **roong rääm** – โรงแรม
Botschaft	*embassy* – **sathăanthûut** – สถานทูต

Botschaft

Um die Botschaft eines bestimmten Landes zu bezeichnen, sagt man: ***sathăanthûut*** + den jeweiligen Landesnamen, wie im Kapitel „Zur Person" auf S. 130 beschrieben, also z.B. ***sathăanthûut yööraman***, Deutsche Botschaft.

Verkehrsmittel in der Stadt

In Thailand ist gut für öffentlichen Transport gesorgt:

Taxis

Taxis (***rót thấäksĩi***) gibt es inzwischen in zwei Grundausführungen: Zum einen „normale" Taxis ohne Air-Conditioning, die sich mit offenen Fenstern durch die Staus schieben, zum anderen die seit 1992 eingeführten Meter-Taxen (***thấäksĩi mítöö***, man beachte, daß die Thais nicht „Meter-Taxi" sondern „Taxi-Meter" sagen; so steht es auch in großen, roten Buchstaben auf dem Dach jedes Meter-Taxis geschrieben). Bei den Meter-Taxis handelt es sich durchwegs um neue japanische Wagen mit Air-Conditioning und, wie der Name schon suggeriert, einem Taxameter, das den Fahrpreis anzeigt. Die neuen Meter-Taxen sind billiger und bequemer und auch in ausreichender Menge vorhanden, so daß es eigentlich keinen Grund für den Reisenden geben dürfte, in ein traditionelles Taxi zu steigen, stundenlang um den Preis zu feilschen und dann trotzdem 50% mehr zu bezahlen als beim Meter-Taxi.

Der Fahrpreis setzt sich wie bei uns aus einem Grundbetrag und den gefahrenen Kilometern sowie stehenderweise verbrachten Minuten zusammen. Die Meter-Taxi-Fahrer in Bangkok schimpfen gerne über die eingebauten Taxameter, die ihnen nicht mehr erlauben, höhere Fahrpreise von Ortsunkundigen zu verlangen. Deshalb wird der eine oder andere Taxi-Fahrer vorschlagen, den Taxameter nicht einzuschalten und irgendeinen Phantasie-Preis nennen. Bestehen Sie auf jeden Fall auf das Einschalten des Taxameters, ansonsten: Das nächste Meter-Taxi kommt bestimmt.

Besonders zur Rush-hour ist es sinnvoll, den Fahrer immer erst zu fragen, ob er zu dem gewünschten Ziel fahren möchte, denn manchmal haben auch die Taxifahrer keine Lust, lange im Stau zu stehen und warten lieber auf eine Fuhre in günstigerer Verkehrslage.

Man fragt den Fahrer einfach:

■ Fahren Sie nach ...? – *Do you go to ...*
khun pai ... mǎi – คุณไป...ไหม
Sie - fahren - ... - (?)

Entweder winkt einen der Fahrer als Antwort in sein Taxi, oder er sagt knapp aber lächelnd: ***mâi pai*** („nicht gehen"), also „Nein!", woraufhin man es mit dem nächsten Taxi versuchen muß.

Tuk-Tuk

Das Tuk-Tuk (***túk-túk***), so benannt nach den unverwechselbaren Geräuschen seines Zwei-Takt-Motors, ansonsten auch Samlor (***sǎam-løø,*** „Dreirad") genannt, findet sich in dieser oder jener Form in jeder thailändischen Ortschaft. In Bangkok ist es billiger als ein Taxi. Allerdings ist man in dem offenen, dreirädigen Fahrzeug ständig den Abgasen ausgesetzt - und dem zum Teil mörderischen Fahrstil der Fahrer. In den Provinzstädten gibt es, von Sammeltransportmitteln einmal abgesehen, zumeist ohnehin keine Alternative. Darüber hinaus sitzt man besonders als etwas größerer Mensch sehr ungünstig im Samlor, weil das Dach weit heruntergezogen ist. Man sieht also meistens nicht viel weiter als 10m nach links und rechts, und nur durch extremes Halsverbiegen gelingt es einem, etwas mehr von der Umgebung zu erfassen.

Busse

Alle drei Bezeichnungen ***rót dooysǎan, rót mee, rót bàt*** heißen Bus, ***rót*** bezeichnet immer ein Fahrzeug. ***dooysǎan*** bedeutet Passagier, ***mee*** stammt von engl. „mail" (also eigentlich ***rót mee*** = Postfahrzeug), ***bát*** ist die Thai-Aussprache für engl. „bus".

In Bangkok sowie einigen anderen größeren Städten (Chiang Mai, Nakorn Ratchasima) fahren außer den Überlandbussen auch Stadtbusse. In Bangkok gibt es sowohl normale Busse in alter (blaue Farbe) und in neuer Ausführung (rot) als auch die modernen Air-Condition- (AC-) Busse. Die normalen Busse kosten 3,5 Baht, egal, wie weit man fahren möchte, die AC-Busse je nach Entfernung zwischen 5 und 20 Baht. Die Busse haben Schaffner(innen), die das Fahrgeld kurz nach dem Einsteigen kassieren. Kennzeichnend für die Schaffner ist die blaue Uniform und die längliche Geldbüchse, in der das Kleingeld klappert.

Für Bangkoks Busnetz lohnt sich die Anschaffung eines Stadtplans, der auch die Buslinien ausweist, weil deren Streckenführung bisweilen etwas verwirrend ist. Ein weiteres Problem ist, daß die normalen und die AC-Busse zum Teil die gleichen Nummern haben, aber absolut nicht die gleiche Strecke fahren. Inzwischen hat die BMTA (Bangkok Mass Transport Authority) aber auch an den meisten Haltestellen übersichtliche Fahrpläne aufgestellt, die zeigen, welche Busse an der jeweiligen Station abfahren und welche Strecke sie benutzen. Die neueste Erfindung in Bangkoks Verkehrslandschaft sind die Mikro-Busse, etwas kleinere bequeme AC-Busse, die bestimmte Strecken bedienen und ein wenig mehr kosten als die großen AC-Busse, weil sie - angeblich - schneller und bequemer sind.

Flußboote

Ebenfalls im wesentlichen auf Bangkok beschränkt ist der Einsatz von Booten. Auf dem Chao Phraya Fluß, der sich von Nord nach Süd durch Bangkok schlängelt, gibt es den sogenannten Chao Phraya River Taxi Service (***rüa dùan***) der verschiedene Piers abwechselnd auf dem linken oder rechten Ufer des Flußes bedient. Daneben gibt es auch noch Fähren und die sogenannten Long-Tail-Boote (***rüa hǎang yaao***, „Boot-Schwanz-lang"), lange schmale Boote mit einem umgebauten Automotor als Antrieb, die eine beachtliche Geschwindigkeit erreichen können. Man kann diese Boote stundenweise mieten, um sich die Klongs (Kanäle) in Thonburi auf dem Ostufer des Chao Phraya anzuschauen. Eines läßt sich mit Gewißheit sagen: Auf dem Fluß besteht (noch) keine Staugefahr.

Motorradtaxi

møøtöösai ráp dschâang heißt wörtlich: Motorrad-annehmen-mieten, oder komplizierter ausgedrückt: Ein Motorrad, das Fahrgäste akzeptiert, die das Fahrzeug mieten wollen, allerdings inklusive Fahrer - man nimmt also auf dem Rücksitz des Motorrads Platz. Motorradtaxis sind in ganz Thailand verbreitet. In Bangkok hat es den ungemeinen Vorteil, daß man sich an den Staus vorbeidrücken kann, wobei die Fahrer oft ein außergewöhnliches Talent im Slalomfahren haben. Inzwischen besteht in Bangkok Helmpflicht, so daß man von den Fahrern auch als Fahrgast stets einen Helm übergestülpt bekommt. Der scheint manchmal aber nur aus Pappmaché zu bestehen, so daß er im Falle eines Unfalles garantiert keinen Schutz gewähren würde. Die Motorradtaxi-Fahrer kann man meistens an ihren farbigen Westen erkennen.

Songthaew

Der Begriff leitet sich von den zwei Sitzbänken (***søøng-thǎǎo***, wörtl. „zwei Reihen") ab, die in der Regel auf der Ladefläche eines Pick-up montiert sind. Die Schreibweise „Songthaew" ist von der englischen Aussprache abgeleitet. Dieses Verkehrsmittel wird überwiegend auf dem Land benutzt, wo es keine Busse gibt. Man hält das Fahrzeug einfach durch Winken auf der Straße an, sagt, wohin man möchte, und der Fahrer entscheidet dann, ob der genannte Ort halbwegs auf seiner Route liegt. Es gibt aber auch Songthaews, die fest zwischen zwei Orten wie Busse verkehren.

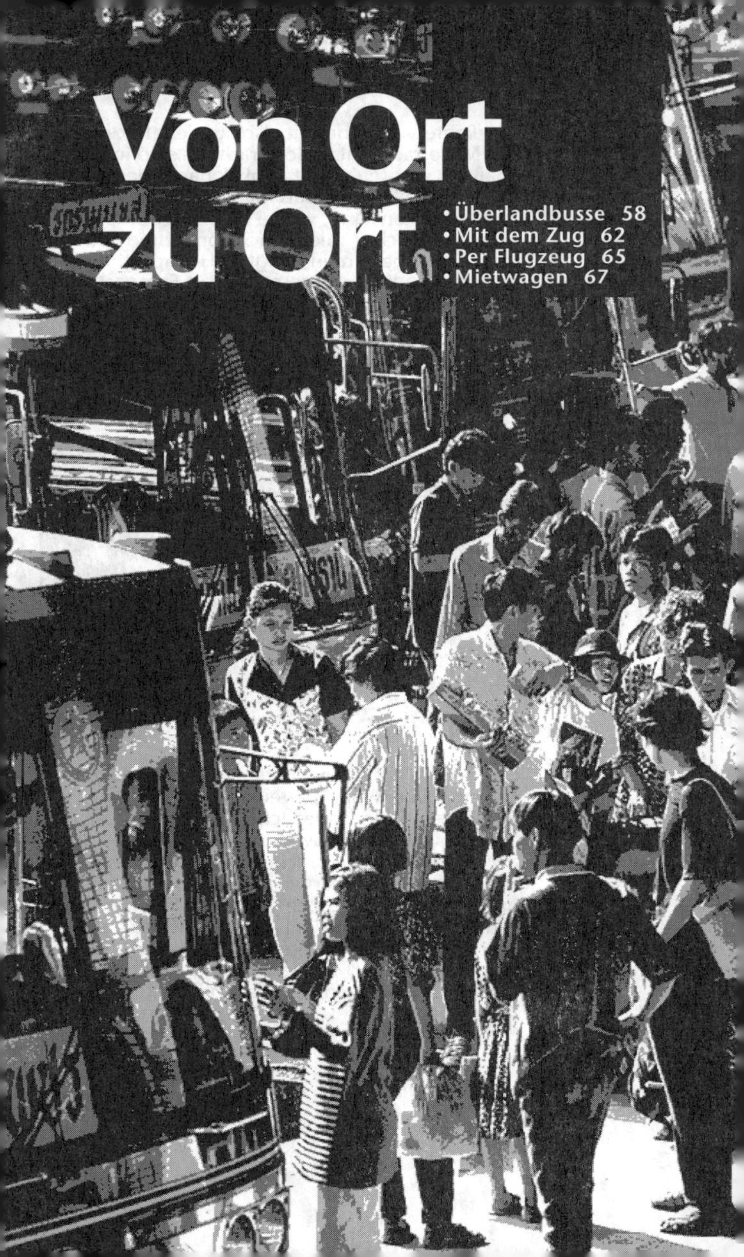

Von Ort zu Ort

Reisen in Thailand

Es gibt wohl nur wenige Länder, in denen es sich so problemlos reisen läßt wie in Thailand: 4500 km Eisenbahnstrecke, ein sehr gut funktionierendes Busnetz auf lokaler und überregionaler Ebene sowie Inlandsflugverbindungen der Thai Airways in die wichtigsten Provinzen lassen für den Reisenden eigentlich keine Wünsche offen. Zudem können die Preise für Zug und Bus aus europäischer Sicht als wirklich billig gelten.

Das gesamte inländische Transportsystem in Thailand ist sternförmig angelegt, wobei Bangkok durch seine Größe und wirtschaftliche Bedeutung stets das dominierende Zentrum ist, ob es sich nun um Flüge, Bus- oder Zugfahrten handelt.

Fahrpläne für Busse und Züge sind in der Regel nicht in gedruckter, englischsprachiger Form erhältlich, so daß man in den jeweiligen Orten zur Eisenbahnstation bzw. zum Busbahnhof gehen sollte, um sich zu erkundigen, wann Züge und Busse verkehren. Bei Zug- oder Busfahrten in entferntere Provinzen ist eine Reservierung erforderlich. Ein Tag vor der Abreise ist für gewöhnlich ausreichend, sollten nicht irgendwelche Feiertage anstehen, die die halbe thailändische Bevölkerung dazu veranlassen, ihre Verwandten in der abgelegensten Provinz zu besuchen (die andere Hälfte wartet zu Hause, bis die Verwandten eintreffen). Die längeren Fahrten beginnen dann meistens abends oder nachts und erreichen ihr Ziel am nächsten Morgen. Für kürzere Fahrten (bis 300 km) ist der Bus sicher empfehlenswerter, da Busse sehr viel häufiger verkehren als Züge und auch schneller sind. Ziemlich sicher muß der Traveller nicht länger als eine Stunde am Busbahnhof warten, um den gewünschten Bus zu bekommen.

Reisen

anhalten	*to stop* – ***yùt*** – หยุด
ankommen	*to arrive* – ***thŭng*** – ถึง
Ausgang	*exit* – ***thaang òøk*** – ทางออก
aussteigen	*to get out* – ***long*** – ลง
buchen, reservieren	*to book, to reserve* – ***dschøøng*** – จอง
Bahnhof	*train station, railway station* ***sathăanii rót fai*** – สถานีรถไฟ
Busbahnhof	*bus station* – ***bøø khŏø sŏø, sathăanii rót mee*** – บ.ข.ส. / สถานีรถเมล์

bøø khŏø sŏø ist eine Abkürzung, die eigentlich „Transportgesellschaft" bedeutet. Die Abkürzung wird aber meistens gleichbedeutend mit den großen Überland-Busstationen genannt, wo die privaten Personentransportgesellschaften ihren Sitz haben. Eine ***sathăanii rót mee*** ist dagegen eher eine Bushaltestelle in der Stadt.

Eingang	*entry* – **thaang khâu** – ทางเข้า
einsteigen	*to enter* – **khâu** – เข้า
Fahrer	*driver* – **khon khàp rót** – คนขับรถ
Fahrkarte, Ticket	*ticket* – **tŭa** – ตั๋ว
Fahrkartenschalter	*ticket counter* – **hôøng khăay tŭa** ห้องขายตั๋ว

hôøng khăay tŭa bedeutet wörtlich „Zimmer-verkaufen-Fahrkarte". Man sollte hier bei der Aussprache ganz besonders aufpassen, denn ***khăay tua*** ohne den fragenden Ton auf der zweiten Silbe heißt „verkaufen-Körper" und ist ein gängiger Ausdruck für Prostitution in Thailand

Fahrplan	*schedule, time table* – **kamnòt weelaa** กำหนดเวลา
Fahrpreis	*fare* – **khâa dooysăan** – ค่าโดยสาร
Gepäck	*luggage* – **krapău, hìip hòø** กระเป๋า / หีบห่อ
Reise	*journey, trip* – **kaan döön-thaang** การเดินทาง
Rückfahrkarte	*return ticket* – **tŭa pai klàp** ตั๋วไปกลับ
umsteigen	*to change (trains/buses)* – **plìan rót** เปลี่ยนรถ
warten	*to wait* – **khøøy, røø** – คอย / รอ

Verkehrsmittel

Bus	*bus* – **rót dooysăan, rót mee, rót bàt** – รถโดยสาร / รถเมล์ / รถบัส
Eisenbahn	*train* – **rót fai** – รถไฟ
Fähre	*ferry* – **rüa dschâang** – เรือจ้าง
Fahrzeug	*vehicle* – **rót** – รถ
Pick-up	*pick-up* – **rót sŏøng-thăăo** รถสองแถว
Lastwagen	*lorry* – **rót bantúk** – รถบรรทุก
Mini-Bus	*van, mini-bus* – **rót tûu** – รถตู้

Flugzeug
plane, aircraft
khrûang bin
เครื่องบิน

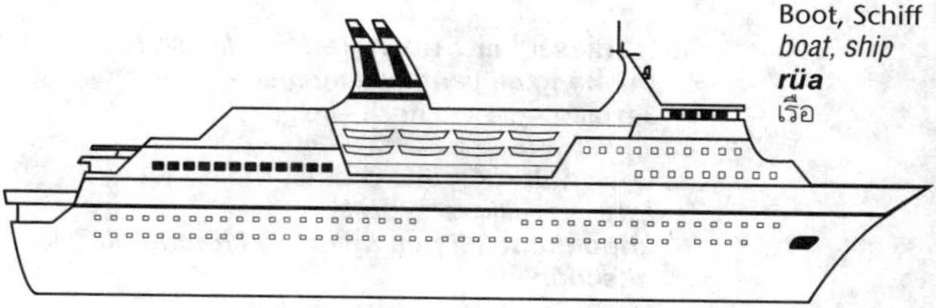

Boot, Schiff
boat, ship
rüa
เรือ

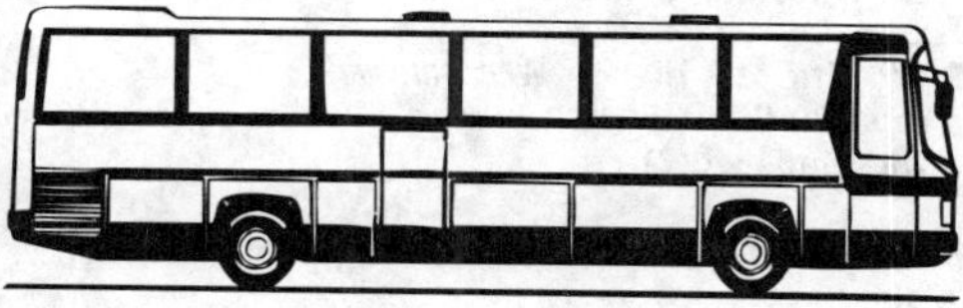

Reisebus,
Überlandbus
coach
rót thua
รถทัวร์

Auto
car
rót yon
รถยนต์

Fahrrad
bicycle
dschàkkrayaan
จักรยาน

Motorrad
motor-cycle
rót møøtöösai, rót khrûang
รถมอเตอร์ไซค์ / รถเครื่อง

Typische Fragen

■ Entschuldigung, kann ich das Fenster öffnen?
Excuse me, may I open the window?
khøø thôot, phŏm/dìtschăn pöötnâa-tàang dâi măi
ขอโทษ ผม / ดิฉันเปิดหน้าต่างได้ไหม
Entschuldig. - ich (m)/ich (f) - öffnen - Fenster - können - (?)

■ Kann ich hier rauchen? – *May I smoke here?*
phŏm/dìtschăn sùup-bùrìi thîi-nîi dâi măi
ผม / ดิฉันสูบบุหรี่ที่นี่ได้ไหม
ich (m)/ich (w) - rauchen - hier - können - (?)

■ Ist dieser Platz noch frei? – *Is this seat still vacant?*
thîi nâng nîi yang wâang măi – ที่นั่งนี้ยังว่างไหม
Sitzplatz - dieser - noch - frei - (?)

■ Entschuldigen Sie, dies ist mein Platz.
Excuse me, this is my seat.
khŏø thôot, nîi pen thîi nâng khŏøng phŏm/ dìtschăn
ขอโทษ นี่เป็นที่นั่งของผม / ดิฉัน
Entschuldigung - dies - sein - Sitzplatz - von - ich (m)/ich (f)

■ Wo sind wir hier? – *Where are we?*
rau yùu thîi-năi – เราอยู่ที่ไหน
wir - sind - wo(?)

Überlandbusse

Der Bus ist sicher das Verkehrsmittel, das sich für Reisen durch Thailand am besten eignet, hat doch jede Stadt ihren Busterminal und jeder Ort seinen Bushalteplatz. Bangkok verfügt über drei große Busterminals. Dies sind:

หมอชิต

Für die Provinzen im Norden und Nordosten Thailands ***sathăanii khon-sòng săay nŭa*** oder auch ***mŏø tschít.***

สายใต้ใหม่

Für den Süden ***sathăanii khon-sòng săay tâi*** oder kurz ***săay tâi mài.***

ขนส่งเอกมัย

Für den Osten ***sathăanii khon-sòng săay tawan òøk*** oder ***khŏn-sòng èekamai,*** der den östlichen Landesteil (Chonburi, Pattaya, Rayong, Chantaburi) bedient.

Die Busterminals liegen auch entsprechend im Norden, Süden und Osten Bangkoks an den großen Ausfallstraßen. Eine Fahrt vom Nord- zum

Südterminal kann tagsüber schon mal zwei Stunden dauern.

Die Busse

Es gibt zwei Arten von Überland-Bussen: Die orangen, nicht-klimatisierten Busse (***rót thammadaa***) mit Sitzreihen für jeweils drei Personen und nicht gerade überwältigender Beinfreiheit sowie die blauen klimatisierten Busse (***rót ää, rót thua***), die für längere Strecken eingesetzt werden. Die blauen Busse sind bequeme Reisebusse, geeignet für lange Fahrten und Nachtfahrten, da man die Sitze so weit zurückklappen kann, daß man seinem Hintermann schon fast auf dem Schoß liegt. Die Aircondition kann nachts jedoch auch zur Plage werden, denn die Thais scheinen sich diesbezüglich bei Minusgraden am wohlsten zu fühlen. In den allermeisten Fällen gibt es Decken gegen den „beißenden Frost", allerdings sollte man trotzdem die Mitnahme eines Pullovers erwägen. In den blauen Bussen werden zu Beginn der Fahrt in der Regel auch Getränke serviert. Bei den Nachtfahrten sind zusätzlich noch Snacks und eine Mahlzeit (meist hält man nachts um ein Uhr an irgendeinem kleinen Restaurant an der Straße, wo Reissuppe serviert wird, und fährt dann 20 Minuten später weiter) im Preis inbegriffen. Die blauen Busse gibt es auch noch in der V.I.P.-Version (***rót wii ai pii***), noch bequemer, mit 24 Sitzplätzen pro Bus, besserem Service und natürlich auch höherem Preis.

Als Faustregel für die Preise gilt: Die einfachen orangen Busse kosten die Hälfte der klimatisierten blauen für die gleiche Strecke. Die langen Nachtfahrten in den Norden (z.B. Chiang Mai) oder Süden (z.B. Phuket) sollte man bereits einen Tag im voraus buchen. In Bangkok kann man dies am entsprechenden Busterminal selbst erledigen oder über eines der zahlreichen Reisebüros, die zwar etwas teurer sind als der Direktverkauf, dafür aber meistens noch den Transfer zum jeweiligen Busbahnhof umfassen. Busse in die umliegenden Provinzen starten von Bangkok alle 15 bis 30 Minuten bzw. sobald der Bus voll ist.

Busfahren

Busgesellschaft *bus company* – ***borísàt khŏn-sòng*** บริษัทขนส่ง

Busnummer *bus number* – ***böö rót mee*** เบอร์รถเมล์

Sitz/Platz *seat* – ***thîi nâng*** – ที่นั่ง

Ich möchte...sitzen. *I would like to sit ...* – ***phŏm/ ditschăn tôøng-kaan nâng ...*** – ผม / ดิฉันต้องการนั่ง...

am Fenster *at the window* – ***khâang nâa-tàang*** ข้างหน้าต่าง

in der Mitte *in the middle* – ***trong klaang*** ตรงกลาง

vorne *in the front* – ***khâang nâa*** – ข้างหน้า

hinten *in the rear* – ***khâang lăng*** – ข้างหลัง

Der Bus ... *The bus...* – ***rót bàt ...*** – รถบัส...

fährt um...Uhr ab. *leaves at ... o´clock* – ***dschà òøk ... naalíkaa*** – จะออก...นาฬิกา

hält in ... an. *stops in ...* – ***dschà yùt thîi ...*** จะหยุดที่...

kommt in ... an. *arrives in ...* – ***dschà thŭng ...*** จะถึง...

■ Wo ist das Busterminal? – *Where is the bus terminal?*
bøø khøø søø yùu thîi-năi – บ.ข.ส. อยู่ที่ไหน
Transportgesellschaft - sein - wo?

■ Welcher Bus fährt nach Phuket?
Which bus will go to Phuket?
rót bàt khan năi dschà pai phuukèt –
รถบัสคันไหนจะไปภูเก็ต
Bus - Fahrzeug - welches - werden - gehen - Phuket?

Am Schalter

■ Gibt es noch Plätze nach Chiang Mai?
Are there still seats to Chiang Mai?
yang mii thîi nâng pai tschiang mài mái
ยังมีที่นั่งไปเชียงใหม่ไหม
noch - haben - Sitzplatz - gehen - Chiang Mai - (?)

■ Was kostet ein Ticket nach Surat Thani?
How much is a ticket to Surat Thani?
tŭa rót bàt pai sùrâat thaanii raakhaa thâurai
ตั๋วรถบัสไปสุราษฎร์ธานีราคาเท่าไร
Ticket - Bus - gehen - Surat Thani - Preis - wieviel(?)

■ Wie lange dauert die Fahrt nach Ayuthaya?
How long does the trip to Ayuthaya take?
pai àyútthayaa tschái weelaa naan thâurai
ไปอยุธยาใช้เวลานานเท่าไร
gehen - Ayuthaya - benuzten - Zeit - lange - wieviel(?)

■ Fährt der Bus nachts (tagsüber) nach Khon Kaen?
Is the bus going to Khon Kaen at night (during the day)
rót bàt pai khǒøn kǎän klaang khüün (klaang wan) mǎi – รถบัสไปขอนแก่นกลางคืน(กลางวัน)ไหม
Bus - gehen - Khon Kaen - Mitte - Nacht - (Mitte - Tag) - (?)

■ Wo hält der Bus auf der Strecke nach Udon Thani?
Where will the bus to Udon Thani stop on the road?
rót bàt pai ùdon thaanii dschà yùt thîi-nǎi
รถบัสไปอุดรธานีจะหยุดที่ไหน
Bus - gehen - Udon Thani - werden - halten - wo(?)

■ Um wieviel Uhr geht der Bus nach Krabi?
At what time will the bus to Krabi leave?
rót bàt pai krabii dschà òøk kìi moong
รถบัสไปกระบี่จะออกกี่โมง
Bus - gehen - Krabi - werden - raus - wieviel(?) - Uhr

■ Können wir zwei Plätze reservieren?
Could we book two seats?
rau dschøøng thîi nâng sǒøng thîi dâi mǎi
เราจองที่นั่งสองที่ได้ไหม
wir - reservieren - Sitzplatz - zwei - Platz - können - (?)

◆ Die Busfahrkarten sind schon ausverkauft.
The bus tickets are sold out already.
tǔa rót bàt khǎay mòt lɛ́ɛo – ตั๋วรถบัสขายหมดแล้ว
Fahrkarte - Bus - verkaufen - ganz - schon

Fragen im Bus

■ Wann halten wir an, um zu essen?
When will we stop for having something to eat?
mûarai dschà yùt phûa dschà thaan aahǎan
เมื่อไรจะหยุดเพื่อจะทานอาหาร
wann(?) - werden - halten - damit - werden - zu sich nehmen - Essen

■ Wie lange halten wir hier?
For how long will we stop here?
rau dschà yùt thîi-nîi naan thâurai
เราจะหยุดที่นี่นานเท่าไร
wir - werden - halten - hier - lange - wieviel(?)

■ Wann kommen wir in Chiang Mai an?
When will we arrive in Chiang Mai?
mûarai dschà thǔng tschiang mài
เมื่อไรจะถึงเชียงใหม่
wann(?) - werden - erreichen - Chiang Mai

Mit dem Zug

Wegen der zentralen Lage Bangkoks und seiner Bedeutung als Hauptstadt ist das gesamte Schienennetz Thailands sternförmig in fünf Strängen angelegt (Norden, Nordosten, Süden, ein kleines Teilstück nach Westen zur berühmten River Kwai Bridge in Kanchanaburi und ein Stück nach Osten zur kambodschanischen Grenze nach Aranyaprathet). Sämtliche Züge, die in Thailand verkehren, starten von Bangkoks Hauptbahnhof Hualampong (***sathăanii rót fai hŭalamphoong***) bzw. kommen dort an.

Fahrten mit der Eisenbahn dauern länger als entsprechende Busfahrten und sind zudem noch teurer, wenn man nicht gerade auf der Holzbank (sprich: 3. Klasse) fährt. Dafür sind die Züge sehr zuverlässig und Verspätungen eigentlich selten.

Klasseneinteilung

Die Waggons sind in drei Klassen eingeteilt: Die 3. Klasse (***tschán săam***) verfügt nur über einfache Holzsitze und ist für längere Fahrten nicht unbedingt zu empfehlen, da es keine Platzkarten gibt. Es kann also im schlimmsten Falle sein, daß man eine 13-stündige Zugfahrt stehend verbringt. Etwas mondäner sind da schon die Wagen der 2. Klasse (***tschán sŏøng***), die es in zwei Versionen gibt: ohne Air-Condition (***thammadaa***) und mit AC (***mii ää***). Wer eine staubfreie Reise vorzieht, sollte die AC-Version wählen, da hier die Fenster geschlossen bleiben. Der Fahrpreis in der 2. Klasse AC liegt etwa gleichauf mit der Fahrt im blauen V.I.P.-Bus. Die 1. Klasse (***tschán nùng***) ist auch nach westlichen Maßstäben eine solche und wirklich sehr bequem. Allerdings liegen die Tarife hier etwa doppelt so hoch wie die der blauen Busse.

Neben den Abteilklassen in den Zügen gibt es auch noch unterschiedliche Zugtypen: Den normalen Zug (*ordinary train*, ***rót thammadaa***) meistens nur mit Abteilen der 3. Klasse, den Eilzug (*rapid train*, ***rót reo***) mit 2. und 3. Klasse und schließlich den Expresszug (*express train*, ***rót dùan***) mit allen drei Klassen. Der Expresszug kommt auch noch in Spezialversionen vor, zum Teil mit Diesellok; solche Züge sind dann noch schneller und halten an weniger Stationen unterwegs.

Sehr empfehlenswert sind die Nachtzüge, die in die weit entfernten Provinzen fahren. In den Schlafwagen (***ròt nøøn***) der 1. und 2. Klasse werden dann die Sitze vom Zugpersonal in bequeme Schlafkojen umgebaut und am nächsten Morgen wieder in Sitze zurückverwandelt. Die kleine Mehrausgabe (etwa 4 DM) für die untere der beiden Schlafkojen sollte erwogen werden, denn diese ist breiter und bequemer.

Auch verpflegungstechnisch sollte es keine Probleme geben: Alle paar Minuten laufen Händler durch den Zug und versuchen Getränke, Hühnerbeine, Früchte, Klebreis und sonstige kulinarische Köstlichkeiten an den Mann zu bringen. In der 1. und 2. Klasse werden darüberhinaus auch Mahlzeiten am Platz serviert. Zugfahrten in der 1. und 2. Klasse sollten in jedem Fall mindestens einen Tag, von Bangkok aus eher früher, im voraus gebucht werden.

Zugfahren	Bahn, Zug	*train* – ***rót fai*** – รถไฟ
	Bahnhof	*train station* – ***sathăanii rót fai*** สถานีรถไฟ
	Bahnsteig	*platform* – ***tschaan-tschalaa*** ชานชลา
	Fahrkarte	*ticket* – ***tŭa*** – ตั๋ว
	Lokomotive	*engine car* – ***rót dschàk*** – รถจักร
	Nichtraucher	*non-smoking* – ***mâi sùup-bùrìi*** ไม่สูบบุหรี่
	Sitzplatznummer	*seat number* – ***böö thîi-nâng*** เบอร์ที่นั่ง
	Raucher	*smoker* – ***sùup-bùrìi*** – สูบบุหรี่
	Rückfahrkarte	*return ticket* – ***tŭa pai klàp*** ตั๋วไปกลับ
	Schlafwagen	*sleeper* – ***rót nøøn*** – รถนอน
	Schlafkoje	*berth* – ***thîi nøøn*** – ที่นอน
	Speisewagen	*train restaurant* – ***thîi thaan aahăan*** ที่ทานอาหาร
	verspätet	*delayed* – ***tscháa*** – ช้า
	Waggon	*car* – ***rót*** – รถ

◆ Der Zug fährt in 20 Minuten.
The train will leave in 20 minutes.
rót fai dschà òøk ìik yîi-sìp naathii
รถไฟจะออกอีกยี่สิบนาที
Zug - werden - rausgehen - noch - 20 - Minuten

■ Auf welchem Gleis fährt der Zug nach Surat Thani?
From which platform will the train to Surat Thani leave?
rót fai pai sùrâat thaanii dschà òøk tschaan-tschalaa năi – รถไฟไปสุราษฎร์ธานีจะออกชานชลาไหน
Zug - gehen - S.T. - werde - rausgehen - Bahnst. - welcher(?)

■ Was kostet die Fahrt in der 1. Klasse?
How much is the trip in the 1st class?
kaan dööng-thaang tschán nùng raakhaa thâurai
การเดินทางชั้นหนึ่งราคาเท่าไร
Reise - Klasse - eins - Preis - wieviel(?)

■ Ist dies ein Eilzug oder ein normaler Zug?
Is this a rapid or an ordinary train?
rót níi küü rót reo rǚü rót thammadaa
รถนี้คือรถเร็วหรือรถธรรมดา
Zug - dieser - sein - Zug - schnell - oder(?) - Zug - normal

■ Ich hätte gerne eine Fahrkarte 2. Klasse / air-cond.
I would like to have a ticket, 2nd class / air-conditioned
phŏm/dìtschăn tôøng-kaan tŭa tschán sŏøng/mii ää
ผม / ดิฉันต้องการตั๋วชั้นสองมีแอร์
ich (m)/ich (f) - möchten - Fahrkarte - Kl. - 2 - haben - a.c.

■ Ist der Schlafwagen vorne oder hinten?
Is the sleeper car in the front or in the rear?
rót nøøn yùu khâang nâa rǚü khâang lăng
รถนอนอยู่ข้างหน้าหรือข้างหลัง
Zug - schlafen - sein - Seite - vorne - oder(?) - Seite - hinten

Fragen zum Ticketkauf usw. siehe weiter oben unter „Überland-busse"

■ Ist dies ein 1. Klasse-Abteil?
Is this a 1st class compartment?
nîi küü rót tschán nùng măi – นี่คือรถชั้นหนึ่งไหม
dies - sein - Zug - Klasse - eins - (?)

Per Flugzeug

Das Inlandsflugnetz der Thai Airways (***borísàt kaan bin thai***) bedient die wichtigsten entfernt gelegenen Provinzen. Einige Destinationen werden auch von der kleineren Bangkok Airways angeflogen. Geflogen wird überwiegend mit neuen Düsen- (Boeing, Airbus) oder Propellermaschinen

(Aerospatiale). Auch hier gilt wie bei den Zügen, daß alle Verbindungen über Bangkok laufen. Flüge zu den wichtigsten Destinationen (Chiang Mai, Phuket, Hat Yai) gehen täglich oder sogar mehrmals täglich. Der nationale Terminal (domestic terminal, ***sanăam bin phaay năi prathêet***) liegt etwa 1 km südlich vom International Airport Don Meuang.

Die Angestellten der Airlines sprechen eigentlich alle Englisch, so daß man kaum in Verlegenheit geraten wird, Thai sprechen zu müssen. Trotzdem hier die wichtigsten Begriffe auch in Thai:

Fliegen

Das formelle Wort für Flughafen heißt ***thâa aakàat-yaan*** *– ท่าอากาศยาน*

Fluggesellschaft	*airline* – **saay bin** – สายบิน
Bestätigung	*confirmation* – **khøønfööm** คอนเฟิร์ม
buchen	*to book* – **dschøøng** – จอง
fliegen (m. d. Flugzeug)	*to fly, to go by plane* – **pai krûang bin** ไปเครื่องบิน
Flug	*flight* – **thîao bin** – เที่ยวบิน
Fluggäste	*passengers* – **phûu dooysăan** ผู้โดยสาร
Flughafen	*airport* – **sanăam bin** – สนามบิน
Flughafensteuer	*airport tax* – **khâa sanăam bin** ค่าสนามบิน
Flugzeug	*plane, aircraft* – **krûang bin** เครื่องบิน
Gate/Ausgang	*gate* – **thaang òøk** – ทางออก
Gepäck	*luggage, baggage* – **krapau, hìip-hòø** กระเป๋า / หีบห่อ
Handgepäck	*hand luggage, cabin luggage* – **krapău thǚü müü** – กระเป๋าถือมือ
Inlandsflug	*domestic flight* – **kaan bin phaay năi prathêet** – การบินภายในประเทศ
internationale Flüge	*international flight* – **kaan bin naanaa-tschâat** – การบินนานาชาติ
landen	*to land, to touch down* – **long** – ลง
Landung	*landing* – **kaan long** – การลง

Notausgang	*emergency exit* – **thaang òøk tschùk-tschŏŏn** – ทางออกฉุกเฉิน
Pilot	*pilot* – **nák bin** – นักบิน
Reservierung	*reservation* – **kaan dschøøng** – การจอง
starten	*to take off* – **khûn** – ขึ้น
Flugticket	*flight ticket* – **tŭa khrûang bin** ตั๋วเครื่องบิน
Das Flugzeug ist...	*The plane is...* – **khrûang bin ...** เครื่องบิน...
pünktlich	*in time* – **trong weelaa** – ตรงเวลา
verspätet	*delayed* – **tscháa** – ช้า
gestrichen	*cancelled* – **yók lôök** – ยกเลิก

Buchung

■ Wo ist das Büro der Thai Airways?
Where is the office of Thai Airways?

■ Ich möchte gerne nach Ko Samui fliegen.
I would like to fly to Ko Samui.

■ Kann ich das Ticket mit Kreditkarte bezahlen?
May I pay the ticket with credit card?

■ Ich möchte meine Reservierung umbuchen.
I would like to change my flight reservation.

◆ Es gibt keinen Platz mehr für morgen.
There is no seat vacant for tomorrow.

■ Ich nehme die erste/letzte Maschine
I will take the first/last flight.

■ Ich möchte mehr als 20 kg Gepäck mitnehmen.
I would like to take along more than 20 kg of luggage.

■ Wann kommt das Flugzeug an?
When will the plane arrive?

■ Um welche Uhrzeit fliegt die Maschine ab?
What time will the plane take off?

Am Flughafen

◆ Die Flughafensteuer macht 200 Baht.
The airport tax is 200 Baht.

Im Flugzeug werden alle Ansagen in Englisch und in Thai durchgegeben.

■ Kann ich bitte einen Fensterplatz haben?
May I have a seat at the window, please?

■ Ich hätte gerne einen Nichtraucherplatz.
I would like to have a seat in the non-smoking area.

Mietwagen

Es besteht die Möglichkeit, sich einen Wagen zu mieten, entweder mit Fahrer oder zum Selbstfahren. Der Linksverkehr sowie die bisweilen eher unorthodoxe Auslegung der Verkehrsregeln durch die Thailänder machen es jedoch nicht unbedingt zu einem Vergnügen, selbst durch das Land zu fahren. Dafür hat man natürlich den Vorteil, auch an abgelegene Orte zu kommen.

In Bangkok gibt es die großen internationalen Autoverleihfirmen (Hertz, Avis, ...), bei denen man auch Autos für nur eine Strecke, z.B. Bangkok - Phuket mieten kann und das Auto dann am Zielpunkt abgibt. Es gibt verschiedene Wagentypen zur Auswahl, vom japanischen Kleinwagen bis zur deutschen Limousine. Außerhalb Bangkoks läßt sich meist nur irgendein klappriger Jeep mieten.

Der internationale Führerschein ist sowieso erforderlich für das Mieten eines Fahrzeuges. Bei kleineren Unternehmen sollte man auch darauf achten, ob der Wagen versichert ist. Unbedingt auch das „Kleingedruckte" der Vereinbarung lesen! Für die Betreiber eines Mietwagengeschäfts ist es nicht zulässig, den Paß des Kunden einzubehalten. Jedoch kommt es immer wieder vor, daß genau das verlangt wird. Man sollte sich auf keinen Fall darauf einlassen. Selbiges gilt auch für den Motorradverleih.

Es gibt eine allgemeine Geschwindigkeitsbegrenzung von 90 km/h auf den Highways. Viel schneller kann man ohnehin nicht fahren, da die meisten Highways jeweils einspurig für eine Richtung sind und sich hauptsächlich Lastwagen auf den Straßen tummeln. In der Umgebung von Bangkok und in der Stadt ist dann ohnehin des öfteren Schrittempo angesagt.

Unfall

In ganz Asien gibt es eine etwas eigenartige Auffassung von Unfällen, an denen Ausländer beteiligt sind. Es läuft nach dem Prinzip: „Wenn der Ausländer nicht in das Land gekommen wäre, dann wäre der Unfall nicht passiert. Also ist der Ausländer schuld!" Dieser Logik, der man sich kaum entziehen kann, unterwerfen sich auch Polizisten, wenn es um die Klärung der Schuldfrage geht. Ziel ist es letztendlich, dem Ausländer Bargeld aus der Tasche zu locken. Das gelingt auch zumeist, weil sich der Fremde in dieser Situation

(50 Leute stehen um das Fahrzeug herum) nicht sehr wohl fühlt. Bei Personenschäden muß der Unfallverursacher bis 200.000 Baht Entschädigung an das Unfallopfer bzw. dessen Angehörige zahlen. Die Summe ist je nach Grad der Verletzungen per Gesetz festgelegt.

Rund um's Auto

Auto	*car* – ***rót yon*** – รถยนต์
Benzin	*petrol, gasoline* – ***nám-man (beensin)*** – น้ำมัน(เบนซิน)
Fahrer	*driver* – ***khon khàp rót*** – คนขับรถ
Fernstraße	*highway* – ***thaang lǔang*** – ทางหลวง
Führerschein	*driving-license* – ***bai anúyâat khàp rót, bai khàp khìi*** – ใบอนุญาตขับรถ / ใบขับขี่
Öl	*oil* – ***nám-man khrûang*** – น้ำมันเครื่อง
Reifen	*tyre* – ***yaang rót*** – ยางรถ
reparieren	*to repair* – ***søøm-sääm*** – ซ่อมแซม
Straße	*road* – ***thaang, thanǒn*** – ทาง / ถนน
Werkstatt	*garage* – ***roong søøm-sääm rót*** โรงซ่อมแซมรถ

■ Bitte lassen Sie mich zuerst den Wagen sehen.
Please let me have a look at the car first.
khǒø phǒm/ditschǎn duu rót yon kòøn
ขอผม / ดิฉันดูรถก่อน
bitten - ich (m)/ich (f) - sehen - Auto - vorher

■ Bitte volltanken. – *Fill up, please.*
karúnaa tööm nám-man hâi tem
กรุณาเติมน้ำมันให้เต็ม
bitten - füllen - Benzin - geben - voll

■ Ich hätte gerne zwanzig Liter Benzin.
I would like to have 20 litres of petrol.
khǒø hâi phǒm/ditschǎn nám-man beensin yîi-sìp lít – ขอให้ผม / ดิฉันน้ำมันเบนซินยี่สิบลิตร
bitten - geben - ich (m)/ich (f) - Benzin - 20 - Liter

■ Kennen Sie diese Strecke? – *Do you know this way?*
khun rúudschàk thaang níi mǎi – คุณรู้จักทางนี้ไหม
Sie - kennen - Weg - diesen - (?)

■ Wohin führt diese Straße?
Where does this road lead to?
thaang níi dschà thǔng thîi-nǎi – ทางนี้จะถึงที่ไหน
Straße - diese - werden - erreichen - wo(?)

Unterkunft

KHAOSAN PALACE
HOTEL
Kodak
EXPRESS
HOUSE
Kodak
Konica FILM
SLIDE E-6
KODAK QUALITY

Nach Ankunft am Bangkoker Flughafen muß man sich zunächst Gedanken um eine Bleibe machen. Bangkok bietet hier, was das Herz begehrt: Vom 50-Baht-Guesthouse bis zu Luxushotels auf einer nach oben offenen Preisskala.

Die meisten auf eigene Faust Reisenden findet man in der Khao Sarn Road (***thanon khâao săan,*** ถนนข้าวสาร), der Straße mit der größten Ansammlung von billigen Hotels (***roong rääm***) und „Gasthäusern", um einen deutschen Ausdruck für das allgemein verwendete englische „guest-house" zu finden (Guesthouse in der Thai-Aussprache: ***kèt-hau***). Die große Konkurrenz sichert die günstigen Preise, und durch die große Anzahl zur Verfügung stehender Unterkünfte hat man auch eine gute Chance, gleich etwas zu bekommen, wenn nicht im gewünschten „Guesthouse", dann eben ein Haus weiter. Allerdings herrscht in dieser Gegend schon eine etwas eigenartige, „unthailändische" Atmosphäre.

Ausstattung

Preise für Guesthouses liegen zwischen 50 und 150 Baht je nach Ausstattung, wobei sich das Guesthouse in der Regel dadurch vom Hotel unterscheidet, daß es kein eigenes Bad im Zimmer, sondern Gemeinschaftsbäder hat und die Ausstattung einfacher ist. Auch bei den billigsten Absteigen wird man aber in der Regel einen Ventilator (engl. *fan*, ***phát lom***) vorfinden, entweder als Deckenventilator oder als Tischgerät. Für die Ausstattung von Hotels und Guesthouses lassen sich aber keine allgemeingültigen Gesetze formulieren, und man wird Guesthouses finden, die sicherlich die Bezeichnug Hotel verdient hätten, und Hotels, für die sich wiederum überhaupt keine Worte finden lassen.

Da in ganz Asien traditionell kein Toilettenpapier benutzt wird (linke Hand! Siehe S. 112), sollte man sich in einfacheren Herbergen vorher damit versorgen, soweit man sich nicht asiatische Hygienemethoden zu eigen machen möchte. Bei Hotels, die auf Farangs eingestellt sind, sind solche Vorsichtsmaßnahmen nicht notwendig.

In den Provinzen kann man sich ruhig in teuer aussehende Häuser begeben - oft ist man erstaunt, daß der Preis gar nicht so hoch ist. So kann man dort schon ein gutes Hotelzimmer mit

Air-Conditioning ab 300 Baht haben. Natürlich liegen die Preise in Touristenzentren (Phuket, Pattaya , Ko Samui) etwas höher, wobei aber auch hier durch die starke Konkurrenz günstige Gelegenheiten zu finden sind. Da hilft nur Herumfragen.

Preisnachlaß

Gerade in den Touristenzentren ist es in der Off-Season, also der Nebensaison (etwa von Mai bis Oktober) nicht unüblich, an der Rezeption zu handeln. Die Hotelbesitzer wissen sehr gut, daß es ein Überangebot an Hotelbetten gibt, für die sich in der touristenschwachen Zeit keine Gäste finden lassen. Also kann man schon mal anfragen, ob nicht 50% vom normalen Zimmerpreis auch o.k. wären. Nicht selten wird man auf diese Weise sehr gute Unterkünfte ausgesprochen günstig bekommen können. Meist verlangen die thailändischen Hotels Zimmerpreise, d.h. man bezahlt den gleichen Preis, egal ob ein, zwei oder drei Personen im Zimmer wohnen.

Strand-Bungalows

An den Stränden des Südens finden sich meistens billige Bungalow-Anlagen, wobei eine einfache Hütte mit Bett und Moskitonetz, aber ohne Toilette oder Bad ab 50 Baht kostet. Entsprechende Luxus-Bungalows mit AC können dann schon mit 500 oder mehr Baht zu Buche schlagen. Die absolut billigste Methode, an den Stränden zu nächtigen, ist natürlich das Campen. Wenn man kein eigenes Zelt dabei hat, kann man vor Ort oft eines mieten.

Achtung

Bezüglich Sicherheit sind Hotels etwas besser ausgestattet als Guesthouses. Es empfiehlt sich bei den Guesthouses die Verwendung eines eigenen Vorhängeschlosses, um Langfingern vorzubeugen. Wie überall sollte man auch in Thailand keine Wertsachen im Zimmer lassen. In besseren Hotels kann man diese im Hotelsafe an der Rezeption deponieren.

Auch auf Moskitonetze (meistens direkt am Fenster angebrachte engmaschige „Zäune"), Stromversorgung und Funktionieren von Ventilator und Klimaanlage sollte vor Beziehen des Zimmers geachtet werden. Ein Blick ins Badezimmer ist ratsam (viele einfache Absteigen haben nur Plumpsklos) sowie eine kurze Inspektion auf Kakerlaken (engl. *cockroaches*). Die bis zu 5 cm langen Insekten sind zwar harmlos, doch wenn einem nachts so ein Tierchen über das Gesicht läuft, ist man doch nicht besonders begeistert (nicht umsonst heißen die Tiere ***määng sàap***, „Insekt-stinken“).

Für Leute mit leichtem Schlaf oder moralischen Bedenken empfiehlt sich zu prüfen, ob das Hotel eventuell als Stundenhotel genutzt wird. Dazu muß man wissen, daß Hotels mit Nummerbezeichnung (Hotel 45, Hotel 99) in der Regel reine Stundenhotels sind, die auch meist nicht an „normale“ Gäste vermieten. Kommt man dennoch in solchen Etablissements unter, darf man sich nicht über ständiges Kommen und Gehen wundern, das bis in die Morgenstunden andauert. Viele „normale“ Hotels in den Provinzen haben eine Doppelfunktion - als lokales Bordell und als Hotel. Das bekommt man in der Regel recht schnell heraus (vor allem als alleinreisender Herr).

Hotel

*Für Abreise und Anreise wird auch das englische „check-out“ – **tschék-au** bzw. „check-in“ – **tschék-in** verwendet.*

Abendessen	*dinner* – ***aahăan yen*** – อาหารเย็น
Abreise	*departure, check-out* – ***kaan dschàak pai*** – การจากไป
ankommen	*to arrive* – ***maa thŭng*** – มาถึง
Anmeldung	*check-in* – ***kaan tôøn-ráp*** การต้อนรับ
aufwachen	*to awake, wake up* – ***tùùn*** – ตื่น
Aufzug, Fahrstuhl	*lift, elevator* – ***khrûang líp*** เครื่องลิฟต์
Aussicht	*view* – ***wiu*** – วิว
Badewanne	*bathtub* – ***àang àap náam*** อ่างอาบน้ำ
Badezimmer	*bathroom* – ***høøng náam*** – ห้องน้ำ
Balkon	*balcony* – ***rábiang, múkdèt*** – ระเบียง มุขเด็จ
(Zimmer-) Boden	*floor* – ***phúún*** – พื้น
Doppelzimmer	*double room* – ***hôøng khûu*** – ห้องคู่
Dreierzimmer	*triple room* – ***hôøng săam khon*** ห้องสามคน
Einzelzimmer	*single room* – ***hôøng tiang dìao*** ห้องเตียงเดี่ยว
Etage	*floor, storey* – ***tschán*** – ชั้น
Fenster	*window* – ***nâa-tàang*** – หน้าต่าง
Fernsehen	*TV* – ***tooráthát, thii-wii*** – โทรทัศน์ / ทีวี
Frühstück	*breakfast* – ***aahăan tscháu*** – อาหารเช้า
Gepäck	*luggage* – ***krapău, hìip-høø*** – กระเป๋า / หีบห่อ

Kleiderbügel	*hanger* – **mái khwǎǎn sûa** – ไม้แขวนเสื้อ
Klimaanlage	*air-conditioning* – **khrûang pràp-aakàat, ää** – เครื่องปรับอากาศ / แอร์
Kühlschrank, Mini-Bar	*fridge, mini bar* – **tûu yen** – ตู้เย็น
Licht	*light* – **sǎäng-sawàang** – แสงสว่าง
Lichtschalter	*light switch* – **khrûang pìt pöòt fai fáa, sawít** – เครื่องปิดเปิดไฟฟ้า / สวิตช์
Mittagessen	*lunch* – **aahǎan klaang wan** อาหารกลางวัน
Moskitonetz	*moskito-net* – **múng** – มุ้ง
Pension, Guesthouse	*guest-house* – **két-hau** – เก็ส์ตเฮาส์
Quittung	*receipt* – **bai ráp ngöön** – ใบรับเงิน
Radio	*radio* – **khrûang wítthayú** – เครื่องวิทยุ
Rechnung	*bill* – **bin, bai kèp ngöön** – บิล / ใบเก็บเงิน
Reservierung	*reservation* – **kaan dschøøng kòøn** การจองก่อน
Restaurant	*restaurant* – **ráan aahǎan, páttaakhaan** – ร้านอาหาร / ภัตตาคาร
Rezeption	*reception* – **phanàäk tôøn-ráp** แผนกต้อนรับ
schlafen	*to sleep* – **nøøn** – นอน
Schrank	*wardrobe, cupboard* – **tûu** – ตู้
Seife	*soap* – **sabùu** – สบู่
Speisesaal	*dining room* – **hôøng aahǎan** ห้องอาหาร
Spiegel	*mirror* – **kradschòk ngau** – กระจกเงา
Stromausfall	*black-out, power cut* – **fai dàp** – ไฟดับ
Stuhl	*chair* – **kâu-îi** – เก้าอี้
Telefon	*telephone* – **toorásàp** – โทรศัพท์
Teppich	*carpet* – **phrom** – พรม
Toilette (zum Sitzen)	*(western-style) toilet* – **sûam** – ส้วม
Toilettenpapier	*toilet paper* – **kradaat tschamrá** กระดาษชำระ
Trinkwasser	*drinking water* – **náam dùùm** – น้ำดื่ม
Tür	*door* – **pratuu** – ประตู
Ventilator	*fan* – **phát-lom** – พัดลม
Wand	*wall* – **faa phanǎng** – ฝาผนัง
Waschbecken	*basin* – **àang láang müü** – อ่างล้างมือ
Wäsche waschen	*to do the laundry* – **sák phâa** – ซักผ้า
heißes Wasser	*hot water* – **náam røøn** – น้ำร้อน
kaltes Wasser	*cold water* – **náam yen** – น้ำเย็น
warmes Wasser	*warm water* – **náam ùn** – น้ำอุ่น
wecken	*to wake up* – **plùk** – ปลุก
Zimmer	*room* – **hôøng** – ห้อง
Zimmernummer	*room number* – **böö hôøng** – เบอร์ห้อง

ráan aahǎan *ist praktisch alles von der Imbißbude bis zum richtigen Restaurant.* ***páttaakhaan*** *ist immer ein etwas vornehmeres Etablissement, mit AC und livrierten Obern.*

Glühbirne
light bulb
løøt fai-fáa
หลอดไฟฟ้า

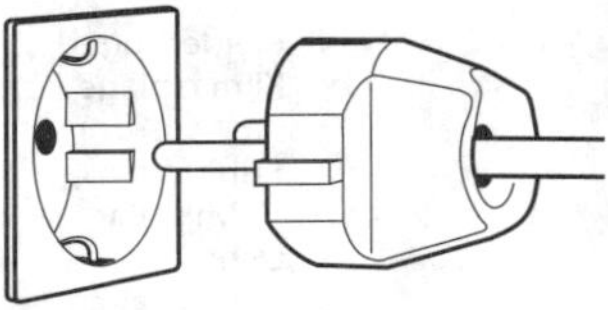

Steckdose
socket
tâu ráp
เต้ารับ

Stecker
plug
plák
ปลั๊ก

Wasserhahn
tap, faucet
hua-kǿk-náam
หัวก๊อกน้ำ

Dusche
shower
sùràay
สุหร่าย

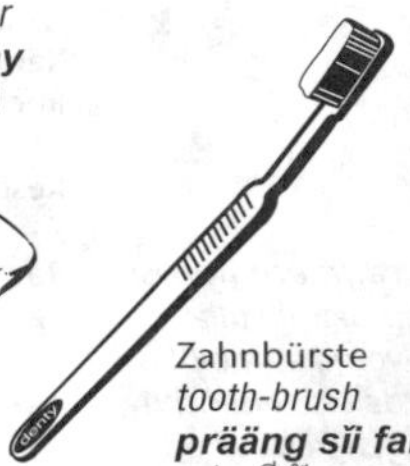

Zahnbürste
tooth-brush
prääng sĭi fan
แปรงสีฟัน

Schlüssel
key
kundschää
กุญแจ

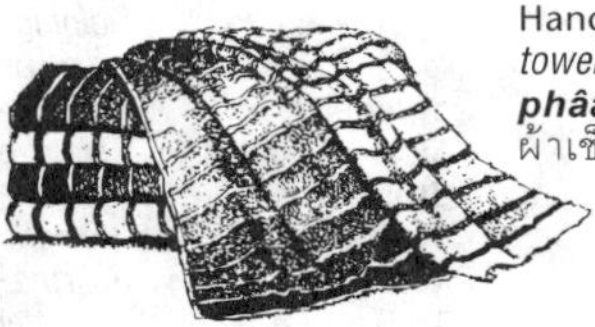

Handtuch
towel
phâa tschét tua
ผ้าเช็ดตัว

Decke
blanket
phâa hòm
ผ้าห่ม

Kopfkissen
pillow, cushion
møøn
หมอน

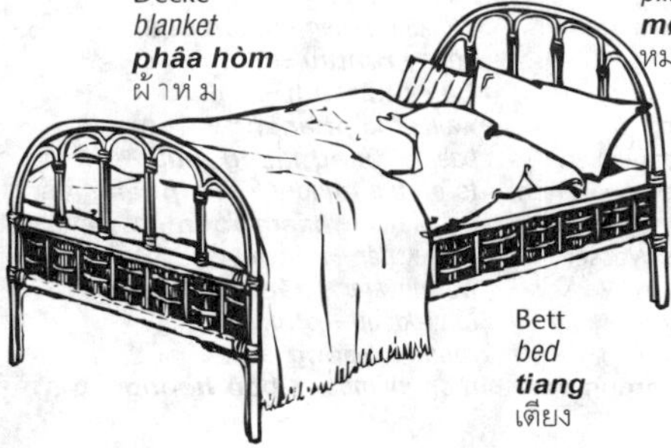

Lampe
lamp
tagiang
ตะเกียง

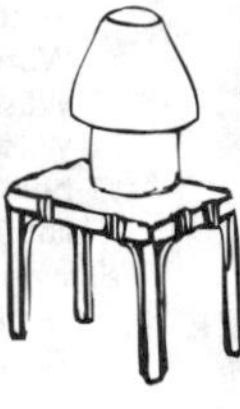

Bett
bed
tiang
เตียง

Haben Sie ein ...?

■ Haben Sie ein...? – *Do you have a ...?*
khun mii ... măi – คุณมี...ไหม

Zimmer frei	*room available* – ***hôøng wâang*** ห้องว่าง
Zimmer für 3 Nächte	*room for three nights* – ***hôøng phûa saam khüün*** – ห้องเพื่อสามคืน
Zimmer ohne Klimaanlage	*room without a/c* – ***hôøng mâi mii ää*** ห้องไม่มีแอร์
Zimmer mit Bad	*room with bathroom* – ***hôøng kàp hôøng náam*** – ห้องกับห้องน้ำ
Zimmer mit 3 Betten	*room with three beds* – ***hôøng mii săam tiang*** – ห้องมีสามเตียง
Zimmer mit Doppelbett	*room with double bed* – ***hôøng mii tiang khûu*** – ห้องมีเตียงคู่
Zimmer mit Fernseher	*room with TV* – ***hôøng mii thii-wii*** ห้องมีทีวี
größeres Zimmer	*larger room* – ***hôøng yài kwàa*** ห้องใหญ่กว่า
kleineres Zimmer	*smaller room* – ***hôøng lék kwàa*** ห้องเล็กกว่า
besseres Zimmer	*better room* – ***hôøng dii kwàa*** ห้องดีกว่า
ruhigeres Zimmer	*less noisy* – ***hôøng ngîap kwàa*** ห้องเงียบกว่า
kühleres Zimmer	*cooler room* – ***hôøng yen kwàa*** ห้องเย็นกว่า
helleres Zimmer	*room with more light* – ***hôøng sawàang kwàa*** – ห้องสว่างกว่า

An der Rezeption

◆ Wie lange möchten Sie bleiben?
How long would you like to stay?
khun tôøng-kaan yùu kìi wan – คุณต้องการอยู่กี่วัน
Sie - möchten - sein - wieviel(?) - Tag

◆ Entschuldigung, wir haben nichts mehr frei.
Sorry, we are full.
sĭa-dschai thîi mâi mii hôøng wâang
เสียใจที่ไม่มีห้องว่าง
Entschuldigung - daß - nicht - haben - Zimmer - frei

■ Gibt es ein anderes Hotel in der Nähe?
Is there another hotel nearby?
thăao níi mii roong-rääm ùun ùun măi
แถวนี้ มีโรงแรมอื่นๆไหม
Gegend - dies - haben - Hotel - anderes - (?)

Was kostet?

■ Was kostet das Zimmer? – *How much is the room?*
khâa tschâu hôøng tâurai **–** ค่าเช่าห้องเท่าไร
Preis - mieten - Zimmer - wieviel(?)

■ Geben Sie einen Nachlaß, wenn wir ... Tage (Wochen) bleiben?
Will you give a discount if we stay for ... days (weeks)?
hàak wâa rau dschà yùu ... wan (aathít), khun kø lót raakhaa dâi măi
หากว่าเราจะอยู่...วัน(อาทิตย์) คุณก็จะลดราคาได้ไหม
wenn - daß - wir - werden - sein - ... - Tage (Wochen) - Sie - dann - senken - Preis - können - (?)

Das Zimmer

■ Kann ich mir das Zimmer (ein anderes Zimmer) ansehen?
May I have a look at the room (another room)?
phŏm/dìtschăn duu hôøng (hôøng ùùn ùùn) dâi măi – ผม / ดิฉันดูห้อง(ห้องอื่นๆ)ได้ไหม
ich (m)/ich (w) - sehen - Zi. - (Zi. - anderes) - können - (?)

Fragen und Wünsche

■ Bitte geben Sie mir meinen Reisepaß wieder.
Please, give me back my passport.
karúnaa au phaasapòøt khüün hâi phŏm/dìtschăn
กรุณาเอาพาสปอร์ตคืนให้ผม / ดิฉัน
bitte - nehmen - R. - zurückgeben - geben - ich (m)/ich (f)

■ Ab wieviel Uhr gibt es Frühstück?
At what time will breakfast be served?
kìi moong dschàa mii aahăan tscháu
กี่โมงจะมีอาหารเช้า
wieviel - Uhr - werden - haben - Frühstück?

■ Ist das Frühstück im Zimmerpreis enthalten?
Is breakfast included in the room charge?
khâa tschâu hôøng rûam aahaan tscháu dûai măi
ค่าเช่าห้องร่วมอาหารเช้าด้วยไหม
Preis - mieten - Zimmer - umfassen - Frühstück - auch - (?)

■ Bleibt das Hotel die Nacht über geöffnet?
Will the hotel stay open the whole night?
roong rääm pööt taløøt khüün măi
โรงแรมเปิดตลอดคืนไหม
Hotel - öffnen - ganz durch - Nacht - (?)

■ Haben Sie einen Hotelsafe?
Does the hotel have a safe deposit?
roong rääm mii sêef măi **–** โรงแรมมีเซฟไหม
Hotel - haben - Safe - (?)

Die Thais müssen sich sichtbar anstrengen um ***sêef*** zu sprechen; viele sagen daher eher ***sêep,*** entsprechend den Ausspracheregeln für Thai. Das eigentliche Thaiwort für Safe lautet ***tûu nírá-phai,*** „Kasten ohne Gefahr".

IDD ist die Abkürzung für International Direct Dialling, also die internationale Direktdurchwahl (ohne Operator).

■ Hat das Zimmer ein IDD-Telefon?
Do you have IDD-telephone in the room?
mii thoorasàp sǎay-trong nǎi hôøng mǎi
มีโทรศัพท์สายตรงในห้องไหม
haben - Telefon - direkte Linie - in Zimmer?

■ Haben Sie Wäscheservice im Hotel?
Does the hotel have a laundry service?
roong rääm mii borikaan sák phâa mǎi
โรงแรมมีบริการซักผ้าไหม
Hotel - haben - Service - waschen - Kleidung - (?)

Probleme

■ Es fehlt... /Es gibt kein... im Zimmer.
There is no... in the room.
mâi mii... nǎi hôøng – ไม่มี...ในห้อง

Thais sind im allgemeinen sehr empfindlich gegenüber Gerüchen und werden daher auf eine solche Beschwerde sehr verständnisvoll reagieren.

...funktioniert nicht ... *is not working* – ***... tschái mâi dâi*** – ...ใช้ไม่ได้
... stinkt ... *is stinking* – ***... měn*** – ...เหม็น
... ist schmutzig ... *is dirty* – ***... sokkapròk*** – ...สกปรก
... ist nicht sauber ... *is not clean* – ***... mâi sà'àat*** ...ไม่สะอาด
... öffnet nicht ... *doesn´t open* – ***... pòòt mâi dâi*** ...เปิดไม่ได้
... schließt nicht ... *doesn´t close* – ***... pìt mâi dâi*** ...ปิดไม่ได้

■ Haben Sie Insektenspray? – *Do you have insecticides?*
khun mii yaa khâa malääng mǎi – คุณมียาฆ่าแมลงไหม
Sie - haben - Medizin - töten - Insekt - (?)

■ Ich habe meinen Schlüssel verloren.
I have lost my key.
kundschää khǒøng phǒm/dìtschǎn hǎay
กุญแจของผม / ดิฉันหาย
Schlüssel - von - ich (m)/ich (f) - verlieren

■ Ich habe den Schlüssel im Zimmer vergessen.
I forgot the key in my room.
phǒm/dìtschǎn lüüm kundschää wái nǎi hôøng.
ผม / ดิฉันลืมกุญแจไว้ในห้อง
ich (m)/ich (f) - vergessen - Schlüssel - lassen - in - Zimmer

Meistens bestehen die Türschlösser in Thailand aus Druckknöpfen an der Innenseite der Tür, die man vor Verlassen des Zimmers drückt, wodurch beim Schließen der Tür das Zimmer versperrt wird. Mit dem Schlüssel entriegelt man den Verschluß von außen wieder. Auch wenn der Schlüssel noch im Zimmer liegt, kann man die Tür durch Drücken des Knopfes absperren - woraufhin man dann den Rezeptionisten mit dem obenstehenden Satz beeindrucken kann.

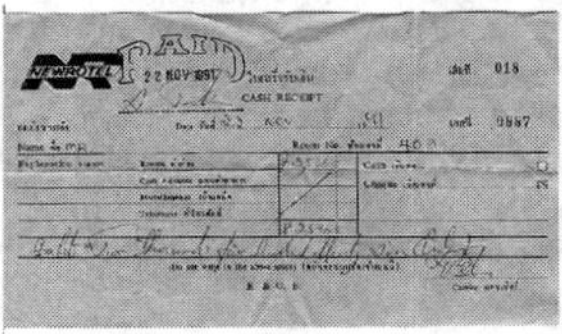

Abreise

■ Ich möchte heute (morgen) abreisen.
I would like to leave today (tomorrow).
phŏm/dìtschăn tôøng-kaan òøk wan-níi (phrùng-níi)
ผม / ดิฉันต้องการออกวันนี้ (พรุ่งนี้)
ich (m)/ich (w) - möchten - rausgehen - heute (morgen)

■ Können Sie bitte die Rechnung fertigmachen?
Could you prepare my bill, please?
karúnaa kít bai-kèp-ngöön dâi măi
กรุณาคิดใบเก็บเงินได้ไหม
bitte - denken - Rechnung - können - (?)

■ Da ist ein Fehler in der Rechnung.
There is a mistake in the bill.
mii kwaam phláng-phlàat năi bai-kèp-ngöön
มีความพลั้งพลาดในใบเก็บเงิน
haben - Fehler - in - Rechnung

■ Könnte ich meine Sachen aus dem Safe haben?
Could I get my belongings from the safe?
khŏø hâi khŏøng khŏøng phŏm/dìtschăn dschaak seef – ขอให้ของของผม / ดิฉันจากเซฟ
bitten - geben - Sache - von - ich (m)/ich (f) - aus - Safe

■ Können wir unser Gepäck bis 5 Uhr hier lassen?
May we keep our luggage here until 5 o´clock?
kèp krapău khŏøng rau wái thîi-nîi thŭng hâa moong dâi măi
เก็บกระเป๋าของเราไว้ที่นี่ถึงห้าโมงได้ไหม
aufbewahrèn - Tasche - von - wir - lassen - hier - erreichen - 5 - Uhr - können - (?)

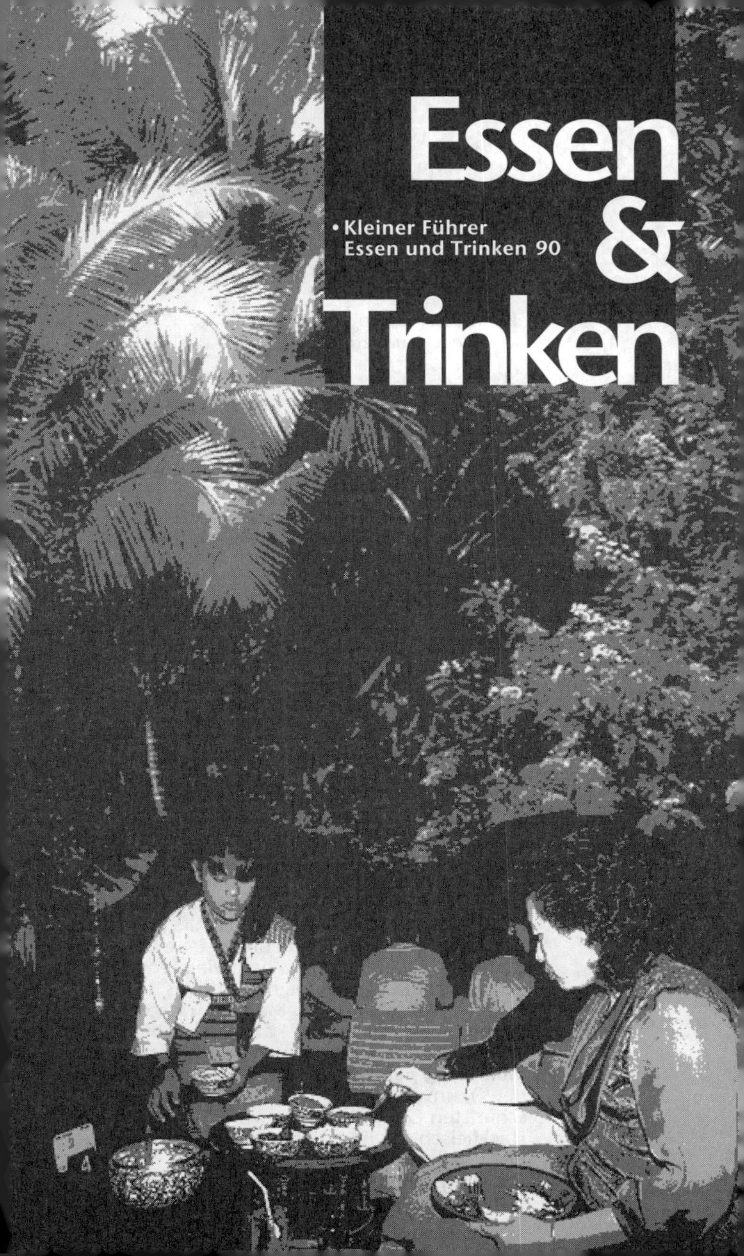

Essen & Trinken

• Kleiner Führer Essen und Trinken 90

คนเราต้องกินเพื่ออยู่
ไม่ใช่อยู่เพื่อกิน

Wir müssen essen, um zu leben,
nicht leben, um zu essen.

Das Essen

Ein Sprichwort, das bei den meisten Thais wohl eher in seiner umgekehrten Fassung auf breite Zustimmung stößt. Über thailändische Küche und deren Gaumenfreuden lassen sich ohne weiteres mehrere Bücher schreiben (was auch schon getan wurde), denn die kulinarische Vielfalt ist überwältigend. Der oft zitierte Spruch, daß Thais entweder gerade essen oder darüber nachdenken, was sie als nächstes essen könnten, kommt nicht von ungefähr, und in der Tat wird in Thailand dem leiblichen Wohl sehr viel mehr Bedeutung beigemessen als in unseren Breiten. Dabei ist das Essen aber keineswegs ein bloßes Ritual, sondern wird, wenn viele Leute mitmachen, schnell zum ausgelassenen Gelage, treu dem thailändischen Grundsatz: Je mehr Leute, desto mehr ***sanùk*** (also Spaß, wie wir mittlerweile schon gelernt haben). Wie in den meisten asiatischen Ländern ist es daher absolut unüblich, alleine zu essen. Deshalb mangelt es dem alleine Reisenden auch nicht an Einladungen.

Zur Verwirrung führt der häufige Satz: ***khun kin aahǎan thai pen mǎi***, also „Können Sie thailändische Speisen essen?". Gefragt ist hier nicht nach der Fähigkeit, Gabel und Löffel (siehe unten) in den Händen zu halten, es geht vielmehr darum, ob man Thai-Essen gerne mag und es, trotz der Schärfe, vertragen kann. Man kann also einfach ***kin pen*** („essen-können") als bejahende Antwort geben. Mutige können auch als Steigerung ***kin thúk yàang pen*** antworten („essen-jede-Art-können"), um zu zeigen daß sie selbst vor den schärfsten Gerichten sowie vor Fröschen, rohem Hackfleisch mit Blut und anderen Köstlichkeiten nicht haltmachen. Bei dieser Antwort sollte man allerdings darauf vorbereitet sein, einige „Seltsamkeiten" vorgesetzt zu bekommen ...

Bezahlen

In Restaurants ist zu beachten, daß die Rechnung immer von einer Person bezahlt wird. Da der Reisende aus Fernwest oft mit nahezu unerschöpflichen Geldreserven in Verbindung gebracht wird, erwartet man häufig, daß dieser die Zeche bezahlt. In den allermeisten Fällen ist eine Einladung aber als solche gemeint. Es gilt darauf zu achten, aus welcher Schicht die Gastgeber stammen. Kommen sie aus eher ärmlichen Verhältnissen, so freuen sie sich natürlich sehr, wenn der „Eingeladene" versucht, die Rechnung zu übernehmen. „Versuchen" deshalb, weil Thais recht stolze Persönlichkeiten sind und ein solches Ansinnen oft geradezu vorwurfsvoll zurückweisen, selbst wenn sie sich das eigentlich nicht leisten können. Hier ist jeder auf sein eigenes Feingefühl angewiesen (siehe auch „Einladungen").

Noch eine Anmerkung dazu: Die von Thais so gepriesene Großzügigkeit ist oft auch nur zur Schau gestellt; nach einem großen Abendgelage, bei dem nur einer die Rechnung bezahlt, wird hinterher oft gesammelt, bis jeder seinen Obulus entrichtet hat (das heißt dann ***ameeríkan tschää***, von engl. „american share"; jeder bezahlt seinen Teil selbst).

Reis

Der Begriff für „essen" lautet im Thai wörtlich übersetzt „Reis essen" (***kin khâao***), was die große Bedeutung zeigt, die dem Reis als Grundnahrungsmittel in Thailand zukommt. Praktisch jedes Gericht wird zusammen mit Reis verzehrt. So sagt man z.B. für „Essen kochen", „Essen machen" in Thailand wörtlich „mit Reis machen" (***tham kàp khâao***). Jedoch wird bei größeren Gelagen bzw. vornehmeren Anlässen ähnlich wie in China verfahren: Der Reis kommt erst ziemlich zum Schluß auf den Tisch und dient dann nur noch als letzte Notration für denjenigen der noch nicht satt geworden sein sollte; diese Gefahr besteht aber eher selten.

Ein weiterer Hinweis auf die Bedeutung des Essens ist die Floskel ***kin khâao lááo rǘü yang*** („Haben Sie schon gegessen oder noch nicht?"), oft gleich nach dem Gruß oder auch direkt als solcher verwendet. Der Farang ist oft geneigt, darauf wahrheitsgemäß zu antworten, was bei Floskeln allerdings wenig sinnvoll ist. Bei eher unüblicher Verneinung der Frage sieht sich der fragende Thai gezwungen, irgendetwas zu unternehmen, um den Farang vor dem augenscheinlich drohenden Hungertod zu retten. Um also die Floskel mit der entsprechenden thai-typischen Antwort zu versehen, sagt man ***kin láäo*** („schon gegessen"). Damit bringt man niemanden in Verlegenheit.

Gewürze

Die Thailändische Küche ist extrem scharf (***phèt***). Man kann sich nun darüber streiten, ob mexikanische oder indische Küche schärfer oder milder ist, doch glauben Sie es einfach: Ein für Thais bereitetes Gericht wird Ihnen den Atem rauben. Grundlage dieser Schärfe sind frische oder getrocknete kleine rote Chillischoten (***phrík***), die für viele Gerichte verwendet werden.

Das heißt nun aber nicht, daß sämtliche Speisen bis zur Unverzehrbarkeit verwürzt sind: Meistens steht auf dem Tisch noch ein gut ausgestatteter Gewürzhalter (getrockneter Chilli, Zucker (!), Fischsoße, etc.), mit dessen Hilfe man die Gerichte entsprechend aufpäppeln kann, wovon Thais auch überschwenglich Gebrauch machen, mit dem Spruch auf den brennenden Lippen: ***mâi phèt, mâi aròøy*** (wörtl. „nicht scharf, nicht lekker").

Daneben gibt es auch genügend sehr milde Gerichte. Letztendlich erfreut sich auch nicht jeder Thai am feurigen Geschmack von Chillischoten. Ein typisches Gewürz ist die salzige Fischsauce (***náam plaa***), Grundbestandteil jedes Gerichtes, weil in Thailand kein Salz verwendet wird. Als Würze auf dem Tisch kommt sie in zwei Formen vor: pur oder mit kleingeschnittenenen Chillischoten darin (***náam phrík***). Statt Pfeffer verwendet man getrocknete und geriebene Chillischoten, die auch in dieser Form nicht viel von ihrer Schärfe einbüßen. Es werden außerdem verschiedenste frische Kräuter verwendet, denen die Thai-Küche ihre vielen Geschmacksnuancen verdankt. Nicht zuletzt deshalb erfreut sich die thailändische Küche auch international immer größerer Beliebtheit. Kokosnußmilch (***katí***) in vielen Speisen und Süßspeisen sorgt für ein besonders mildes Aroma. Für fast alle Speisen wird der Geschmacksverstärker Glutamat (auch MSG genannt) in teilweise größeren Dosierungen verwendet. Der thailändische Name für dieses schneeweiße Pulver: ***phŏng tschuu rót*** „Pulver-erhöhen-Geschmack".

Die Speisen sind alle sehr bekömmlich. Für alles gibt es auch gleich ein Gegenmittel: Wer zu scharf ißt, sollte etwas gekochten Reis hinterheressen; das neutralisiert die Schärfe. Wer wegen zu viel Klebreis („sticky rice", ***khâao nĭao,*** wird vor allem im Nordosten Thailands in Mengen gegessen) unter Verstopfung leidet, kann sich mit einem feurig-scharfen Papayasalat (***sôm tam***) Erleichterung verschaffen.

Nachtisch

Früchte siehe S. 103

Nachtisch wird in Thailand eigentlich nicht serviert. Meistens beenden einige Früchte die Mahlzeit. Es gibt jedoch ein großes Angebot an Süßspeisen (***khanŏm wăan***), die zwischendurch ohne besonderen Anlaß verzehrt werden. Der Ausdruck für dieses Zwischendurchessen oder Naschen ist ***kin lên***, also „essen spielen". Und in dieser Beziehung sind die meisten Thais außerordentlich spielerisch veranlagt.

Als Snacks gegen den kleinen Hunger gelten übrigens auch Köstlichkeiten wie rote Ameisen (***mót dääng***), Heuschrecken (***ták-tään***) und andere Insekten. Allgemein ist aber von solchen Genüssen abzuraten, weil den Tierchen nicht selten mit DDT oder ähnlichen gesundheitsschädlichen Insektungsvertilgungsmitteln der Garaus gemacht wurde, bevor sie „frisch auf den Tisch" kommen. Viele Thais ekeln sich übrigens genauso vor dem Verzehr von Insekten wie die meisten Farangs. Auch das Schlachten und Essen von Hunden und Schlangen (beides eigentlich chinesische Gebräuche) findet man in Thailand nur ganz vereinzelt.

Wie wird gegessen?

Thailand ist zwar ein asiatisches Land, jedoch ist der Gebrauch von Stäbchen (***takìap***) auf Nudelgerichte und Suppen (natürlich unter Zuhilfenahme eine Löffels) beschränkt. Ansonsten wird folgendermaßen gegessen: Man hält einen Löffel (***tschøøn***) in der rechten und eine Gabel (***søøm***) in der linken Hand, wobei man mit der Gabel lediglich das Essen auf den Löffel schiebt und diesen dann zum Mund führt. Wenn man (wie das üblich ist) zusammen mit anderen Leuten ißt, bestellt man mehrere Gerichte, die in der Mitte des Tisches plaziert werden und von denen sich jeder etwas nehmen kann. Es bekommt also nicht wie in Europa jeder seinen Teller vor sich hingestellt. Von den Schalen mit Speisen häuft man sich mit dem Löffel eine kleine Menge auf den eigenen Teller.

Beim Essen geht es sehr informell zu; man muß also nicht auf ein Tischgebet oder ähnliches warten, bevor man anfangen kann. Im Gegenteil: Wer zu lange zögert, geht leer aus. Besondere Beachtung verlangt allerdings eine anderer Sachverhalt: Wie in den meisten Ländern in Nah- und Fernost gilt die linke Hand als unrein (durch ihren intensiven Einsatz in der Toilettenhygiene), und man sollte deshalb mit ihr keine Speisen berühren, wenn kleinere Gerichte oder Snacks mit der Hand gegessen werden.

Restaurants

Entsprechend der Bedeutung von Speis' und Trank in Thailand kann man kaum zwei Schritte gehen, ohne über irgendein Restaurant oder einen Essensstand zu stolpern.

Thai-Restaurants existieren in allen Größen (das im Guiness Book of Records eingetragene größte Restaurant der Welt befindet sich in Bangkok) und Preislagen; in den einfacheren bzw. vom Touristenstrom abgelegeneren Etablissements gibt es eine Speisekarte, wenn überhaupt, nur in Thai, so daß man der Bedienung am besten die entsprechenden Seiten des vorliegenden Buches unter die Nase hält. Ansonsten kann man aber auch direkt auf die Speisen deuten, die meistens in mehr oder weniger präparierter Form in der Auslage am Eingang auf den Verzehr warten. Auch mutige Experimente können in Thailand eigentlich nicht schiefgehen, selbst wenn einem vielleicht ob der Schärfe des Zufallgerichtes, auf das man in der Speisekarte gedeutet hat, die (Freuden-)Tränen kommen.

Viele Traveller essen auf ihrer Thailand-Rundreise vier Wochen lang nur gebratenen Reis (***khâao phàt***), weil sie nicht wissen, was sie bestellen sollen. Angesichts der Vielfalt der angebotenen Speisen ist das nahezu unverzeihlich, und man sollte zum eignen Vergnügen (und dem der Thais) ruhig probieren, probieren, probieren.

Wasser

Zum Essen trinkt man vor allem Wasser (***náam plàu***), das meist schon auf dem Tisch steht. Das Wasser kann bedenkenlos getrunken werden. Viele Thais wischen allerdings vorsichtshalber die Gläser (das Besteck meistens auch) mit Papierservietten (***kradaat tschét müü,*** „Papier-reiben-Hände“) ab, die stets bereitliegen. Das Wasser ist übrigens kostenlos. Jedoch bestellt man meistens noch ein Glas mit Eisstücken (***náam khǎng plàu,*** „Wasser-hart-pur“) , das dann ein paar Pfennige kostet. Das Eis kommt aus der Fabrik und ist in der Regel in jeder Beziehung sauber. Das gängigste Trinkwasser in Flaschen stammt von der Firma „Polaris“ (im Thai ***poolaarít*** ausgesprochen).

náam khǎng, *„hartes Wasser“ ist die Bezeichnung für Eis und Eiswürfel, aber nicht für Speiseeis. Das heißt* ***aisakriim,*** *von engl. ice-cream.*

Sonstige Getränke

Ansonsten wird viel und gerne Bier (***bia***) getrunken. Es gibt die heimischen Marken Singha, Kloster und Amarit (***sing, kløøttöö, amárít***; letzteres bedeutet übrigens soviel wie „Lebenselexier", also eine nahezu bayerische Umschreibung für Bier); Singha wird mit Abstand am meisten konsumiert. Inzwischen gibt es aber auch ausländische Marken, die jedoch wegen des meist höheren Preises nicht so große Beachtung finden.

Das Getränk in Thailand schlechthin ist der berühmt-berüchtigte 35%ige Mekhong-Whisky (***mààkhŏong***), von Männern hauptsächlich mit Sodawasser (***náam sooda***) und von Frauen mit Cola (***náam khŏolaa***) gemixt getrunken. Es gibt auch noch andere in Thailand destillierte „Whiskies" (die Bezeichnung ist etwas euphemistisch; es sind ausnahmslos aus Klebreis hergestellte Schnäpse, die spätestens sieben Tage nach der Destillierung zum Verkauf anstehen) mit ca. 40% Alkohol. Mit Vorsicht zu genießen ist der auf dem Lande übliche selbstgebrannte Reisschnaps (***lâu khăao***, „Alkohol-weiß", Achtung: „weiß" heißt ***khăao*** und „Reis" heißt ***khâao***!), der in Plastiktüten direkt von der Heimdistille verkauft wird. Wer keine Experimente mit Methylalkohol machen möchte, sollte sich seinen Rausch besser aus der Flasche holen.

Daneben gibt es natürlich genügend harmlose Getränke (sieht man mal vom Zuckergehalt ab). Beliebt sind auch Eistee (***tschaa yen***) und Eiskaffee, wobei es sich bei letzerem einfach um schwarzen Kaffee mit Eiswürfeln und viel Zucker handelt. In der „schwarzen" Version heißt der Eiskaffee ***oolíang***, mit Milch einfach ***kaafää yen*** („Kaffee-kalt").

Obstsäfte heißen ***náam*** plus den Namen der entsprechenden Frucht (siehe „Früchte" im Kapitel „Einkaufen"), also z.B. ***náam sôm*** für Orangensaft.

Bei allen Getränken (außer beim Bier natürlich) ist darauf zu achten, daß sie nicht zu süß serviert werden. Viele Thais haben eine Vorliebe für Zukker, und zwar in Mengen. Vorbeugend wirkt hier der Satz: ***mâi sài náam-taan*** („nicht-hineingeben-Zucker", also „ohne Zucker") oder ***sài náam-taan nít-diao*** („hineingeben-Zucker-bißchen", also „mit wenig Zucker").
Frische Milch (***nóm sót***) gibt es recht selten; auch die bei uns gewohnte Dosenmilch für den Kaffee bekommt man nicht oft. Stattdessen gibt es unglaublich süße „rekombinierte Milch" in Dosen

(***nóm krapǿøng***), die hauptsächlich aus Zucker und Fett besteht und mit Milch eigentlich nicht mehr viel gemeinsam hat. Meistens wird auch Milchpulver für den Kaffee angeboten.

Sprachliches

Das Wort ***kin*** kann sowohl mit „essen" als auch mit „trinken" übersetzt werden; es bedeutet mehr oder weniger „zu sich nehmen". ***kin khâao*** „Reis zu sich nehmen" ist dann „essen", ***kin náam*** „Wasser zu sich nehmen" ist „trinken". Ein höflicheres Wort für trinken ist ***dùùm.***

Gemäß der hierarchischen Natur der Thaigesellschaft und -Sprache gibt es auch unterschiedliche Bezeichnungen für „essen" und „Restaurant".

Ein Essensstand mit ein paar Stühlen drum herum, die einfachste Art einer Eßgelegenheit, heißt übrigens ***ráan khaay khǿøng aahǎan,*** *„Laden verkaufen Sachen Essen".*

(Sprachebene)	(essen)	(Restaurant)
einfach	***kin khâao*** กินข้าว	***ráan aahǎan*** ร้านอาหาร
neutral	***thaan khâao*** ทานข้าว	***ráan aahǎan*** ร้านอาหาร
vornehm	***rápprathaan aahǎan*** รับประทานอาหาร	***pattaakaan*** ภัตตาคาร

Wo und Wohin?

■ Ich habe Hunger. – *I am hungry.*
phǒm/ditschǎn hǐu khâao – ผม / ดิฉันหิวข้าว
ich (m)/ich (w) - hungrig - Reis

Statt ***krahǎay náam*** *wird auch oft* ***hǐu náam,*** *also „hungrig nach Wasser" verwendet.*

■ Ich habe Durst. – *I am thirsty.*
phǒm/ditschǎn krahǎay náam – ผม / ดิฉันกระหายน้ำ
ich (m)/ich (w) - durstig - Wasser

■ Kennen Sie ein gutes (billiges) Restaurant?
Do you know a good (cheap) restaurant?
khun rùudschàk ráan-aahǎan thîi dii (thîi thùuk) mǎi – คุณรู้จักร้านอาหารที่ดี(ที่ถูก)ไหม
Sie - kennen - R. - welches (rel.) - gut - (welches - billig) - (?)

■ Ist dieser Tisch frei? – *Is this table vacant?*
tó tua níi wâang mǎi – โต๊ะตัวนี้ว่างไหม
Tisch - Körper - dieser - frei - (?)

Haben Sie ?

■ Haben Sie ...? – *Do you have ...?*
mii ... măi – มี...ไหม

thailänd. Speisen	*Thai food* – ***aahăan thai*** – อาหารไทย
westliche Speisen	*Western food* – ***aahăan faràng*** อาหารฝรั่ง
chinesische Speisen	*Chinese food* – ***aahăan dschiin*** อาหารจีน
die Speisekarte	*the menu* – ***raay kaan aahăan*** รายการอาหาร
einen Teller hiervon	*this dish here* – ***yàang níi dschaan nùng*** – อย่างนี้จานหนึ่ง
typisches Thai-Essen	*typical Thai dish* – ***aahăan yàang tschaao bâan*** – อาหารอย่างชาวบ้าน
eine Flasche Wasser	*a bottle of water* – ***náam-dùum khùat nùng*** – น้ำดื่มขวดหนึ่ง
zwei Flaschen Bier	*two bottles of beer* – ***bia sǿøng khùat*** – เบียร์สองขวด
noch etwas Reis	*some more rice* – ***khâao ìik*** – ข้าวอีก

Bestellen

◆ Was wünschen Sie? – *What would you like?*
khun dschà thaan arai – คุณจะทานอะไร
Sie - werden - speisen - was(?)

■ Ich hätte gerne... – *I would like to have ...*
phŏm/ditschăn tôøng-kaan ... – ผม / ดิฉันต้องการ...
ich (m)/ich (w) - möchten - ...

Von allen Speisen, die in der Auslage liegen, kann man auch einen Happen probieren, bevor man sich den Teller vollhäufen läßt:

■ Woraus besteht dieses Gericht?
What are the ingredients?
aahăan níi prakòøp dûay arai
อาหารนี้ประกอบด้วยอะไร
Essen - dies - bestehen - aus - was(?)

■ Kann ich mal kosten, bitte? – *May I try some, please?*
khŏø tschim nòøi dâi măi – ขอชิมหน่อยได้ไหม
bitten - probieren - ein bißchen - können - (?)

Man darf auch zum Tischnachbarn äugen und diesen nach den Köstlichkeiten auf seinem Tisch befragen:

■ Entschuldigung, was für ein Gericht essen Sie gerade?
Excuse me, what dish are you just eating?
khŏø thôot níi kʉ̂ʉ aahăan arai thîi khun kamlang thaan – ขอโทษ นี่คืออาหารอะไรที่คุณกำลังทาน
Entschuldigung - dies - sein - Essen - was(?) - das (rel.) - Sie - gerade - essen

Nicht zu scharf!

■ Bitte nicht zu scharf! – *Not too spicy, please!*
karúnaa yàa phèt köön **–** กรุณา อย่าเผ็ดเกิน
bitte - nicht - scharf - zu sehr

■ Welche Gerichte sind nicht so scharf?
Which dishes are not so spicy?
mii aahăan arai thîi mâi phèt mâak thâurai
มีอาหารอะไรที่ไม่เผ็ดมากเท่าไร
haben - E. - was(?) - das (rel.) - nicht - scharf - sehr - wieviel

Floskeln

◆ Schmeckt es? – *Is it delicious?*
aròøy măi **–** อร่อยไหม
lecker-(?)

■ Ja, sehr lecker! – *Yes, very nice!*
aròøy mâak **–** อร่อยมาก
lecker-sehr

■ Die Rechnung bitte! – *Check the bill, please.*
tschék-bin/kèp taang dûay **–** เช็คบิล / เก็บตางค์ด้วย
Rechnung/sammeln - Geld - zusammen

tschék-bin kommt vom engl. „Check-bill" und wird meist in Restaurants gebraucht, wo es tatsächlich eine schriftliche Rechnung gibt. In einem Essensstand oder offenen Restaurant sagt man eher ***kèp taang dûay. taang*** ist eine umgangssprachliche Abkürzung für ***sataang,*** die kleinere Währungseinheit nach dem Baht, also entsprechend unseren Pfennigen. Man benutzt ***taang*** oder ***sataang*** aber auch allgemein zur Bezeichnung von Geld.

Probleme?

■ Ich glaube, Sie haben das Wechselgeld vergessen.
I am afraid you forgot the change.
phŏm/ditschăn kít wâa khun lüüm sataang-thøøn hâi **–** ผม / ดิฉันคิดว่าคุณลืมสตางค์ทอนให้
ich (m)/ich (f) - denken - daß - Sie - vergessen - Wechselgeld - geben

Restaurant

Direkt angeredet wird die Bedienung eher mit ***phîi*** *(„älteres Geschwisterkind")* *oder* ***nøøng*** *(„jüngeres Ge-*

Abendessen	*dinner* – ***aahăan yen*** – อาหารเย็น
Bedienung	*waiter, waitress* – ***dèk sööp*** เด็กเสิร์ฟ
Brot	*bread* – ***khanŏm-pang*** – ขนมปัง
Butter	*butter* – ***nööy*** – เนย
Chilli	*chilli* – ***phrík*** – พริก
durstig	*thirsty* – ***hĭu náam, krahăay náam*** หิวน้ำ / กระหายน้ำ
Eis (-würfel)	*ice (cubes)* – ***náam-khăng*** – น้ำแข็ง

schwisterkind") je nachdem, ob die Bedienung älter oder jünger ist als man selbst.

Eiscreme	*ice-cream* – **aisakriim** – ไอศกรีม
essen	*to eat* – **thaan khâao, kin khâao** ทานข้าว / กินข้าว
Frühstück	*breakfast* – **aahăan tscháu** อาหารเช้า
frisch	*fresh* – **sòt** – สด
Gabel	*fork* – **sôøm** – ซ่อม
Geschmack	*taste* – **rót** – รส
(Trink-) Glas	*glass* – **kȁäo** – แก้ว
hungrig	*hungry* – **hĭu khâao** – หิวข้าว
Imbiß, Snack	*snack* – **aahăan kin lên** อาหารกินเล่น
Kaffee	*coffee* – **kaafää** – กาแฟ
Löffel	*spoon* – **tschǿøn** – ช้อน
Mahlzeit	*meal* – **aahăan** – อาหาร
Marmelade	*jam* – **yääm** – แยม
Messer	*knife* – **mîit** – มีด
Milch	*milk* – **nom (sòt)** – นม (สด)
Mittagessen	*lunch* – **aahăan klaang wan** อาหารกลางมวัน
Nachtisch	*dessert* – **khŏøng waan** – ของหวาน
Obst	*fruits* – **phŏnlamái** – ผลไม้
Pommes Frites	*french fries* – **man-faràng thôøt** มันฝรั่งทอด
Rechnung	*bill, check* – **bin, tschék-bin** บิล / เช็คบิล
Salz	*salt* – **klüa** – เกลือ
sauer	*sour* – **prîao** – เปรี้ยว
scharf	*hot, spicy* – **phèt** – เผ็ด
Schüssel	*pot, bowl* – **tschaam, thŏo, môø** ชาม / โถ / หม้อ
Serviette	*napkin* – **kradàat tschét müü** กระดาษเช็ดมือ
Speisekarte	*menu* – **raay kaan aahăan** รายการอาหาร
süß	*sweet* – **wăan** – หวาน
Süßspeisen, Süßigkeiten	*sweets* – **khanŏm wăan** – ขนมหวาน
(Eß-) Stäbchen	*chop-sticks* – **takìap** – ตะเกียบ
Tasse	*cup* – **thûay** – ถ้วย
Tee	*tea* – **tschaa** – ชา
Teller	*plate, dish* – **dschaan** – จาน
trinken	*to drink* – **kin náam, dȕüm** กินน้ำ / ดื่ม

*Eigentlich sagt man bei Milch immer **nom sót** („Milch - frisch"), selbst wenn es sich um Milch aus der Dose handelt, und zwar zur Unterscheidung zum einzelnen Wort **nom** , das die weibliche Brust bezeichnet.*

Kleiner Führer Essen und Trinken

Frühstück

Ein thailändisches Frühstück besteht meistens aus Reissuppe (***khâao tôm***, das ist praktisch nur in Wasser aufgeweichter gekochter Reis), Nudelsuppe oder einem normalen Reisgericht. Wem solche Art zu frühstücken nicht liegt, der bekommt in den meisten Orten auch sein Continental oder American Breakfast. Man sollte einen Thai nicht dazu zwingen, an solch einem Frühstück teilzunehmen, denn besonders Käse und dunkles Brot sind den meisten Thais ein Greuel.

Westliches Frühstück

Toastbrot	*toast* – ***khanŏm-pang-pîng*** ขนมปังปิ้ง
Käse	*cheese* – ***nööy khằng*** – เนยแข็ง
Honig	*honey* – ***náam-phûng*** – น้ำผึ้ง
Joghurt	*yoghurt* – ***nom prîao*** – นมเปรี้ยว
Spiegelei	*fried egg* – ***khài daao*** – ไข่ดาว
gekochtes Ei	*boiled egg* – ***khài lûak*** – ไข่ลวก
Rührei	*scrambled eggs* – ***khài thø̂øt*** – ไข่ทอด
Omelette	*omelet* – ***khài dschiao*** – ไข่เจียว
Wurst, Würstchen	*sausage* – ***sâi krø̀øk*** – ไส้กรอก

Thaigerichte

Die Namen der meisten Thaigerichte sind sehr regelmäßig aufgebaut: Es wird zunächst der Hauptbestandteil des Gerichtes genannt und danach die Zubereitungsart hinzugefügt: So ist z.B. ***kài yaang*** (Huhn-grillen) ein Grillhähnchen. Zu allen Gerichten gibt es Reis, der in der normalen gekochten Form ohne Zutaten ***khâao plàu*** heißt, also „bloßer Reis“.

Reisgerichte

nư̆a heißt eigentlich nur „Fleisch", wird aber immer gleichbedeutend mit Rindfleisch verwendet.

■ gebratener Reis (mit) ... – *fried rice (with) ...*
khâao phàt ... – ข้าวผัด...

Huhn	*chicken* – ***kài*** – ไก่
Krabben	*shrimps* – ***kûng*** – กุ้ง
Krebsfleisch	*crab-meat* – ***puu*** – ปู
Rindfleisch	*beef* – ***nư̆a*** – เนื้อ
Schwein	*pork* – ***mŭu*** – หมู

Meist im Tontopf gebacken/gedämpft wird ...

Siehe oben für Fleischzutaten

■ gebackener Reis (mit)... – *baked rice (with)...*
khâao òp... – ข้าวอบ...

Reis mit Entenfleisch	*rice with duck* – ***khâao nâa pèt*** ข้าวหน้าเป็ด
Reis mit (rotgeröstetem) Schweinefleisch	*rice with roasted pork* ***mŭu dääng khâao*** ข้าวหมูแดง

Nudelgerichte

Nudeln werden oft auch als Frühstück gegessen. Beliebt ist dabei ein sehr scharfes Gericht namens ***khanŏm dschiin,*** gekochte Reisnudeln, die kalt mit einer Fischsoße serviert werden.

mìi bezeichnen Glasnudeln aus Reismehl:

Siehe oben für Fleischzutaten

gebratene Nudeln mit Soyasauce	*fried noodles with soya sauce* ***mìi phàt sii-íu*** – หมี่ผัดซีอิ๊ว
gebratene Nudeln (mit)...	*fried noodles (with)...* – ***mìi phàt...*** หมี่ผัด...

bamìi (บะหมี่) sind Eiernudeln, die es eigentlich nur in zwei Formen gibt, als Suppe (***bamìi naam***) und als trockene Ausgabe, d.h. gekocht, aber ohne Brühe serviert (***bamìi hâŋg,*** „Eiernudeln-trokken").

kŭaytĭao (ก๋วยเตี๋ยว) bezeichnet ein sehr beliebtes Gericht mit Reisnudeln und allerlei Zutaten; es wird meist als Suppe genossen (***kŭaytĭao náam***), existiert aber ebenfalls in einer „trockenen" Form (***kŭaytĭao hâŋg***).

Man kann zwischen breiten Nudeln (***sên yài***), schmalen Nudeln (***sên lék***) und spaghetti-ähnlichen Nudeln (***sên mìi***) wählen.

Sehr lecker ist ein Gericht, das ***phàt thai*** (ผัดไทย) genannt wird. Es handelt sich dabei um in der Pfanne gebratene Nudeln, in der Regel mit Schweine- oder Hühnerfleisch vermischt, manchmal aber auch in vegetarischer Form verfügbar.

Suppen

Suppen werden nicht wie bei uns als Vorspeise gegessen, sondern können irgendwann als Bestandteil des gesamten Mahls auftauchen. Dann kommt zumeist ein großer, von unten mit Kohlen beheizter Topf in die Mitte, „Feuertopf" oder engl. „Steamboat" genannt. Die sehr scharfen Suppen nennt man ***tôm yam*** (***tôm*** heißt „kochen", ***yam*** heißt „zusammenmischen") mit der entsprechenden Hauptzutat. Die bekannteste Form ist ***tôm yam kûng***, also eine sehr scharfe Suppe mit Krabben darin. Der Farang, der diese zu essen vermag, ohne daß ihn die Schärfe zum Verlassen des Tisches zwingt, ist in der Wertung der Thais um einige Punkte gestiegen. Das Wort ***súp*** von engl. „soup" wird nur für Suppen im westlichen Stil verwendet, die in entsprechenden Restaurants serviert werden. Hier noch kurz eine Aufzählung der bekanntesten ***tôm yam***-Arten:

Scharfe Suppe mit Krabben	*spicy soup with shrimps* – ***tôm yam kûng*** – ต้มยำกุ้ง
Scharfe Suppe mit Fisch	*spicy soup with fish* – ***tôm yam plaa*** ต้มยำปลา
Scharfe Suppe mit Hühnerfleisch	*spicy soup with chicken* – ***tôm yam kài*** – ต้มยำไก่
Scharfe Suppe mit Meeresfrüchten	*spicy seafood soup* – ***tôm yam pó-tääk*** – ต้มยำโป๊ะแตก

Salate

Salate werden oft als Zwischenmahlzeiten oder Vorspeisen gereicht. Dabei sind die Thai-Salate nicht mit Salaten nach unserer Facon vergleichbar. Die Thai-Salate (***yam***) sind allesamt äußerst scharf und trotzdem irgendwie erfrischend. Die bekannteste Version ist der Salat aus grüner Papaya, viel Chilli, Tomaten, kleinen Krebsen und anderen Zutaten, die in einem Mörser zerstoßen und vermischt werden. Das ganze heißt dann ***sôm tam.*** Jedoch wird dem Farang das Gericht auch oft mit den Worten ***phapayaa pók-pók*** angeboten; diese Phrase stammt aus einem populären Thai-Song, wobei ***pók-pók*** die lautmalerische Umschreibung der Geräusche des Mörserstößels ist. Einige weitere Salat-Gerichte:

Glasnudelsalat mit Schweinefleisch	*vermicelli salad with pork* – ***yam wún-sên sài muu*** – ยำวุ้นเส้นใส่หมู
Glasnudelsalat mit Tintenfisch	*vermicelli salad with squid* ***yam wún-sên sài plaa-mŭk*** ยำวุ้นเส้นใส่ปลาหมึก
Rindfleischsalat	*beef salad* – ***yam nŭa*** – ยำเนื้อ

Curry

Curries erfreuen sich in Thailand großer Beliebtheit, wobei drei Arten unterschieden werden: Das milde Curry (***kääng dschǜüt***, eigentlich kein Curry, sondern eine klare Brühe), das scharfe Thai-Curry (***kääng phèt***) und das etwas mildere indische Curry (***kääng karìi***) mit der typischen gelben Gewürzmischung.

sauer-scharfes Fischcurry	*sour and spicy fish curry* – **kääng sôm plaa** – แกงส้มปลา
scharfes Hühnercurry	*spicy chicken curry* – **kääng phèt kài** แกงเผ็ดไก่
scharfes grünes Curry	*spicy green curry* – **kääng khǐao waan** – แกงเขียวหวาน
Indisches Hühnercurry	*Indian chicken curry* – **kääng karìi kài** แกงกะหรี่ไก่
mwildes braunes Curry	*mild brown curry* – **kääng phanääng** แกงแพนง
Krebse mit Currysoße	*crabs in curry sauce* – **puu phǒng-karìi** – ปูผงกะหรี่
Brühe mit Tofu	*Tofu in broth* – **kääng dschǜüt tâu-hûu** – แกงจืดเต้าหู้
Südthailändisches Curry	*Southern-Thai style curry* – **kääng mátsamàn** – แกงมัสหมั่น

Weitere Thaigerichte

gebratene Frühlingsrollen	*fried spring rolls* – **pøø-pía thôøt** ปอเปี๊ยะทอด
gefülltes Omelette	*stuffed omelet* – **khài yát sâi** ไข่ยัดไส้
Schweinefleisch süß-sauer	*sweet and sour pork* – **mǔu phàt prîao wǎan** – หมูผัดเปรี้ยวหวาน
scharfes gekochtes Schweinehack	*spicy boiled minced pork* – **lâap mǔu** ลาบหมู
Hühnchen mit Cashew-Nüssen	*chicken with cashew nuts* – **kài phàt mét-mamûang** – ไก่ผัดเม็ดมะม่วง
Schweinefleisch mit Ingwer	*pork with ginger* – **mǔu phàt khǐng** หมูผัดขิง
gebratenes Hühnerfleisch	*fried chicken* – **kài yâang** – ไก่ย่าง
gegrilltes Schweinefleisch	*rosted pork* – **mǔu pîng** – หมูปิ้ง
Rindfleisch mit Basilikum	*beef with holy basil* – **nǔa phàt kaphrau** – เนื้อผัดกะเพรา

Fisch & Co.

Was im Englischen „seafood" heißt, nennt man in Thai entsprechend ***aahăan thalee*** (Essen-Meer). Dank der langen Küste Thailands gibt es Fisch, Krabben, Krebse, Tintenfisch und Muscheln im Überfluß. In der Nähe der großen Flüsse (Mekhong und Chao Phraya) wird auch viel schmackhafter Flußfisch (***plaa náam-dschûut***) gefangen und aufgetischt.

panierte Krabben	*stir-fried shrimps* – ***kûng tschúp pâäng thôøt*** – กุ้งชุบแป้งทอด
fritierte Krabbenfrikadellen	*fried shrimp cakes* – ***thôøt man kûng*** ทอดมันกุ้ง
fritierte Fischfrikadellen	*fried fish cakes* – ***thôøt man plaa*** ทอดมันปลา
Fischpastete in Bananenblättern	*fish cake in banana leaves* – ***hòø mòk*** ห่อหมก
Krabben vom Holzkohlengrill	*barbecued shrimps* – ***kûng phău*** กุ้งเผา
gebackener Krebs mit Glasnudeln	*baked crab with vermicelli* – ***puu òp wún-sên*** – ปูอบวุ้นเส้น
gebratener Fisch	*fried fish* – ***plaa thôøt*** – ปลาทอด
gerösteter Tintenfisch	*roasted squid* – ***plaa-mǔk yâang*** ปลาหมึกย่าง
gebratene Muscheln	*fried mussels* – ***hŏøy thôøt*** หอยทอด
gebackene Krebsscheren	*baked crab pincers* – ***kâam-puu òp*** ก้ามปูอบ

Süßspeisen

Süßspeisen werden in Thailand hauptsächlich unter Zuhilfenahme von Klebreis und Kokosnußmilch hergestellt. Die Süßspeisen werden meist an speziellen Ständen angeboten. Eine kleine Auswahl:

Schwarzer Reis mit Kokoscreme	*black rice in coconut milk* – ***khâao nĭao pìak dam*** – ข้าวเหนียวเปียกดำ
Palmensamen in Sirup	*palm seeds in syrup* – ***lûuk taan*** ลูกตาล
farbiges Gelee aus Kokosmilch	*coloured jelly of coconut milk* ***khanŏm tschán*** – ขนมชั้น
gebratene Banane	*fried banana* – ***klûay thôøt*** – กล้วยทอด
Banane in Kokosmilch	*banana in coconut milk* – ***klûay bùat-tschii*** – กล้วยบวชชี
Nudeln in Kokosnußmilch	*noodles in coconut milk* – ***sàrìm*** สะหริ่ม
Klebreis im Bambusrohr	*sticky rice in bamboo* – ***khâao lăam*** ข้าวหลาม

Getränke

Beliebt sind die Muntermacher mit Namen wie Lipovitan-D, Red Bull, White Shark, M-150 etc., die es überall in kleinen braunen Fläschchen zu kaufen gibt. Sie enthalten eine zweifelhafte Mixtur aus Vitaminen und Aufputschern, die es in Europa sicher nicht rezeptfrei gäbe. Eine geradezu todsichere Wirkung ergibt der „Busfahrer-Cocktail“: Mekhong-Whiskey mit Muntermacher gemischt. Daneben gibt es noch eine Reihe seltsamer Markengetränke: Milo ist ein extrem süßes Kakaogetränk, Sponsor ein isotonisches Getränk, Vitamilk eine Sojamilch, Wine Cooler ein wein- und kohlensäurehaltiges Erfrischungsgetränk, Yacult eine Art Trinkjoghurt. Was in Thailand als Fanta (***fääntâa***) verkauft wird, hat nicht viel Ähnlichkeit mit dem bei uns bekannten Erfrischungsgetränk: Die Fanta in Thailand ist knallrot oder knallgrün und so süß, daß die Zähne wackeln.

(Trink-) Wasser	*(drinking) water* – ***náam dùüm*** นำดืม
Alkohol	*alcohol, liquour* – ***lâu*** – เหล้า
Bier	*beer* – ***bia*** – เบียร์
Eiskaffee	*iced coffee* – ***oolíang*** – โอเลี้ยง
Eistee	*iced tea* – ***tschaa yen*** – ชาเย็น
Eiswasser	*ice water* – ***náam khǎng plàu*** นำแข็งเปล่า
Fruchtsaft	*fruit juice* – ***náam phonlamái*** ผลไม้
Kaffee	*hot coffee* – ***kaafää røøn*** กาแฟร้อน
Kokosnußmilch	*coconut milk* – ***náam maphráao*** นำมะพร้าว
Milch	*milk* – ***nom sòt*** – นมสด
Orangensaft	*orange juice* – ***náam sôm*** – น้ำส้ม
Sodawasser	*soda water* – ***náam soodaa*** – นำโซดา
Tee	*hot tea* – ***tschaa røøn*** – ชาร้อน
Zitronensaft	*lemon juice* – ***náam manaao*** นำมะนาว

Einkaufen

Thailand gilt als Einkaufsparadies ersten Ranges. Es gibt eigentlich nichts, was es nicht gibt, und schon viele Besucher erlagen dem Kaufrausch, aus dem sie erst eine leere Brieftasche erwachen ließ. Dazu muß man sagen: Auch wenn es im ersten Moment häufig danach aussieht, lohnen sich bei Berücksichtigung von Kriterien wie Qualität, Garantie oder Gebrauchswert nicht alle Angebote preislich.

Läden und Geschäfte

Jede Provinzstadt, die halbwegs etwas auf sich hält, verfügt inzwischen über mindestens ein Kaufhaus (***hâang sappá-sǐnkháa***), das sieben Tage die Woche, in der Regel von 9-21 Uhr, geöffnet hat. In den Kaufhäusern gibt es meistens noch Essenstände, einen Supermarkt und alles, was man eben so in einem Kaufhaus erwartet, wobei in thailändischen Kaufhäusern wirklich der Eindruck entstehen kann, man sei gar nicht weit von zu Hause fort, so modern ist das Interieur. Da Einkaufen oder „Shopping" inzwischen auch zu den Lieblingsbeschäftigungen der Thais gehört, haben sie kurzerhand das englische Wort übernommen: ***tschøpphîng***

Die größten und bestausgestatteten Kaufhäuser befinden sich natürlich in Bangkok. Zu nennen ist hier insbesondere das „Maboonkrong", das mit dem „Tokyu Department Store" zu einem Riesen-Shopping-Komplex zusammengewachsen ist, mit eigenem Hotel, Kino, Friseurläden usw. Der Vorteil in den Kaufhäusern ist, daß man nicht handeln muß. Nie versäumen sollte man es aber, nach einem Discount (***lót raakhaa***) zu fragen, der aus unerfindlichen Gründen fast immer gewährt wird, wenn es sich nicht gerade um bereits preisreduzierte Waren handelt. Der Discount beträgt in der Regel 10%. Nur: Wer nicht fragt, zahlt den ausgeschriebenen Preis!

Für Lebensmittel gibt es, wenn man sich nicht vom Frischmarkt (***talàat sòt***) versorgt, inzwischen auch viele Supermärkte, „Minimarts" genannt, und auch die „7-Eleven"-Kette hat inzwischen viele kleine Läden über das ganze Land verstreut, die 24 Stunden täglich geöffnet haben. In den Supermärkten herrscht Selbstbedienung, mit dem netten Unterschied zu unseren Landen, daß die Waren noch vom Personal an der Kasse in Tüten verpackt werden.

Ansonsten gibt es natürlich kleinere Geschäfte jeder Art, wo man von der Schraube über Fotoartikel bis hin zum Motorrad alles kaufen kann. In

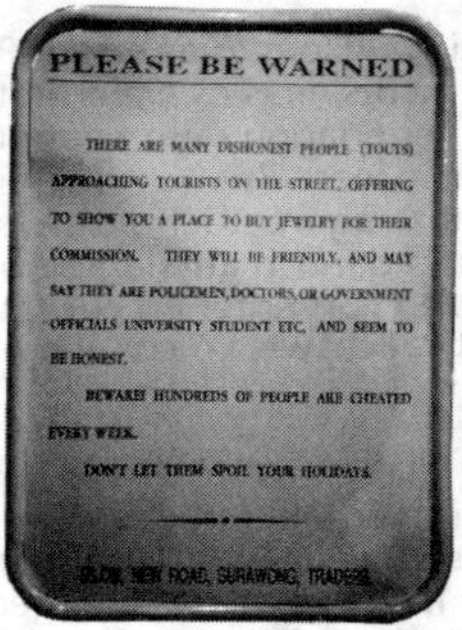

Die seriösen Geschäftsleute sehen sich mittlerweise genötigt, Touristen auf Schildern vor den Schleppern zu warnen: „Es gibt viele unehrliche Leute, die Touristen auf der Straße ansprechen und ihnen anbieten, sie zu Plätzen zu führen wo sie Edelsteine kaufen können. Sie sind freundlich, scheinen ehrlich und geben vor, Polizisten, Ärzte, Regierungsbeamte, Studenten usw. zu sein. Vorsicht. Hunderte werden jede Woche betrogen. Laß sie nicht Deine Ferien verderben."

diesen Geschäften sind die Preise oft nicht ausgezeichnet. Es kann daher passieren, daß man als Fremder etwas zu hoch zur Kasse gebeten wird. Das ist aber nicht unbedingt die Regel. Normalerweise wird in solchen Geschäften nicht gehandelt, und man sollte sich daher nicht anders verhalten als bei uns, wenn einem eine Ware zu teuer erscheint.

Touristenmärkte In Touristenmärkten, wo es Souvenirs, Souvenirs und nochmal Souvenirs zu kaufen gibt, muß man allerdings feilschen, und zwar nicht zu knapp. Da hier ausnahmslos Touristen einkaufen, versucht es der Verkäufer natürlich erst mal mit einer astronomischen Summe, um sich dann auf den geeigneten Preis runterhandeln zu lassen bzw. bei ahnungslosen Farangs ohne Wimpernzucken ein dickes Geschäft zu machen. Das ist aber nicht unbedingt thai-typisches Verhalten.

Schlepper Aufpassen sollte man auch bei gutgekleideten Herren, die einen in Touristengegenden ansprechen und sich erst höflich nach allerlei Belanglosigkeiten erkundigen, bevor ihnen dann einfällt, daß gerade heute ein besonderer Feiertag ist, an dem dieses oder jenes Geschäft besonders günstig seine Ware anbietet. Selbstverständlich würde er die neugewonnenen „Freunde" gerne in den Genuß dieses Preisnachlasses bringen und sie zum besagten Geschäft begleiten. Den Rest dieser (oder einer ähnlichen) Geschichte kann man sich selbst denken: Es ist ein Schlepper, der Kunden in ein Geschäft bringen will, wo er Kommission bekommt und die Waren meistens teurer als woanders und/oder minderwertig sind. Sehr oft passiert dies bei Edelsteingeschäften.

Geschäfte

	Apotheke	*pharmacy* – ***ráan khăay yaa*** ร้านขายยา
	Buchhandlung	*book-shop* – ***ráan khăay nangsŭŭ*** ร้านขายหนังสือ
	Fotogeschäft	*photo-shop* – ***ráan thàay-rûup*** ร้านถ่ายรูป
	Friseur	*hair-dresser* – ***ráan tàt-phŏm*** ร้านตัดผม
	Gemischtwaren-laden	*grocery shop* – ***ráan tscham*** ร้านชำ
	Goldgeschäft	*gold shop* – ***ráan khăay thøøng*** ร้านขายทอง
	Juwelier	*jewellery* – ***ráan khrûang phét*** ร้านเครื่องเพชร
	Kleiderhandlung	*clothing store* – ***ráan khăay sûa-phâa*** – ร้านขายเสื้อผ้า
	Reinigung	*dry cleaning, laundry* – ***ráan sák-hääng*** – ร้านซักแห้ง
	Reisebüro	*travel agency* – ***sămnák-ngaan thôøng thîao*** – สำนักงานท่องเที่ยว
	Schneider	*tailor* – ***ráan tàt-sûa*** – ร้านตัดเสื้อ
	Schönheitssalon	*beauty parlor* – ***ráan sŏŏm-sŭay*** ร้านเสริมสวย
	Schuhgeschäft	*shoe store* – ***ráan khăay røøng-tháu*** ร้านขายรองเท้า
	Spielwarenladen	*toy shop* – ***ráan khăay khrûang lên*** ร้านขายเครื่องเล่น

Kosmetika

	Damenbinde	*sanitary napkin* – ***phâa anaamai*** ผ้าอนามัย
	Insektenschutz mittel	*insecticide* – ***yaa khâa maläängg*** ยาฆ่าแมลง
	Hautcreme	*skin lotion* – ***khriim pĭu-năng*** ครีมผิวหนัง
	Moskitonetz	*mosquito net* – ***múng*** – มุ้ง
	Parfüm	*perfume* – ***náam hŏøm*** – น้ำหอม
	Rasierapparat	*razor* – ***khrûang koon nùat*** เครื่องโกนหนวด
	Rasiercreme	*shaving cream* – ***sabùu koon nùat*** สบู่โกนหนวด
	Seife	*soap* – ***sabùu*** – สบู่
	Shampoo	*shampoo* – ***yaa sà-phŏm*** – ยาสระผม
	Toilettenpapier	*toilet paper* – ***kradàat tschamrá*** กระดาษชำระ
	Zahnbürste	*tooth-brush* – ***prääng sĭi fan*** แปรงสีฟัน
	Zahnpasta	*tooth-paste* – ***yaa sĭi fan*** – ยาสีฟัน

Einkaufsfloskeln	◆Was wünschen Sie?	*May I help you?* – ***khun tøøng-kaan arai*** – คุณต้องการอะไร
	Ich hätte gerne...	*I´d like to have...* – ***phŏm/ditschăn tøøng-kaan...*** – ผม / ดิฉันต้องการ...
	Haben Sie...?	*Do you have...?* – ***khun mii ... măi*** คุณมี...ไม่
	Wo ist/sind ...?	*Where is/are ...?* – ***... yùu thîi-năi*** ...อยู่ที่ไหน
	Was kostet/ kosten ...?	*How much is/are ...?* – ***... raakhaa thâurai*** – ...ราคาเท่าไร
	Das kostet...	*It costs...* – ***raakhaa...*** – ราคา...
	Haben Sie eine Tüte?	*Do you have a bag?* – ***mii thŭng măi*** มีถุงไหม

■ Wann öffnet (schließt) der Laden?
What time does the shop open (close)?
ráan dschà pöòt (pìt) kìi moong
ร้านจะเปิด(ปิด)กี่โมง
Laden - werden - öffnen - (schließen) - wieviel(?) - Uhr

■ Was kostet dieses hier? – *How much is this?*
an níi raakhaa thâurai – อันนี้ราคาเท่าไร
Ding - dies - Preis - wieviel(?)

Bürowaren	Bleistift	*pencil* – ***dinsøø*** – ดินสอ
	Briefumschlag	*envelope* – ***søøng*** – ซอง
	Klebeband	*adhesive tape* – ***sakøt théep*** สก๊อตเทป
	Klebstoff	*glue* – ***kaao*** – กาว
	Kugelschreiber	*pen* – ***pàak-ka*** – ปากกา
	Papier	*paper* – ***kradàat*** – กระดาษ
	Photokopier- gerät	*photocopier* – ***khrûang thàay eekasăan*** – เครื่องถ่ายเอกสาร
	Schere	*scissors* – ***kankrai*** – กรรไกร
	Taschenrechner	*calculator* – ***khrûang khít lêek*** เครื่องคิดเลข
Im Laden	bezahlen	*to pay* – ***dschàay ngöön, sĭa ngöön*** – จ่ายเงิน / เสียเงิน
	billig	*cheap* – ***thùuk*** – ถูก
	geöffnet	*open* – ***pöòt*** – เปิด
	Geschäft, Laden	*shop* – ***ráan, hâang*** – ร้าน / ห้าง
	geschlossen	*closed* – ***pìt*** – ปิด
	handeln, feilschen	*to bargain* – ***tòø raakhaa*** – ต่อราคา
	Händler, Verkäufer	*merchant, seller* – ***phôø kháa*** พ่อค้า
	kaufen	*to buy* – ***sűű*** – ซื้อ
	Preis	*price* – ***raakhaa*** – ราคา
	teuer	*expensive* – ***phääng*** – แพง
	Tüte, Tasche	*bag* – ***thŭng*** – ถุง
	verkaufen	*to sell* – ***khăay*** – ขาย

Handeln

Man beachte, daß thailändische Händler, ganz anders als ihre arabischen und indischen Kollegen, ihrer Kundschaft nicht hinterherzulaufen pflegen, wenn ihnen das Geschäft zu entwischen droht. Dies ist also keine Möglichkeit, doch noch auf den gewünschten Preis zu kommen. Verläßt man den Stand oder den Laden, ist der Versuch, ins Geschäft zu kommen, in der Regel als beendet anzusehen. Überhaupt ist die Atmosphäre beim Handeln recht gelassen. Die Thais sind das Auspressen auch noch der letzten 5 Baht Preisnachlaß durch Kunden eigentlich nicht gewohnt.

■ Das ist aber teuer! – *That´s rather expensive!*
phääng dschang lööy **–** แพงจังเลย
teuer - sehr - weiter

■ Gibt es auch etwas Billigeres?
Do you have anything cheaper?
mii arai thùuk kwàa măi **–** มีอะไรถูกกว่าไหม
haben - etwas - billig - mehr - (?)

■ 200 ist zuviel, ich gebe 70.
200 is too much, I will give 70.
søøng-røøy mâak köön pai - phŏm/dìtschăn dschà hâi dschèt-sìp
สองร้อยมากเกินไป ผม / ดิฉันจะให้เจ็ดสิบ
200 - viel - zu sehr - ich (m)/ich(f) - werden - geben - 70

■ Das ist immer noch zuviel. – *That´s still too much.*
yang mâak köön pai **–** ยังมากเกินไป
noch - viel - zu sehr

Handeln

Preis aushandeln	*to bargain* – ***tòø raakhaa*** – ต่อราคา
mehr	*more* – ***mâak kwàa*** – มากกว่า
weniger	*less* – ***nøøy kwàa*** – น้อยกว่า
zu viel	*too much* – ***mâak köön pai*** มากเกินไป
zu wenig	*too little* – ***nøøy köön pai*** น้อยเกินไป
vielleicht	*perhaps, maybe* – ***baang thii*** – บางที
Einverstanden!	*OK!* – ***tòk long*** – ตกลง
am billigsten	*cheapest* – ***thùuk thîi-sùt*** – ถูกที่สุด
teurer	*more expensive* – ***phääng kwàa*** แพงกว่า
Preisnachlaß, Rabatt	*discount* – ***lót raakhaa*** – ลดราคา
Verlust	*loss* – ***khàat-thun*** – ขาดทุน

Lebensmittel

Lebensmittel werden fast immer frisch vom Markt eingekauft. Abgepacktes oder Büchsenware gibt es nur in den Supermärkten der Städte und wird nicht in großem Maße konsumiert. Die Thais sind ausgesprochene Fleischesser, so daß es von allen Fleischsorten im Überfluß gibt. Auch Fisch und andere Meerestiere werden überall reichlich angeboten. Für den Europäer mag es Probleme geben angesichts des Mangels an Milchprodukten (auch das trifft auf Supermärkte in Bangkok inzwischen nicht mehr zu) sowie an Brot, vor allem dunklen Brotsorten.

Bei Maßangaben wird das metrische System, also Gramm ***(kram)*** *und Kilogramm* ***(kiloo)*** *benutzt.*

■ Was kostet das Kilo? – *How much is one kilo?*
kiloo lá thâurai – กิโลละเท่าไร
Kilogramm - pro - wieviel(?)

■ Was kosten die Bananen?
How much are the bananas?
klûay raakhaa thâurai – กล้วยราคาเท่าไร
Banane - Preis - wieviel(?)

Maße und Qualität

alt	*old* – ***kàu*** – เก่า
bitter	*bitter* – ***khŏm*** – ขม
fade	*stale, insipid* – ***dschüüt*** – จืด
faul	*rotten* – ***nâu*** – เน่า
frisch	*fresh* – ***sòt*** – สด
ganz	*whole* – ***tháng mòt*** – ทั้งหมด
Geschmack	*flavour, taste* – ***rót*** – รส
Hälfte	*half* – ***khrûng*** – ครึ่ง
hart, fest	*hard, firm* – ***khăng*** – แข็ง
reif	*ripe* – ***sùk*** – สุก
salzig	*salty* – ***khem*** – เค็ม
sauer	*sour* – ***prîao*** – เปรี้ยว
süß	*sweet* – ***wăan*** – หวาน
weich	*soft* – ***nîm*** – นิ่ม
zu groß	*too big* – ***yài köön pai*** – ใหญ่เกินไป
zu klein	*to small* – ***lék köön pai*** – เล็กเกินไป
Dutzend	*dozen* – ***løø*** – โหล
ein halbes Kilo	*half a kilogramme* – ***khrûng kiloo*** – ครึ่งกิโล
1 Kilo	*one kilogramme* – ***nùng kiloo*** – หนึ่งกิโล
1 Liter	*one litre* – ***nùng lít*** – หนึ่งลิตร
1 Stück	*one piece* – ***nùng an*** – หนึ่งอัน

Es gibt im Thai über 50 verschiedene Wörter, um „Stück" zu sagen, und zwar abhängig von Form und Größe des Stückes.

Früchte

Sehr viele, vor allem die sauren Obstsorten werden in Thailand mit Salz verzehrt, was sehr erfrischend schmeckt und die Säure mindert. Bisweilen wird auch Chillipulver in das Salz gemischt.

Früchte	*fruits* – **phŏnlamái** – ผลไม้
Ananas	*pineapple* – **sàpparòt** – สับปะรด
Apfel	*apple* – **ä́äppôn** – แอ๊ปเปิ้ล
Bananen	*banana* – **klûay** – กล้วย
Cashewnüsse	*cashew nut* – **mét mamûang** – เม็ดมะม่วง
Durian	*durian* – **thúrian** – ทุเรียน

Die Durian wird von Farangs oft „Stinkfrucht" genannt, was genau das bezeichnet, was die meisten daran stört: Die gelbe Frucht in grüner, stacheliger Schale verströmt einen „eigenartigen Geruch", um es höflich zu formulieren. Viele Thais sind ganz wild nach dem aromatischen Fruchtfleisch, das sehr lecker ist, wenn man den Geruch erstmal überwunden hat.

Erdnüsse	*peanuts* – **thùa lisŏng** – ถั่วลิสง
Granatapfel	*pomegrenade* – **tháþthim** – ทับทิม
Guave	*guava* – **faràng** – ฝรั่ง

Die grüne runde Guave wird in Thailand meist noch im unreifen Zustand verzehrt. Man schneidet das harte weiße Fruchtfleisch in Stücke und tunkt es in Salz oder eine Salz-Chilli-Mischung.

Jackfrucht	*jackfruit* – **khanŭn** – ขนุน

Die Jackfrucht ist riesengroß und wächst praktisch aus dem Stamm heraus. Der eßbare Teil sind kleine, gelbe, recht süße Hülsen.

Kokosnuß	*coconut* – **maphráao** – มะพร้าว
Litschi	*lychee* – **líndschii** – ลิ้นจี่
Longan	*longan* – **lamyai** – ลำไย

Longan sind kleine braune Früchte, die in Büscheln wie Weintrauben wachsen. Die Früchte sind innen sehr saftig, deshalb kann man sie nicht richtig abschälen. Die Thais beißen meist in die Schale und saugen die Frucht praktisch aus.

Mango	*mango* – **mamûang** – มะม่วง

Auch Mangos werden gerne im unreifen Zustand mit Salz gegessen.

Mangostan *mangosteen* – ***mangkhút*** – มังคุด

Als „Königin der Früchte" bezeichnet, ist die Mangostan eher unscheinbar: So groß wie eine Mandarine, dunkel-violette Schale. Man teilt die Schale in der Mitte und kann dann das strahlend weiße, leckere Fruchtfleisch herausessen.

Papaya *papaya* – ***malakøø*** – มะละกอ
Pomelo, Grapefruit *grapefruit* – ***sôm-oo*** – ส้มโอ
Rambutan *rambutan* – ***ngǿ*** – เงาะ

Die Rambutan ist etwa so groß wie eine Pflaume, nur mit Haaren daran. Die Früchte sind rot, mit weißem bis durchsichtigem Fruchtfleisch, verwandt mit Longan und Litschi.

Rosenapfel *rose apple* – ***tschomphûu*** – ชมพู่

Birnenförmige rosa bis rote Frucht, wird ungeschält gegessen. Hat eigentlich nicht viel Geschmack.

Sapodilla *sapodilla* – ***lámút*** – ละมุด

Braune ovale Frucht mit mehligem aromatischen Fruchtfleisch und großen schwarzen Kernen.

Sternfrucht *star apple* – ***mafüang*** – มะเฟือง

Sehr saure grün-gelbe Frucht, die quer zerschnitten wie ein Stern aussieht.

Tamarinde *tamarind* – ***makhăam*** – มะขาม

Sehen aus wie große braune Bohnen, harte Schale. Das Fruchtfleisch ist sehr klebrig.

Wassermelone *watermelon* – ***tääng moo*** – แตงโม
Weintrauben *grapes* – ***angùn*** – องุ่น
Zitrone, Limone *lemon* – ***manaao*** – มะนาว
Zuckerapfel *custard apple* – ***nøøy-nàa*** – น้อยหน่า

Hat etwa die Größe eines Apfels, grün, mit rauher Schale, die ausssieht wie aus vielen kleinen Sechsecken zusammengesetzt. Sehr aromatisches weißes Fruchtfleisch.

Zuckerrohr *sugar cane* – ***øøy*** – อ้อย

Gemüse	Gemüse	*vegetables* – **phàk** – ผัก
	Aubergine	*eggplant* – **makhŭa** – มะเขือ
	Bambussprossen	*bamboo shoot* – **nòø mái** – หน่อไม้
	Blumenkohl	*cauliflower* – **kalàm dòøk** – กะหล่ำดอก
	Bohne	*bean* – **thùa** – ถั่ว
	Chinakohl, Weißkohl	*Chinese cabbage* – **phàk kàat khăao** – ผักกาดขาว
	Erbse	*pea* – **thùa khǟǟk** – ถั่วแขก
	Gurke	*cucumber* – **tääng kwaa** – แตงกวา
	Kartoffel	*potato* – **man faràng** – มันฝรั่ง
	Kohl	*cabbage* – **kalàm plii** – กะหล่ำปลี
	Kürbis	*pumpkin* – **fák thøøng** – ฟักทอง
	Mais	*corn, maize* – **khâao phôot** – ข้าวโพด
	Mohrrübe, Karotte	*carrot* – **hŭa phàk kàat dääng, khäärôøt** – หัวผักกาดแดง / แครอท
	Pilz	*mushroom* – **hèt** – เห็ด
	Sojabohnen	*soy bean* – **thùa lŭang** – ถั่วเหลือง
	Spinat	*spinach* – **phàk khŏm** – ผักขม
	Tomate	*tomato* – **makhŭa thêet** – มะเขือเทศ
	Zwiebel	*onion* – **hŭa hŏøm** – หัวหอม
Gewürze	Gewürze	*spices* – **krûang thêet** – เครื่องเทศ
	Basilikum	*basil* – **kraphrau** – กระเพรา
	Chilli	*chilli* – **phrík** – พริก
	Chilli-Pulver	*chilli powder* – **phrík pòn** – พริกป่น
	Curry	*curry* – **phŏng karìi** – ผงกะหรี่
	Essig	*vinegar* – **náam sôm** – น้ำส้ม
	Ingwer	*ginger* – **khĭng** – ขิง
	Knoblauch	*garlic* – **krathiam** – กระเทียม
	Koriander	*coriander* – **phàk tschii** – ผักชี
	Krabbenpaste	*shrimp paste* – **kapì** – กะปิ
	Pfeffer	*pepper* – **phrík thai** – พริกไทย
	Salz	*salt* – **klüa** – เกลือ
	Zitronengras	*lemon grass* – **takhrái** – ตะไคร้

Kleidung

Kleiderkauf

Für den Kleiderkauf gelten gleiche Konfektionsgrößen wie in Deutschland. Hemden werden in den Größen S (small, klein), M (medium, mittel), L (large, groß) und XL (extra large, extra groß) gehandelt. Man sollte die Sachen immer vorher anprobieren. Hosen werden z.B. gleich vor Ort durch Umnähen auf die richtige Länge gebracht, manchmal auch noch gebügelt.

Es ist oft besser, aus Europa gar nicht viel Kleidung mitzunehmen, da man vieles qualitativ besser und preislich günstiger in Thailand einkaufen kann und dann auch genug Platz im Gepäck hat, um die Sachen nach Hause zu schaffen.

Schuhe

Schuhe sind ebenfalls recht günstig. Man sollte darauf achten, keine Produkte aus Schlangen- oder Krokodilleder zu kaufen, da beide Tierarten unter das Artenschutzabkommen fallen. Feste Schuhe sind außerhalb der Städte untypisch für Thailand: Man trägt fast ausschließlich Gummisandalen, d.h. eine Art „Badelatschen“, auf Thai kurz ***føøng náam*** (Schwamm-Wasser) genannt. Da bei Schuhen meistens amerikanische Größenangaben verwendet werden, hier noch die entsprechende Umrechnung:

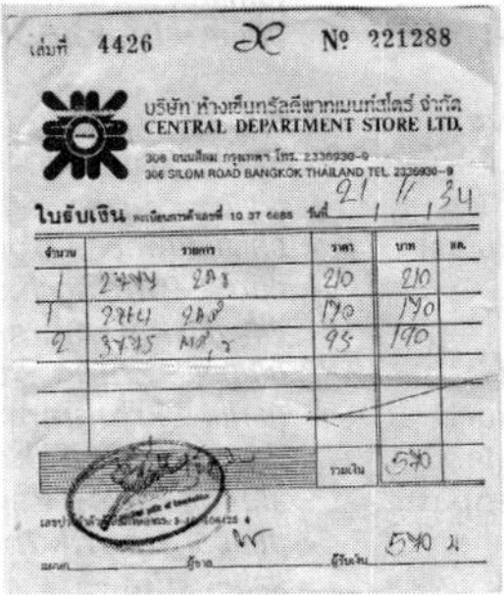

4426 № 221288
CENTRAL DEPARTMENT STORE LTD.
306 SILOM ROAD BANGKOK THAILAND TEL. 2336930-9
ใบรับเงิน 21 11 34

1	2444	210	210
1	2744	170	170
2	3745	95	190

540

amerikanische Schuhgrößen									
5.5	6	6.5	7	7.5	8	8.5	9	9.5	10
europäische Schuhgrößen									
36	37	38	39	40	41	42	43	44	45

■ Kann ich es anprobieren? – *May I try it on?*
phŏm/ditschăn løøng sài duu dâi măi
ผม / ดิฉันลองใส่ดูได้ไหม
ich (m)/ich (f) - probieren - anziehen - sehen - können - (?)

Haben Sie es ...?	■ Haben Sie es ...? – *Do you have it...?* **khun mii an thîi... măi** – คุณมีอันที่...ไหม	
	größer	*bigger* – **yài kwàa** – ใหญ่กว่า
	kleiner	*smaller*– **lék kwàa** – เล็กกว่า
	länger	*longer* – **yaao kwàa** – ยาวกว่า
	kürzer	*shorter* – **sân kwàa** – สั้นกว่า
	weiter	*looser* – **lŭam kwàa** – หลวมกว่า
	enger	*tighter* – **kháp kwàa** – คับกว่า
	schöner	*prettier* – **sŭay kwàa** – สวยกว่า
	in besserer Qualität	*in better quality* – **khunna-phâap dii kwàa** – คุณภาพดีกว่า
	aus anderem Stoff	*with different fabric* – **phâa yàang ùùn** – ผ้าอย่างอื่น
	mit anderen Farben	*with different colours* – **sĭi ùùn** – สีอื่น
	mit anderem Muster	*with a different style* – **bɛ̀ɛp ùùn** แบบอื่น
Anprobe	Es ist zu...	*it is too...* – **an níi ... köön pai** – อันนี้...เกินไป
	klein	*small* – **lék** – เล็ก
	groß	*big* – **yài** – ใหญ่
	kurz	*short* – **sân** – สั้น
	lang	*long* – **yaao** – ยาว
	weit	*loose* – **lŭam** – หลวม
	eng	*tight* – **kháp** – คับ
	dick (Stoff)	*thick* – **năa** – หนา
	dünn (Stoff)	*thin* – **baang** – บาง
Bekleidung und Schuhe	Anzug	*suit* – **sùut** – สูท
	Badeanzug	*bathing suit, swimsuit* – **tschút wâay-náam** – ชุดว่ายน้ำ
	Badehose	*trunks* – **kaang-keeng wâay-náam** กางเกงว่ายน้ำ
	Badelatschen	*slippers* – **føøng náam** – ฟองน้ำ
	Brieftasche	*wallet* – **krapau sataang** กระเป๋าสตางค์
	Gürtel	*belt* – **khĕm-khàt** – เข็มขัด
	Handtasche	*handbag* – **krapău thŭŭ** – กระเป๋าถือ
	Hemd	*shirt* – **sûa tschőöt** – เสื้อเชิ้ต
	Hose	*trousers, pants* – **kaang-keeng** กางเกง
	Hut, Mütze	*hat, cap* – **mùak** – หมวก
	Kleid	*dress* – **kraproong** – กระโปรง
	Kleidung, Kleider	*clothing, clothes* – **sûa-phâa** เสื้อผ้า
	kurze Hose	*shorts* – **kaang-keeng khăa sân** กางเกงขาสั้น

kaang-keeng khǎa sân heißt wörtlich „Hose-Bein-kurz", entsprechend heißt ***kaang-keeng khǎa yaao*** „Hose-Bein-lang", lange Hose. Gleiches gilt für lang- oder kurzärmelige Hemden: ***khǎän sân,*** kurzärmlig und ***khǎän yaao,*** langärmelig.

Rock	*skirt* – **kraproong** – กระโปรง
Sandalen	*sneakers* – **røøng-tháu tầ** รองเท้าแตะ
Schal	*scarf* – **phâa phan khøø** – ผ้าพันคอ
Schlafanzug	*pyjamas* – **tschút nøøn** – ชุดนอน
Schuhe	*shoes* – **røøng-tháu** – รองเท้า
Stiefel	*boots* – **røøng-tháu sǔung** รองเท้าสูง
Stoff	*fabric, cloth* – **phâa** – ผ้า
Strümpfe, Socken	*socks* – **thǔng-tháu** – ถุงเท้า
Strumpfhosen	*stockings* – **thǔng-nôøng** – ถุงน่อง
T-Shirt	*T-shirt* – **sûa yùut** – เสื้อยืด
Turnschuhe	*sport shoes* – **røøng-tháu kiilaa** รองเท้ากีฬา
Unterhemd	*undervest* – **sûa klâam** – เสื้อกล้าม
Unterhose	*panties* – **kaang-keeng nǎi** กางเกงใน
Unterwäsche	*underwear* – **sûa nǎi** – เสื้อใน

Farben

Farbe	*colour* – **sǐi** – สี
hell	*light* – **òøn** – อ่อน
dunkel	*dark* – **khěm** – เข้ม
blau	*blue* – **sǐi náam-ngöön** – สีน้ำเงิน
braun	*brown* – **sǐi náam-taan** – สีน้ำตาล
gelb	*yellow* – **sǐi lǔang** – สีเหลือง
gold	*golden* – **sǐi thøøng** – สีทอง
grau	*grey* – **sǐi thau** – สีเทา
grün	*green* – **sǐi khǐao** – สีเขียว
orange	*orange* – **sǐi sôm** – สีส้ม
rot	*red* – **sǐi dääng** – สีแดง
schwarz	*black* – **sǐi dam** – สีดำ
silber	*silver* – **sǐi ngöön** – สีเงิน
weiß	*white* – **sǐi khǎao** – สีขาว

Materialien

Baumwolle	*cotton* – **phâa fâay** – ผ้าฝ้าย
Leder	*leather* – **nǎng** – หนัง
Leinen	*linen* – **phâa línin** – ผ้าลินิน
Seide	*silk* – **phâa mai** – ผ้าไหม
Stoff	*cloth* – **sùa-phâa** – เสื้อผ้า
Synthetik	*synthetic* – **phâa sǎngkhrø** ผ้าสังเคราะห์
Wolle	*wool* – **phâa khǒn kầ** – ผ้าขนแกะ
natürlich, echt	*genuine* – **thää** – แท้
künstlich, nachgemacht	*artificial, false* – **pløøm** – ปลอม

Souvenirs, Souvenirs ...

Amulett, Talisman	*amulet, talisman* – **khrûang raang** เครื่องราง
Edelstein	*gem, precious stone* – **phét** – เพชร
Eßstäbchen	*chop-sticks* – **takìap** – ตะเกียบ
Flechtwaren	*basketry* – **khrûang dschàksaan** เครื่องจักสาน
Glas	*glass* – **kradschòk** – กระจก
Gold	*gold* – **thøøng** – ทอง
handgemacht	*hand-made* – **tham dûay müü** ทำด้วยมือ
Holz	*wood* – **mái** – ไม้
Jade	*jade* – **yòk** – หยก
Keramik	*pottery* – **khrûang pân din-phău** เครื่องปั้นดินเผา
Koralle	*coral* – **pagaarang** – ปะการัง
Kosmetikartikel, Make-up	*cosmetics, make-up* – **khrûang săm'aang** – เครื่องสำอาง
künstlich, nachgemacht	*artificial, false* – **pløøm** – ปลอม
Kupfer	*copper* – **thøøng-däăng** – ทองแดง
Lackwaren	*laquerware* – **kaan khöön, kaan long rák** – การเขิน / การลงรัก
Messing	*brass* – **thøøng-lŭang** – ทองเหลือง
Möbel	*furniture* – **khrûang rüan** เครื่องเรือน
Münzen	*coins* – **rĭan** – เหรียญ
Musikinstrument	*instrument* – **khrûang dontrii** เครื่องดนตรี
natürlich, echt	*genuine* – **thâä** – แท้
Ohrring	*ear-ring* – **tàang hŭu** – ต่างหู
Opal	*opal* – **múkdaa** – มุกดา
Perle	*pearl* – **khài-múk** – ไข่มุก
Perlmutt	*mother-of-pearl* – **hŏøy-múk** หอยมุก
Ring	*ring* – **wâän** – แหวน
Rubin	*ruby* – **táptim** – ทับทิม
Saphir	*sapphire* – **nin** – นิล
Schmuck	*jewellery* – **khrûang phét-phløøy** เครื่องเพชรพลอย
Silber	*silver* – **ngöön** – เงิน
Smaragd	*emerald* – **morakòt** – มรกต
Stein	*stone* – **hĭn** – หิน
Tischtuch	*table cloth* – **phâa puu tó** – ผ้าปูโต๊ะ

■ Ist das aus Silber? – Is this made of silver?
nîi tham dûai ngöön măi **–** นี่ทำด้วยเงินไหม
dies - machen - mit - Silber - (?)

Erledigungen

Toilette

Zu den wichtigsten „Erledigungen" des Menschen gehört sicher der tägliche Gang zur Toilette. Gerade in Kulturen, in denen man sich nicht gut auskennt, kann so etwas aufgrund der Verständigungsschwierigkeiten auch schon mal zum Problem werden.

Da die Thais auf Hygiene großen Wert legen, sieht man eigentlich nie jemanden seine Notdurft „öffentlich" verrichten. Jedes Haus hat sein eigenes Badezimmer (***hôøng náam***), das auch als Toilette genutzt wird. Meistens bestehen die einfachen Toiletten nur aus Löchern im Boden, über die man sich dann zielsicher plazieren muß. Die etwas komfortablere Version hat Stellplätze für die Füße und eine Toilettenschüssel. In modernen Gebäuden, Hotels etc. gibt es auch Sitzklos, deren Funktion dem Farang ja bestens bekannt ist. Besonders wirksam scheint eine Klospülanlage mit dem überzeugendem Namen „Greatest Niagara" zu sein, auf die man bisweilen in Hotel-WC´s stößt. Der Gebrauch von Toilettenpapier ist allerdings weitgehend unbekannt. Dies gibt es zwar überall zu kaufen, jedoch wird es eher, wie bereits erwähnt, als Serviette verwendet.

Die thailändische Art

Stattdessen gibt es in den Toiletten kleine Henkeltöpfe aus Plastik und ein Bassin mit Wasser. Die Töpfe dienen einerseits zum Spülen, andererseits zum Reinigen des eigenen Hinterteils. Man schöpft mit der linken Hand Wasser aus dem Topf und spült sich damit ab. Diese Methode ist, wenn man darüber nachdenkt, hygienischer als der Papiereinsatz, erklärt aber auch, warum der Gebrauch der linken Hand bei zwischenmenschlichen Aktionen weitgehend vermieden wird.

Öffentliche Toiletten sind recht selten. Sie finden sich aber auf Busstationen, Bahnhöfen etc., wo man auch eine kleine Gebühr (ca. 2 Baht) für die Sauberhaltung der Einrichtung bezahlen muß. Alle Toiletten sind streng für Männer und Frauen getrennt, außer in kleinen Lokalen oder Restaurants, wo es nur eine Toilette gibt; diese ist dann aber abschließbar.

ชาย หญิง
tschaay *yǐng*

Entsprechend den verschiedenen Sprachebenen, von „volkstümlich" bis vornehm, gibt es auch unterschiedliche Ausdrücke für die Toilette. Nichts falsch machen kann man bei Verwendung des Begriffs ***hôøng náam***, was zwar eigentlich nur Badezimmer („Zimmer-Wasser") heißt, aber schon richtig verstanden und auch von Thais so benutzt wird. Der vornehmere Ausdruck ***sùkhǎa*** findet sich meist auf Schildern, die den Weg zum „Örtchen" weisen, also in Hotels oder Restaurants. Ein richtiges WC mit Sitztoilette und Spülung heißt ***sûam tschák-khrôok.*** Als Ausdruck speziell für Toilette im Gegensatz zum Badezimmer sollte man ***sûam*** benutzen.

Oft steht auch an den Toiletten **สุขาหญิง, *sùkhǎa yǐng*** *bzw.* **สุขาชาย, *sùkhǎa tschaay*** *angeschrieben. Also „Damen-" bzw. „Herrentoilette".*

■ Gibt es hier eine Toilette? – *Is here a bathroom?*
thîi-nîi mii hôøng náam mǎi – ที่นี่มีห้องน้ำไหม
hier - haben - Toilette - (?)

■ Ich muß auf die Toilette.
I have to go to the bathroom.
phǒm/ditschǎn pùat yîao – ผม / ดิฉันปวดเยี่ยว
ich (m)/ich (f) - Schmerz - Urin

Wasser lassen	*to pass urine* – ***tschìi, yîao, pàtsǎawá*** – ฉี่ / เยี่ยว / ปัสสาวะ
seinen Darm entleeren	*to move one´s bowel* – ***khîi, ùtdschaará*** – ขี้ / อุจจาระ
spülen	*to flush (the toilet)* – ***tschák-khrôok*** ชักโครก

Bank

Geld

Die thailändische Währung ist der Baht (***bàat***). 1 Baht ist in 100 Satang (***sataang***) eingeteilt. Münzen gibt es in folgenden Werten: 25 Satang, 50 Satang, 1 Baht, 5 Baht, 10 Baht. Die 1- und 5-Baht-Münzen gibt es in verschieden Formen, je nachdem, ob sie alter oder neuer Prägung sind. Die thailändischen 5-Baht-Münzen erkennt man aber immer, unabhängig von der Größe, an ihrem Kupferrand. Scheine gibt es in folgenden Denominationen: 10 Baht, 20 Baht, 50 Baht, 100 Baht, 500 Baht und 1000 Baht. Die Scheine unterscheiden sich durch Größe und Farbe voneinander. Die Zahlen sind auf der Vorderseite in Thai, auf der Rückseite in arabischen Ziffern aufgedruckt.

Das Wort ***sataang*** oder die Kurzform ***taang*** wird umgangssprachlich auch oft statt ***ngöön*** für Geld verwendet, wie man zu deutsch „Kohle“ oder „Knete“ sagt.

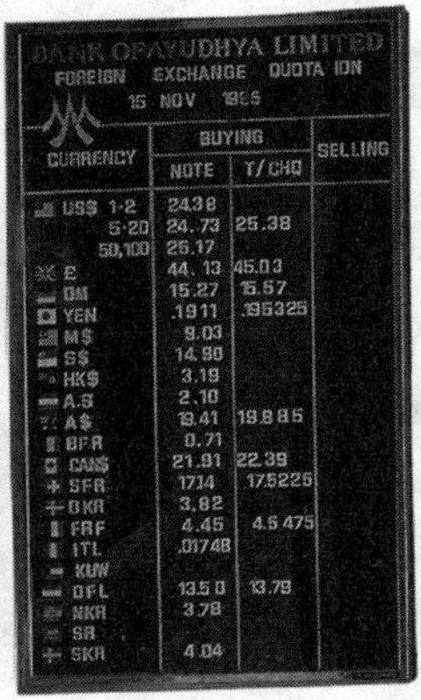

Es empfiehlt sich nicht, thailändische Baht schon vor dem Eintreffen in Thailand zu tauschen, da man auf jeden Fall einen sehr viel schlechteren Kurs erhält. Bereits auf dem Flughafen in Bangkok gibt es mehrere Banken, so daß man gleich hier Geld umwechseln kann (der Kurs ist praktisch derselbe wie in der Stadt), um den Bus oder das Taxi zu bezahlen.

Bangkoks Wechselstuben haben in der Regel von 08:00 morgens bis 20:00 abends durchgehend geöffnet und sind auf Touristen bestens eingestellt. Anders sieht es da in den Provinzen aus, wo das Auftauchen eines Farangs in einer Bank immer noch zu beträchtlichen Verwirrnissen führen kann. Manchmal sind sogar Banken mit dem Schild „Exchange“ vor der Tür hoffnungslos überfordert, wenn man einfach nur das von ihnen will.

Traveller-Schecks

Traveller-Schecks erzielen einen etwas höheren Kurs als Bargeld, der aber durch die Stempelgebühr und Provision wieder aufgebraucht wird. In jedem Fall bieten die Traveller-Schecks natürlich mehr Sicherheit als Bargeld. Kreditkarten kann man inzwischen in vielen Banken zum Tauschen benützen, je nach Bank werden Visa, Master, American Express, Diners etc. akzeptiert.

Die größten thailändischen Banken sind Bangkok Bank, Krung Thai Bank, Thai Farmers Bank und Thai Military Bank. Die Thai Farmers Bank tauscht sogar Euroschecks (natürlich zusammen mit Euroscheckkarte) bis max. DM 400,- zum Bankkurs und gebührenfrei (aber höchstens drei Schecks pro Aufenthalt).

Schwarztausch Ein wichtiger Punkt: Der Devisenmarkt ist frei. Wenn einen also jemand anspricht, der Geld schwarz tauschen will, handelt es sich mit 99%iger Wahrscheinlichkeit um einen Gauner, der außer ein paar Baht und einer Menge auf Geldscheinformat zurechtgestutztem Zeitungspapier kaum etwas zu bieten haben dürfte.

■ Gibt es hier eine Bank? – *Is there a bank around here?*
thîi-nîi mii thanaakhaan măi – ที่นี่มีธนาคารไหม
hier - haben - Bank - (?)

■ Wann öffnet (schließt) die Bank?
What time will the bank open (close)?
thanaakhaan dschà pòöt (pìt) kìi moong
ธนาคารจะเปิด (ปิด) กี่โมง
Bank - werden - öffnen - (schließen) - wieviel(?) - Uhr

■ Wo kann ich Bargeld wechseln?
Where can I change cash?
phŏm/dìtschăn lâäk ngöön dâi thîi-năi
ผม / ดิฉันแลกเงินได้ที่ไหน
ich (m)/ich (f) - wechseln - Geld - können - wo(?)

■ Wechseln Sie hier Traveller´s Cheques?
Do you cash traveller´s cheques here?
khun khûn-ngöön tschek-döön-thaang thîi-nîi măi
คุณขึ้นเงินเช็คเดินทางที่นี่ไหม
Sie - einlösen - Traveller´s Cheque - hier - (?)

■ Nehmen Sie Kreditkarten?
Do you accept credit cards?
khun ráp bàt-khreedit măi – คุณรับบัตรเครดิทไหม
Sie - akzeptieren - Kreditkarte - (?)

■ Wie ist der Wechselkurs? – *What is the exchange rate?*
àttraa lâäk ngöön thâurai – อัตราแลกเงินเท่าไร
Rate - wechseln - Geld - wieviel(?)

■ Bitte geben Sie mir 500-Bahtscheine.
Please, give me 500 Baht banknotes.
khøø bẫãng hâa-røøy bàat hâi phŏm/dìtschăn
ขอแบงค์ ๕๐๐ บาทให้ผม / ดิฉัน
bitten - Bank(note) - 500 - Baht - geben - ich (m)/ich (f)

Rund ums Geld

Bank	*bank* – ***thanaakaan, bẫãng*** ธนาคาร / แบงค์
Baht	*Baht* – ***bàat*** – บาท
Bargeld	*cash* – ***ngöön sòt*** – เงินสด
Betrag	*amount* – ***dschamnuan ngöön*** จำนวนเงิน
DM	*Deutschmark* – ***máak yööraman*** มาร์คเยอรมัน
einlösen (Scheck)	*to cash* – ***khûn ngöön*** – ขึ้นเงิน
Formular	*form* – ***bääp-phim*** – แบบพิมพ์
Gebühr	*fee, charge* – ***khâa*** – ค่า
Geld	*money* – ***ngöön*** – เงิน
Geldschein, Banknote	*banknote* – ***thanabàt, bẫãng, bai*** ธนบัตร / แบงค์ / ใบ
Gehalt, Lohn	*salary, wage* – ***khâa-dschâang, ngöön düan*** – ค่าจ้าง / เงินเดือน
Kapital	*capital* – ***thun*** – ทุน
Konto	*account* – ***bantschii*** – บัญชี
Kreditkarte	*credit card* – ***bàt-khreedit*** บัตรเครดิท
Münze	*coin* – ***rĭan*** – เหรียญ
Provision	*commission* – ***khâa naay-nâa*** ค่านายหน้า
Reisescheck	*traveller´s cheque* – ***tschek-döön-thaang*** – เช็คเดินทาง
Rente, Pension	*pension* – ***bamnaan*** – บำนาญ
Schalter	*counter* – ***tó, tschøøng*** – โต๊ะ / ช่อง
Scheck	*cheque* – ***tschek*** – เช็ค
Steuer	*tax* – ***phaasĭi*** – ภาษี
Überweisung	*transfer, remittance* – ***kaan sòng ngöön*** – การส่งเงิน
Umtauschquittung	*bill of exchange* – ***bai lẫãk ngöön*** ใบแลกเงิน
unterschreiben	*to sign* – ***long tschûü, sen tschûü*** – ลงชื่อ / เซ็นชื่อ
Unterschrift	*signature* – ***laay müü tschûü, laay sen*** – ลายมือชื่อ / ลายเซ็น
Währung	*currency* – ***ngöön traa*** – เงินตรา
Wechselkurs	*exchange rate* – ***àttraa lẫãk ngöön*** อัตราแลกเงิน
wechseln	*to exchange, to change* – ***lẫãk, lẫãk-plìan*** – แลก / แลกเปลี่ยน
zahlen	*to pay* – ***dschàay ngöön, sĭa ngöön*** – จ่ายเงิน / เสียเงิน

Postamt

Wie auch in den Banken kommt man auf der Post meist mit Englisch zurecht. Sobald es jedoch etwas provinzieller wird, sind Thai-Kentnisse schon sehr nützlich und manchmal auch notwendig.

Die thailändische Post gilt als recht zuverlässig: Was man direkt bei der Post abgibt, erreicht in den allermeisten Fällen auch seinen Bestimmungsort. Vermeiden sollte man es, Photos oder etwa Geld in den Umschlag zu stecken.

In der Regel dauert die Post nach Europa sechs Tage bis zwei Wochen. Auch Briefkästen auf der Straße kann man seine Post mit der oben genannten Einschränkung anvertrauen; sie werden regelmäßig entleert. Die roten Briefkästen sind für die Inlandspost, die blauen für Post ins Ausland.

Thailändische Städte und Provinzen haben immer einen fünfstelligen Zahlencode als Postleitzahl (***rahàt praisanii***), die hinter dem Stadtnamen geschrieben wird, also z.B. „Bangkok 13300“

Poste Restante

Postlagernde Sendungen nach Thailand werden in den Hauptpostämtern (G.P.O.- General Post Office) aufbewahrt, an die sie adressiert sind. Das Problem in Thailand ist, daß Vor- und Nachname oft verwechselt werden, weil die Thailänder sich ausschließlich mit dem Vornamen anreden. Wenn man also seine „Poste Restante“ im Postamt einsammeln will, dann sollte man den zuständigen Beamten immer unter Vor- und Zuname nachschauen lassen. Meistens lassen einen die Postbeamten selbst in den Waschkörben(!) wühlen, in denen die Sendungen gelagert werden.

Post aus Deutschland nach Bangkok dauert 6-8 Tage, in die Provinzen ca. 2 Wochen. In praktisch jedem Postamt gibt es auch Schalter des Expressdienstes EMS (Express Mail Service), der aber leider oft nicht viel schneller ist als ein normaler Luftpostbrief. Dafür hat der EMS-Brief eine Garantie wie ein Einschreiben.

Ein besonders schönes Souvenir sind Sondermarken, die u.a. in der Bangkoker Hauptpost zu bekommen sind.

■ Wo ist das nächste Postamt?
Where is the nearest post-office?
praisanii thîi klâi thîi-sùt yùu thîi-năi
ไปรษณีย์ที่ใกล้ที่สุดอยู่ที่ไหน
Post - welche - nahe - meisten - sein - wo(?)

■ Was kostet das Porto nach Deutschland?
How much is the postage to Germany?
khâa-sòng pai yööraman thâurai
ค่าส่งไปเยอรมันเท่าไร
Porto - gehen - Deutsch(land) - wieviel(?)

■ Wo kann ich ein Paket verschicken?
Where can I send a package?
sòng phátsadù dâi thîi-năi – ส่งพัสดุได้ที่ไหน
schicken - Paket - können - wo(?)

Postlagernd

■ Haben Sie einen Brief für mich?
Do you have a letter for me?
khun mii dschòt-măay hâi phŏm/dìtschăn măi
คุณมีจดหมายให้ผม / ดิฉันไหม
Sie - haben - Brief - geben - ich (m)/ich (f) - (?)

■ Das ist mein Vor- und das mein Nachname
This is my first name and this is my surname.
nîi khüü tschûü lá nîi khüü naam-sakun khöøng phŏm/dìtschăn – นี่คือชื่อและนี่คือนามสกุลของผม / ดิฉัน
dies - sein - V. - und - dies - sein - N. - von - ich (m)/ich (f)

Post

Absender	*sender* – ***phûu sòng*** – ผู้ส่ง
Adresse	*address* – ***thîi-yùu*** – ที่อยู่
Ansichtskarte	*picture postcard* – ***phâap póot-kàat*** ภาพโปสการ์ด
Bestimmungsort	*destination* – ***dschùt mǎay*** – จุดหมาย
Brief	*letter* – ***dschòt-mǎay*** – จดหมาย
Briefkasten	*letter-box* – ***tûu dschòt-mǎay*** ตู้จดหมาย
Briefmarke	*stamp* – ***satääm*** – แสตมป์
Briefumschlag	*envelope* – ***søøng dschòt-mǎay*** – ซองจดหมาย
Eilbrief	*express letter* – ***dschòt-mǎay dùan*** จดหมายด่วน
Einschreibebrief	*registered letter* – ***dschòt-mǎay thabian*** – จดหมายทะเบียน
Empfänger	*addressee* – ***phûu ráp*** – ผู้รับ
Gewicht	*weight* – ***náam-nàk*** – น้ำหนัก
Geldanweisung	*money order* – ***thanaanát*** – ธนาณัติ
Hauptpostamt	*GPO (General Post Office)* – ***praisanii klaang*** – ไปรษณีย์กลาง
mit Luftpost	*by air-mail* – ***thaang praisanii aakàat*** – ทางไปรษณีย์อากาศ
Paket	*package, parcel* – ***phátsadù, høø*** พัสดุ / ห่อ
Porto	*postage* – ***khâa-sòng*** – ค่าส่ง
Postamt	*post office* – ***praisanii*** – ไปรษณีย์
Postleitzahl	*zip-code* – ***rahàt praisanii*** รหัสไปรษณีย์
Telegramm	*telegram* – ***thooralêek*** – โทรเลข

Telefon und Fax

Telefonverbindungen sind inzwischen in Thailand kein Problem mehr. Natürlich verfügt nicht jeder Haushalt über ein Telefon (die Wartezeiten sind in der Regel recht lang und die Anschlußgebühren ziemlich hoch), aber überall im Land gibt es Telefonzellen, von denen aus man mit 5- und 1-Baht-Stücken anrufen kann. Inzwischen gibt es auch Kartentelefone (grüne Telefonapparate), jedoch sind diese außerhalb Bangkoks selten. Telefonkarten gibt es in Werten von 50, 100 und 200 Baht.

IDD-Calls (International Direct Dialling), also die Direktwahl ins Ausland, sind nur von den entsprechend beschrifteten, nicht allzu zahlreichen speziellen Telefonzellen aus möglich. Für Telefonate ins Ausland ist es daher das beste, von Postämtern und kleinen Telefonshops aus anzurufen - oder natürlich vom Hotel. Hinterher erhält man eine Rechnung, aus der die abgerechneten Einheiten ersichtlich sind. Die Hotels erheben meistens eine Servicegebühr von 10-15% der Gebührensumme.

Der internationale Telefoncode von Thailand ist +66, d.h. von Deutschland aus wählt man 0066, dann die entsprechende Provinzvorwahl ohne die Null sowie die gewünschte Rufnummer. Von Thailand aus ins Ausland muß man 001 vorwählen. Also z.B. nach Deutschland: 00149 plus Vorwahl der Stadt ohne Null-Rufnummer (entsprechend Österreich 00143 und Schweiz 00141). Eine Minute nach Deutschland, nach Österreich oder in die Schweiz kostet etwa 50 Baht. Innerthailändische Telefonate kosten je nach Entfernung etwa 5 Baht pro Minute. Innerhalb Bangkoks genügen 2 Baht für ein kurzes Gespräch.

Am Telefon

Die übliche Weise, sich in Thailand am Telefon zu melden, ist ***hanlŏo,*** von engl. „hello", meistens auch ***halŏo*** ausgesprochen. Der Telefonpartner meldet sich ebenfalls mit ***halŏo.*** So werden in der Regel erst einige „Hallos" ausgetauscht, bis sich einer der Gesprächspartner bequemt, seinen Namen zu offenbaren oder mitzuteilen, mit wem er sprechen möchte.

*Telefonieren ist hier mit **thoo** abgekürzt, wie in Thailand üblich. Ansonsten sagt man **thoorasàp**, sowohl für das Verb „telefonieren" als auch für den Begriff „Telefon".*

■ Wo kann ich nach Deutschland telefonieren?
Where can I make a phone call to Germany?
phŏm/dìtschăn thoo thŭng yööraman dây thîi-năi
ผม / ดิฉันโทรถึงเยอรมันได้ที่ไหน
ich (m)/ich (f) - telef. - erreichen - D. - können - wo(?)

■ Ich möchte diese Nummer anrufen.
I would like to call to this number.
phŏm/dìtschăn tôøng-kaan thoorasàp böö níi
ผม / ดิฉันต้องการโทรศัพท์เบอร์นี้
ich (m)/ich (f) - möchten - telefonieren - Nummer - diese

■ Es meldet sich niemand. – *There is no answer.*
mâi mii khrai ráp – ไม่มีใครรับ
nicht - haben - wer - empfangen

■ Es ist besetzt. – *The line is busy.*
mâi wâang – ไม่ว่าง
nicht-frei

Nicht vergessen: Telefonnummern werden auch im Thai mit „arabischen" Ziffern, nicht mit den traditionellen Zahlzeichen geschrieben. Am Telefon wird für „2" oft auch ***thoo*** verwendet.

Am Apparat

■ Kann ich mit Herrn/Frau ... sprechen?
May I speak to Mr./Mrs. ..., please?
tschûay khuy kàp khun ... nòøy
ชวยคุยกับคุณ...หน่อย
helfen - sprechen - mit - Herr/Frau - ... - bißchen

■ Wer spricht bitte? – *Who is speaking, please?*
khun tschûü arai – คุณชื่ออะไร
Sie - Name - was(?)

◆ Bitte sprechen Sie lauter. – *Please speak louder.*
khŏø phûut dang-dang nòøy – ขอพูดดังๆหน่อย
bitten - sprechen - laut - bißchen

■ Ich spreche kein Thai. *I cannot speak Thai.*
phŏm/dìtschăn phûut phaasăa thai mâi pen
ผม / ดิฉันพูดภาษาไทยไม่เป็น
ich (m)/ich (f) - sprechen - Sprache - Thai - nicht

■ Sprechen Sie Englisch? – *Do you speak English?*
khun phûut phaasăa angkrit dây măi
คุณพูดภาษาอังกฤษได้ไหม
können/Sie - sprechen - Sprache - Englisch - können - (?)

Telefonieren

abnehmen (den Hörer)	*to answer (the phone)* – ***ráp (thoorasàp)*** – รับ (โทรศัพท์)
anrufen, telefonieren	*to call* – ***thoo, thoorasàp*** โทร / โทรศัพท์
auflegen	*to hang up* – ***waang hŭu*** – วางหู
besetzt	*busy, engaged* – ***mâi wâang, yûng*** ไม่ว่าง / ยุ่ง
falsch verbunden	*wrong number* – ***phìt böö*** – ผิดเบอร์
Fax	*fax* – ***thoorasăan, fǎk*** โทรสาร / แฟ็กซ์
Ferngespräch	*long-distance call* – ***thoorasàp thaang klai*** – โทรศัพท์ทางไกล
Hörer	*receiver* – ***hŭu (thoorasàp)*** หู (โทรศัพท์)
Leitung	*line* – ***săay*** – สาย
Ortsgespräch	*local call* – ***thoorasàp phaay năi dschangwàt*** – โทรศัพท์ภายในจังหวัด
Telefon	*telephone* – ***thoorasàp*** – โทรศัพท
Telefonbuch	*telephone directory* – ***samùt thoorasàp*** – สมุดโทรศัพท์
Telefongespräch	*phone call* – ***thoorasàp*** – โทรศัพ์
Telefonnummer	*telephone number* – ***böö thoorasàp*** เบอร์โทรศัพท์
verbinden	*to connect* – ***tòø*** – ต่อ
Vermittlung/ Auskunft	*operator* – ***dschâu nâa-thîi tòø thoorasàp, oopööreetö̂ö*** เจ้าหน้าที่ต่อโทรศัพท / โอเปอเรเตอร์
Vorwahl	*dial prefix, area code* – ***rahàt thoorasàp*** – รหัสโทรศัพท์
wählen	*to dial* – ***mŭn, tòø*** – หมุน / ต่อ

Buchstabier-Alphabet/ phonetic codes

Am Telefon oder überhaupt zum Buchstabieren benutzt man die „Namen" der Buchstaben, wie in der Tabelle im Kapitel „Kurzeinführung in die Thai-Sprache" angegeben, also ***køø kài, khǒø khài, khǒø khwaay*** usw.

Im Englischen verwendet man folgenden Buchstabiercode:

A - Army	*J - Jam*	*S - Sister*
B - Brother	*K - King*	*T - Table*
C - Cinema	*L - Lady*	*U - Uncle*
D - Doctor	*M - Mother*	*V - Victory*
E - English	*N - Navy*	*W - Water*
F - Father	*O - Orange*	*X - X-ray*
G - Gold	*P - Paper*	*Y - Yellow*
H - Hotel	*Q - Queen*	*Z - Zero*
I - India	*R - Raja*	

Beim Friseur

Infolge des ausgeprägten Sinns der Thais für Ästhetik und Schönheit sind Friseurläden (***ráan tàt-phǒm***) und Schönheitssalons (***ráan sǒǒm-sǔay,*** wörtl. „Laden-vermehren-schön"), natürlich sehr verbreitet. Männer werden meist unkompliziert auf der Straße oder in offenen Läden in wenigen Minuten zurechtgestutzt. Für Frauen nimmt das Ganze aufwendigere Formen an: Das schöne Geschlecht verbringt oft Stunden in.

Man sollte sich in thailändischen Friseurläden nicht über Angebote wie Ohrensäubern oder Massage wundern, die traditionell mit zur Körperpflege gehören.

■ Bitte schneiden Sie mir die Haare.
I would like to have my hair cut.
phǒm/ditschǎn tøøng-kaan tàt phǒm
ผม / ดิฉันต้องการตัดผม
ich (m)/ich (f) - möchten - schneiden - Haare

■ Bitte machen sie es kürzer... – *Please, cut it short...*
karúnaa tàt hâi sân... – กรุณาตัดให้สั้น...
Bitte - schneiden - geben - kurz

ein wenig	*a little* – ***sàk nít*** – สักนิด
an den Seiten	*on the sides* – ***khâang-khâang*** ข้างๆ
hinten	*at the back* – ***khâang lǎng*** – ข้างหลัง
oben	*at the top* – ***khâang bon*** – ข้างบน
vorne	*at the front* – ***khâang nâa*** ข้างหน้า
hier noch etwas	*here a bit more* – ***thîi nîi iik sàk nít*** ที่นี่อีกสักนิด

Friseur

Bart	*beard* – ***khrau, nùat*** – เครา / หนวด
Friseur	*hair-dresser, barber* – ***tschâang tàt-phǒm*** – ช่างตัดผม
Friseursalon	*hair-dresser´s shop* – ***ráan tàt-phǒm*** ร้านตัดผม
Haare	*hair* – ***phǒm*** – ผม
rasieren	*to shave* – ***koon nùat*** – โกนหนวด
Schnurrbart	*moustache* – ***nùat*** – หนวด
Schere	*scissors* – ***kankrai*** – กรรไกร
(Haare) waschen	*to wash (one´s hair)* – ***sà phǒm*** สระผม
(Haar-) Bürste	*brush* – ***prääng phǒm*** – แปรงผม

Beim Optiker

Es kann sich durchaus lohnen, eine Brille in Thailand anfertigen zu lassen, da das Preisniveau sehr viel niedriger liegt als bei uns. In besseren Geschäften in Bangkok wird man eine Qualität vorfinden, die der in Deutschland nicht nachsteht.

Optiker	Augenarzt	*eye doctor, oculist* – ***dschàksùphâât, mǿø taa*** – จักษุแพทย์ / หมอตา
	Augentropfen	*eye drops* – ***yaa sài taa*** – ยาใส่ตา
	Brille	*glasses* – ***wâän-taa*** – แว่นตา
	Brillenetui	*spectacle case* – ***søøng wâän-taa*** ซองแว่นตา
	Brillengestell	*frame, rim* – ***khòøp wâän-taa*** ขอบแว่นตา
	kaputt	*broken* – ***tὰäk*** – แตก
	Kontaktlinsen	*contact lenses* – ***len*** – เล็นซ์
	kurzsichtig	*short-sighted* – ***taa sân*** – ตาสั้น
	Lupe	*magnifying glass* – ***wâän khayǎay*** แว่นขยาย
	Optiker	*optician* – ***khon khǎay wâän*** คนขายแว่น
	Sehkraft, Augenlicht	*eyesight* – ***sǎay-taa*** – สายตา
	Sonnenbrille	*sun glasses* – ***wâän-taa kan dὰät*** แว่นตากันแดด
	Teleskop	*telescope* – ***klôøng thoorathát*** กล้องโทรทรรศน์
	weitsichtig	*far-sighted* – ***møøng hěn kaan klai*** มองเห็นการไกล

■ Bitte reparieren Sie das Gestell.
Repair the frame of the glasses, please.
khǒø sôøm khòøp wâän-taa nòøy
ขอซ่อมขอบแว่นตาหน่อย
bitten - reparieren - Rand - Brille - bißchen

■ Wann wird die Brille fertig sein?
When will the glasses be ready?
mûarai dschà tham wâän-taa hâi sèt
เมื่อไรจะทำแว่นตาให้เสร็ด
wann(?) - werden - machen - Brille - geben - fertig

Fotografieren

Man bekommt überall in Thailand Papier- und Diafilme verschiedener Hersteller. In etwas abgelegeneren Orten sollte man auf das Verfallsdatum achten, insbesondere wenn der Laden keine Klimaanlage hat. Abzüge werden preiswert, schnell und qualitativ durchaus akzeptabel hergestellt. Ein Abzug kostet umgerechnet ca. 35 Pfg. Eine nette Geste ist, daß die Bilder vom Labor immer in ein kleines Album einsortiert werden, so daß man keinen Haufen loser Fotos mit sich herumtragen muß. Angesichts der Qualität, des Preises und der Geschwindigkeit (meist nur 2 Stunden für die Abzüge) lohnt es sich auf jeden Fall, seine Urlaubsbilder bereits im Urlaubsland entwickeln zu lassen. Auch Diafilme lassen sich in guter Qualität mit oder ohne Rahmung entwickeln.

Rücksicht nehmen!

Verständnislosigkeit bei vielen Thais erwecken oft die Landschaftsfotos der Farangs. Je mehr Leute sich auf den Fotos drängeln, desto mehr ***sanùk,*** *meint man in Thailand.*

Im Inneren eines Tempels sollte man stets um Erlaubnis fragen, wenn man fotografieren will. Das gilt natürlich auch immer für Personen jeden Alters oder Geschlechts, besonders bei Mönchen. Die Thais lassen sich zwar meistens sehr gerne fotografieren, jedoch sollte man trotzdem höflicherweise fragen und auch ein eventuelles „Nein" als solches akzeptieren. Manchmal bitten einen die Thais auch darum, ein Foto von ihnen zu schießen; genauso kommt es vor, daß man selbst für eine Aufnahme mit der Thaifamilie posieren darf, gewissermaßen als exotischer Vor- oder Hintergrund.Wenn man verspricht, die Fotos zu schikken, sollte man das auch einhalten - ansonsten lieber keine falschen Hoffnungen wecken.

■ Darf ich Sie fotografieren? – *May I take a photo of you?*
phŏm/ditschăn thàay-rûup khun dây măi
ผม / ดิฉันถ่ายรูปคุณได้ไหม
ich (m)/ich (f) - fotografieren - Sie - können - (?)

■ Bitte lächeln! – *Smile, please! Cheese!*
yím hâi nòøy – ยิ้มให้หน่อย
lächeln - geben - bißchen

■ Könnten Sie ein Foto von uns machen?
Could you take our photo?
tschûay thàay-rûup hây rau dâi măi
ช่วยถ่ายรูปให้เราได้ไหม
helfen - fotografieren - geben - wir - können - (?)

Im Fotogeschäft

abholen	*to collect, to get back* – ***kèp*** – เก็บ
Abzug	*print* – ***bai*** – ใบ
Aufnahme, Foto	*picture, photo* – ***rûup-thàay, phâap*** รูปถ่าย / ภาพ
Auslöser	*trigger, button* – ***pùm, kai*** – ปุ่ม / ไก
Batterie	*battery* – ***bäättöörii*** – แบตเตอรี่
Blitzlicht	*flash-light* – ***flâät*** – แฟลช
Diafilm	*slides* – ***kradschòk tschăay*** กระจกฉาย
entwickeln	*to develop* – ***láang fim*** – ล้างฟิล์ม
Farbfilm	*colour film* – ***fim sĭi*** – ฟิล์มสี
Film	*film* – ***fim*** – ฟิล์ม
filmen	*to take movies* – ***thàay-phâappayon*** ถ่ายภาพยนตร์
Filmkamera	*film camera* – ***klôøng thàay-phâappayon*** – กล้องถ่ายภาพยนตร์
Filmrolle	*film roll, reel* – ***múan fim*** – ม้วนฟิล์ม
fotografieren	*to take a photo* – ***thàay-rûup*** – ถ่ายรูป
glänzend	*glossy* – ***ngau*** – เงา
knipsen, Auslöser drücken	*to press the button* – ***kòt pùm*** – กดปุ่ม
matt	*matte* – ***dâan*** – ด้าน
Schwarzweißfilm	*black-and-white film* – ***fim khăao-dam*** – ฟิล์มขาวดำ
Stativ	*tripod* – ***săam-khăa*** – สามขา
Vergrößerung	*enlargement* – ***kaan khayăay*** การขยาย
Videokassette	*video tape* – ***múan têep wii-dii-oo*** – ม้วนเทป วีดีโอ

■ Ich möchte bitte diesen Film entwickeln lassen.
Could you develop this film, please?
khǿø hâi láang fim múan níi nǿøy
ขอให้ล้างฟิล์มม้วนนี้หน่อย
bitten - geben - waschen - Film - Rolle - diese - bißchen

Videokamera
video camera
klôøng thàay wii-dii-oo
กล้องถ่าย วีดีโอ

Fotoapparat
photo camera
klôøng thàay-rûup
กล้องถ่ายรูป

Geschäftlich in Thailand

Bangkok hat sich in den letzten Jahren immer mehr zu einem Geschäfts- und Finanzzentrum Süd-Ost-Asiens entwickelt. Sehr viele ausländische Firmen haben hier ihren Sitz, und das eher ungewisse Schicksal Hongkongs nach 1997 läßt viel Kapital nach Bangkok strömen.

Tips

Das Geschäftsgebaren in Thailand unterscheidet sich erheblich von den aus Europa gewohnten Maßstäben. Einige Verhaltensweisen lassen sich mit den unter dem Kapitel „Zwischenmenschliches" genannten Besonderheiten erklären.

Man sollte sich, mehr noch als jeder Tourist, für Geschäfte Zeit nehmen. Gerade bei Verhandlungen ist es wichtig, viel Zeit zu haben, denn in Thailand wird nichts sofort entschieden. Es werden zunächst viele ausführliche Gespräche geführt, Vertragsentwürfe verworfen und neu redigiert etc. Dabei kann der „Zeit-ist-Geld"-Typus leicht den Überblick über den Kern der Angelegenheit verlieren. Und: Setzt man sich hier selbst unter Zeitdruck, ist man automatisch in der schlechteren Verhandlungsposition.

Wie in ganz Asien werden auch in Thailand ausgiebig und gerne Visitenkarten (***naam-bàt***) verteilt. Man sollte immer einen ausreichenden Vorrat dabei haben. Üblicherweise gibt man seine Karten allen am Gespräch beteiligten, ungeachtet der Position, wobei man aber bei der ranghöchsten Person beginnen sollte.

Auf Kleidung wird besonders geachtet. Es muß bei diesem Klima nicht unbedingt ein dunkles Jacket sein, jedoch sind auf jeden Fall Hemd und Krawatte angebracht. Hält man sich nahezu ausschließlich in Gebäuden oder Fahrzeugen mit Klimaanlage auf, sollte außerdem ein Jacket getragen werden. Der Status eines Geschäftspartners wird durchaus zunächst an den Kleidern abgelesen.

Pünktlichkeit ist vom thailändischen Partner nicht immer zu erwarten. Zeit hat eine andere Dimension in Thailand. Legt man Wert auf „preußische" Pünktlichkeit, so sollte man seinen Geschäftspartner höflich darauf hinweisen. In jedem Fall fährt man besser, sich in diesem Punkt der „Flexibilität" der Thais anzupassen.

Behörden

Jeder Umgang mit Behörden ist kompliziert und erfordert noch mehr Geduld. Da nur wenige Beamte über ausreichende Englischkentnisse verfügen, ist es angebracht, einen Übersetzer einzuschalten bzw. Behördengänge über ein Rechtsanwaltsbüro abwickeln zu lassen. Verfahren können hier sehr langwierig sein.

Geschäftssprache ist in der Regel Englisch oder Thai mit Dolmetscher für Englisch. Bei großen internationalen Firmen ist englischsprachiges Personal zu erwarten. Bei kleineren Firmen ist es sicherer, einen Dolmetscher dabeizuhaben.

Geschäftsvokabular

Abmachung	*agreement* – **kaan tòk-long** การตกลง
Abteilung	*department* – **krom, phanääk** กรม / แผนก
Abteilungsleiter	*head of department* – **hŭa-nâa phanäák** – หัวหน้าแผนก
Aktie	*share* – **hûn-sùan** – หุ้นส่วน
Außenhandelsbehörde	*foreign trade department* **krom-kaan kháa tàang-prathèet** กรมการค้าต่างประเทศ
Ausgaben	*expenses* – **raay dschàay** – รายจ่าย
Bank	*bank* – **thanaakaan** – ธนาคาร
Behörde	*authority* – **krom** – กรม
Besprechung, Konferenz	*meeting, discussion* – **kaan pratschum** – การประชุม
Bestellung	*order* – **kaan sàng** – การสั่ง
Bezahlung bei Lieferung	*cash on delivery* – **phátsadù kèp ngöön** – พัสดุเก็บเงิน
Einfuhrzoll	*import tax* – **phaasĭi khăa khâu** ภาษีขาเข้า
Einkaufspreis	*wholesale price* – **khâa khăay-sòng** ค่าขายส่ง
Export	*export* – **sĭn-kháa ùøk** – สินค้าออก
Firma	*company* – **borísàt** – บริษัท
Fracht	*freight, cargo* – **thĭi sĭn-kháa bantúk** สินค้าที่บรรทุก
Frachtbrief	*bill of lading* – **bai ráp-røøng sòng sĭn-kháa** – ใบรับรองส่งสินค้า
Frachtkosten	*freight charges* – **khâa khŏn-sòng** ค่าขนส่ง
Garantie	*guarantee* – **kaan ráp-røøng** การรับรอง
Geschäftsführer	*manager* – **phûu dschàt-kaan** ผู้จัดการ
Geschäftsführung	*management* – **kaan dschàt-kaan** การจัดการ
Gewinn und Verlust	*profit and loss, P&L* – **kamrai khàat-thun** – กำไรขาดทุน

Handelsministerium	*ministry of commerce* – **krasuang phaanít** – กระทรวงพาณิชย์
Import	*import* – **sĭn-kháa khâu** สินค้าเข้า
Inflation	*inflation* – **ngöön fŏŏ** – เงินเฟ้อ
Institution, Behörde	*institution, authority* – **ong-kaan** องค์การ
investieren	*to invest* – **long thun** – ลงทุน
Katalog	*catalogue, brochure* – **raay kaan sĭn-kháa** – รายการสินค้า
kaufen	*to purchase* – **sŭŭ** – ซื้อ
kostenlos	*free of charge, FOC* – **frii** – ฟรี
Kredit	*credit* – **khreedit** – เครดิท
Kunde	*client, customer* – **lûuk kháa** – ลูกค้า
Lieferant	*supplier* – **phûu dschàt-hăa** ผู้จัดหา
Lieferzeit	*delivery time* – **weelaa khŏn-sòng** เวลาขนส่ง
Lizenz	*licence* – **bai anúyâat** – ใบอนุญาต
Luftfracht	*air freight* – **kaan khŏn-sòng thaang aakàat** – การขนส่งทางอากาศ
Muster	*sample* – **bääp** – แบบ
Provision	*comission* – **khâa naay-nâa** ค่านายหน้า
Rabatt	*discount* – **lót raakhaa** – ลดราคา
Rate (beim Abzahlen)	*installment* – **ngöön phøøn** – เงินผ่อน
Rechnung	*invoice, bill* – **bai kèp ngöön** ใบเก็บเงิน
Rohstoff	*raw material* – **wátthù-dìp** – วัตถุดิบ
Spedition	*freight forwarder* – **borísàt khŏn-sòng sĭn-kháa** – บริษัทขนส่งสินค้า
Steuer	*tax* – **phaasĭi** – ภาษี
stornieren	*to cancel* – **yók lôök** – ยกเลิก
Termin	*appointment* – **kamnòt** – กำหนด
verkaufen	*to sell* – **khăay** – ขาย
Verkaufspreis	*retail price* – **khâa khăay-pliik** ค่าขายปลีก
Versandkosten	*transport costs* – **khâa khŏn-sòng** ค่าขนส่ง
Versicherung	*insurance* – **kaan prakan** – การประกัน
Vertrag	*contract* – **sănyaa** – สัญญา
Vertragsbedingungen	*terms, conditions* – **ngŭan-khăi** เงื่อนไข
Vertreter	*agent, representative* – **phûu thään** ผู้แทน
Visitenkarte	*business card* – **naam-bàt** – นามบัตร
Vorausbezahlung	*prepayment* – **kaan dschàay lûang-nâa** – การจ่ายล่วงหน้า
Zollbehörde	*customs department* – **krom sŭnlakaakøøn** – กรมศุลกากร

Zwischen-menschliches

Zur Person

Anrede

Jeder Thai führt zwei Namen - einen Vor- und einen Nachnamen. Die Nachnamen stammen aus von der Regierung bestimmten Listen und sind als Familiennamen „einzigartig", d.h. alle, die den gleichen Nachnamen besitzen, sind miteinander verwandt.

Nachnamen sind meistens ziemliche Sanskritbandwürmer und werden nur bei offiziellen Anlässen verwendet. Die Anrede erfolgt immer nur mit dem Vornamen: Heißt also jemand Prapatsorn Thorkhaew, so wird er oder sie mit Khun Prapatsorn angeredet. Das **Khun** gilt sowohl für Männer als auch für Frauen und entspricht dem deutschen Herr oder Frau. Man benutzt Khun nur für Personen, die mindestens 15 Jahre alt sind. Aus den Namen ist übrigens nicht immer ersichtlich, ob es sich um eine Frau oder einen Mann handelt.

Wegen der relativ langen Namen vergeben die Thais gerne untereinander Spitznamen, die meistens eine bestimmte Eigenschaft aufgreifen: Lek („klein") und Noi („wenig") sind häufige Spitznamen für Mädchen. Mu („Schwein") oder Dong („gerade") deuten auf Körpergewicht und Nasenform hin. Thais rufen sich entweder bei ihren Spitznamen oder verwenden Verwandschaftsbegriffe: ***phîi*** (ältere Geschwister) für etwas ältere Bekannte und ***nøøng*** (jüngere Geschwister) für etwas jüngere.

Familienverhältnisse

Familie	*family* – ***khrøøp-khrua*** – ครอบครัว
Eltern	*parents* – ***phøø-mãä, bìdaa-maandaa*** – พ่อแม่ / บิดามารดา
Geschwister	*brothers and sisters* – ***phîi-nøøng*** พี่น้อง
Hochzeit	*wedding* – ***kaan tàäng-ngaan*** การแต่งงาน
heiraten	*to marry* – ***tàäng-ngaan*** – แต่งงาน
Braut	*bride* – ***dschâu săao*** – เจ้าสาว
Bräutigam	*bridegroom* – ***dschâu bàao*** เจ้าบ่าว
Kinder (allgemein)	*children* – ***dèk*** – เด็ก
Kinder (der Familie)	*children* – ***lûuk*** – ลูก
Nachbar	*neighbour* – ***phûan bâan*** เพื่อนบ้าน

Personalien

Beruf	*profession* – ***aatschîip*** – อาชีพ
Nachname	*family name, surname* – ***naam sakun*** นามสกุล
Vorname	*first name* – ***tschûu*** – ชื่อ
Ich heiße ...	*my name is ...* – ***phŏm/dìtschăn tschûu ...*** – ผม / ดิฉันชื่อ...
Ich komme aus ...	*I come from ...* – ***phŏm/dìtschăn maa dschàak ...*** – ผม / ดิฉันมาจาก...
Geburtstag	*birthday* – ***wan kòot*** – วันเกิด
Geburtsort	*place of birth* – ***sathăan thîi kòot*** สถานที่เกิด
Staatsangehörigkeit	*nationality* – ***săntschâat*** – สัญชาติ
männlich	*male* – ***tschaay*** – ชาย
weiblich	*female* – ***yĭng*** – หญิง
Adresse	*address* – ***thîi yùu*** – ที่อยู่
Unterschrift	*signature* – ***laay müü tschûu*** ลายมือชื่อ

Kontakte

◆ Wie heißen Sie? – *What is your name?*
khun tschûu arai **–** คุณชื่ออะไร
Sie - Name - was(?)

◆ Woher kommen Sie? – *Where do you come from?*
khun maa dschàak thîi-năi **–** คุณมาจากที่ไหน
Sie - kommen - von - wo(?)

Diese Frage wird verstanden als: „Wo kommen sie gerade her?“ Will man aber fragen: „Woher stammen Sie? Aus welchem Land kommen Sie?“ dann lautet die Frage in Thai:

khun maa dschàak pràthêet arai **–**
คุณมาจากประเทศอะไร
Sie - kommen - von - Land - was(?)

◆ Was machen Sie hier? – *What are you doing here?*
khun tham arai yùu thîi-nîi **–** คุณทำอะไรอยู่ที่นี่
Sie - machen - was(?) - sein - hier

■ Ich reise durch Thailand.
I am travelling through Thailand.
phŏm/dìtschăn maa thîao prathêet thai
ผม / ดิฉันมาเที่ยวประเทศไทย
ich (m)/ich (f) - kommen - rumfahren - Land - Thai

Von Thais wird ihr eigenes Land meistens liebevoll ***müang thai*** เมืองไทย genannt, wobei ***müang*** (Stadt, Bezirk) etwas liebenswürdiger klingt als das offizielle ***prathêet*** (Staat, Land).

■ Ich bin geschäftlich in Bangkok.
I have some business in Bangkok.
phŏm/dìtschăn maa thurá thîi krung-thêep
ผม / ดิฉันมาธุระที่กรุงเทพฯ
ich (m)/ich (w) - kommen - Geschäft - in - Bangkok

◆ Gefällt Ihnen Thailand? – *Do you like Thailand?*
khun tschôøp müang-thai măi – คุณชอบเมืองไทยไหม
Sie - mögen - Thailand - (?)

Diese Frage wird unvermeidlich jedem Farang gestellt, der seinen Fuß in das Königreich setzt. Die Antwort sollte in jedem Fall voller Überzeugung lauten:

■ Ja! – *Yes!*
tschôøp – ชอบ
mögen

Die nächste Frage ist dann fast ebenso unvermeidlich:

◆ Was gefällt Ihnen in Thailand
What do you like in Thailand?
khun tschôøp arai năi müang-thai
คุณชอบอะไรในเมืองไทย
Sie - mögen - was(?) - in - Thailand

Daraufhin sollte man nun lobend alles erwähnen, was einem einfällt. Negativpunkte kann man getrost für sich behalten, denn die sind hier wirklich nicht gefragt.

Ich mag ...

Ich mag ...	*I like ...* – ***phŏm/dìtschăn tschôøp ...*** – ผม / ดิฉันชอบ...
die Natur	*the nature* – ***thamma-tschâat*** ธรรมชาติ
das Wetter	*the weather* – ***aakàat*** – อากาศ
das Meer	*the sea* – ***thalee*** – ทะเล
die Berge	*the mountains* – ***phuu-khău*** – ภูเขา
die Kultur	*the culture* – ***wátthanátham*** วัฒนธรรม
die Thailänder	*the Thai people* – ***khon thai*** – คนไทย
alles!	*everything!* – ***thúk sìng thúk yàang*** ทุกสิ่งทุกอย่าง

■ Ich mag besonders das thailändische Essen.
I like especially the Thai food.
phŏm/dìtschăn tschôøp aahăan thai dooy-tschapó
ผม / ดิฉันชอบอาหารไทยโดยเฉพาะ
ich (m)/ich (f) - mögen - Essen - Thai - besonders

Floskeln

Gute Wünsche	Alles Gute! Viel Glück!	*Good luck!* – **tschôok dii** – โชคดี
	Viel Vergnügen!	*Enjoy yourself!* – **khŏø hâi sanùk dii** ขอให้สนุกดี
	Viele Grüße an ...	*Give my best regards to ...* – **khŏø fàak kwaam khít thŭng pai yang ...** – ขอฝากความคิดถึงไปยัง...
	Frohes Neues Jahr!	*Happy New Year!* – **sawàtdii pii mài** สวัสดีปีใหม่
	Prost!	*Cheers!* – **tschôok dii, tschai yoo** โชคดี / ไชโย
Ausrufe und Floskeln	Wirklich?	*Really?* – **dsching rŭü plàu** จริงหรือเปล่า
	Sicher!	*for sure!* – **nâä nøøn, dsching dsching** – แน่นอน / จริงๆ
	Vielleicht.	*Maybe, Perhaps.* – **baang thii** – บางที
	Stimmt!	*That´s right!* – **thùuk lǽäo** – ถูกแล้ว
	Zufälligerweise.	*By chance.* – **dooy bang-öön** โดยบังเอิญ
	Theoretisch.	*In theory.* – **năi thaang thrüsadii** ในทางทฤษฎี
	Mal sehen.	*Let´s see.* – **duu kòøn** – ดูก่อน
	Mal probieren.	*Let´s try* – **løøng duu** – ลองดู
	Keine Ursache.	*Never mind.* – **mâi pen rai** – ไม่เป็นไร
	Immer mit der Ruhe.	*Take it easy.* – **dschai yen** – ใจเย็น
	Schade.	*What a pity.* – **nâa sĭa daay** น่าเสียดาย
	Um Gottes Willen!	*For heaven´s sake!* – **khun phrá tschûay** – คุณพระช่วย
	Wie bitte?	*Pardon me?* – **arai ná** – อะไรนะ
	Auf jeden Fall.	*By all means.* – **yàang rai kø taam** อย่างไรก็ตาม
	Was ist passiert?	*What happened?* – **mii arai kööt khûn** – มีอะไรเกิดขึ้น
	Toll!	*Great!* – **yôøt yîam** – ยอดเยี่ยม
	Schrecklich!	*Terrible!* – **yâä** – แย่
	Pech!	*Bad luck!* – **tschôok ráay** – โชคร้าย
	Unsinn!	*Nonsense!* – **rái săará** – ไร้สาระ

Einladungen

Einladungen in Wohnungen und Häuser sind beim ersten Zusammentreffen selten. Man wird eher gemeinsam in ein Restaurant gehen, wobei die Thai-Seite noch ein halbes Dutzend Freunde und Freundinnen mitbringen wird, denn je mehr Leute, desto mehr ***sanùk***, Spaß.

Im Restaurant

Bei Einladungen ist es üblich, daß der „Ranghöchste" für alle bezahlt. Das Teilen der Rechnung kommt allenfalls bei sehr modern eingestellten Jugendlichen vor. Der Ranghöchste kann nun der wohlhabendste, älteste oder gesellschaftlich Wichtigste am Tisch sein. Es ist also eine Ehre zu bezahlen, da man sich damit als wichtige Person zeigt. Letztendlich wandert diese „Ehre" bei bestimmten Gruppen auch rundum, so daß jeder mal an der Reihe ist. Die Thais wissen untereinander sehr gut über die Einkommensverhältnisse Bescheid, da dies schon zu den Kennenlernfragen gehört. Der Farang ist da natürlich schwieriger einzuordnen. Einerseits gilt er prinzipiell als wohlhabend, denn sonst hätte er sich ja die Reise nicht leisten können, und wird somit von vornherein als „Einladender" betrachtet, andererseits wollen gerade die Thais oft zeigen, daß sie es sich leisten können, einen Farang einzuladen. Da kommt es also auf ein wenig Fingerspitzengefühl an. Wenn man von einem wohlhabenden Thai eingeladen wird, ist es kein Problem, die Einladung auch als solche anzunehmen. Wenn jedoch die Gastgeber eher ärmlichen Verhältnissen entstammen, wird man viel Dankbarkeit ernten, wenn man die Rechnung bei Bezahlung an sich reißt und begleicht. „An sich reißen" meist im buchstäblichen Sinn, denn es entbrennen gelegentlich regelrechte Schlachten um die Ehre der Bezahlung der Zeche.

Zu Hause

Falls es dann zu Einladungen nach Hause kommt, kann man die Sache recht zwanglos angehen. Gastgeschenke sind nicht vorgeschrieben, aber mit ein paar Blumen oder Früchten kann man gleich beste Stimmung schaffen. Auch eine Kleinigkeit für etwaige Kinder wird die Eltern sehr freuen. Im Haus kann man eigentlich nicht viel falsch machen. Mit 99%er Wahrscheinlichkeit bekommt man irgendein Fotoalbum vorgelegt, das die Kinder in allen möglichen Posen zeigt, dann Pappi zu Hause, Pappi beim Militär, Mutti zu Hause, Mutti mit Großmutti etc.

Danach wird gegessen. Meist sitzt man auf dem Boden im Schneidersitz. Die Schüsselchen mit den Speisen stehen in der Mitte und jeder greift zu. Manchmal bekommt der Gast, vor allem wenn der Gastgeber merkt, daß dieser sich nicht recht traut, auch einige Stücke aufgetan. Die Männer trinken zum Essen oft Schnaps, entweder Mekhong-Whiskey (***mää khøøng***, ein Reisrum-Verschnitt mit 35 Vol.% Alkohol) mit Wasser gemischt oder, in ländlichen Regionen, ***lâu khăao,*** „weißen Alkohol", selbstgebrannten Reisschnaps, der dem gesunden Augenlicht sicher nicht immer ganz zuträglich ist. Frauen trinken meistens nur Wasser oder Soft Drinks bzw. mixen, wenn sie mal Mekhong trinken, diesen mit Cola, was bei Männern als verpönt gilt.

Das Kommen und Gehen bei solchen Gelegenheiten ist recht zwanglos. Es gibt keine Willkommens- oder Verabschiedungszeremonien. Wer will, kann sich dazusetzen, wer wieder nach Hause oder weiter zur nächsten „Party" möchte, geht einfach. Ein einfaches ***pai kòøn***, wörtlich „gehen-erst", genügt um den Beteiligten zu signalisieren: „Ich gehe jetzt erstmal".

Einladungen, über Nacht zu bleiben, werden nicht so ohne weiteres ausgesprochen. Wenn doch, dann gebietet die Höflichkeit, daß man ein solches Angebot ausschlägt, wenn man sich gerade erst kennengelernt hat. Kennt man sich bereits länger, ist es meistens o.k. Aber auch hierbei sollte man immer darauf achten, die Gastfreundschaft nicht zu sehr auszunutzen.

Einladung	Gast	*guest* – ***khàäk*** – แขก
	einladen	*to invite* – ***tschöön*** – เชิญ
	einladen (und bezahlen)	*to invite, to give a treat* – ***líang*** – เลี้ยง
	kennenlernen	*to meet* – ***rúudschàk*** – รู้จัก
	sich treffen	*to meet each other* – ***phóp kan, dschöö kan*** – พบกัน / เจอกัน
	sich unterhalten	*to talk, to chat* – ***khuy kan*** – คุยกัน
	Spaß	*fun* – ***khwaam sanùk*** – ความสนุก
	Verabredung	*appointment, date* – ***nát*** – นัด
	Auf Wiedersehen!	*See you again!* – ***phóp kan mài*** พบกันใหม่
	erzählen	*to tell* – ***lâu, klàao*** – เล่า / กล่าว

Städte und Länder

Länderbezeichnungen lassen sich im Thai fast immer von der englischen Bezeichnung ableiten, wobei die Thais aber ihre eigenen Ausspracheregeln zur Anwendung bringen.

Länder

*Ein US-Amerikaner wird meistens einfach als **khon sahàrát** bezeichnet, also einer aus den „Staaten".*

Thailand	*Thailand* – ***prathêet thai, müang thai*** – ประเทศไทย / เมืองไทย
Deutschland	*Germany* – ***yööraman*** – เยอรมัน
Österreich	*Austria* – ***óøtsatria*** – ออสเตรีย
Schweiz	*Switzerland* – ***sawítsöölään*** สวิตเซอร์แลนด์
Holland	*Netherlands* – ***neethöölään*** เนเธอร์แลนด์
Großbritannien	*United Kingdom* – ***angkrìt*** – อังกฤษ
Kananda	*Kanada* – ***khäännaadaa*** – แคนนาดา
Vereinigte Staaten	*United States* – ***sahàrát àmeeríkaa*** สหรัฐอเมริกา
Australien	*Australia* – ***óøtsatreelia*** – ออสเตรเลีย
Kambodscha	*Cambodia* – ***khamĕen*** – เขมร
Laos	*Laos* – ***laao*** – ลาว
Malaysia	*Malaysia* – ***maaleesia*** – มาเลเซีย
Singapur	*Singapore* – ***sĭngkhapoo*** – สิงคโปร์
Hong Kong	*Hong Kong* – ***hôøng kong*** – ฮ่องกง
Vietnam	*Vietnam* – ***wîatnaam*** – เวียดนาม
Indonesien	*Indonesia* – ***indooniisia*** – อินโดนีเซีย
China	*China* – ***dschiin*** – จีน

Wenn man aus Österreich kommt und sich entsprechend der Thai-Aussprache als ***khon óøtsatria***, also Österreicher kundtut, kann man sicher sein, für einen Australier gehalten zu werden (***khon óøtsatreelia***). Das klingt in der Aussprache ähnlich, aber vor allem haben die meisten Thais noch nie von einem Land namens ***prathêet óøtsatria*** gehört, während ihnen Australien - im wahrsten Sinne des Wortes - schon etwas näher liegt.

Korrekterweise müßte man vor jeden Ländernamen noch das Wort ***prathêet***, also „Land, Staat" setzten. Dies wird jedoch in der Umgangssprache meistens weggelassen. Nur Thailand muß immer als ***prathêet thai*** bzw. ***müang thai*** bezeichnet werden.

Staatsangehörigkeit

■ Ich komme aus Deutschland. – *I come from Germany.*
phŏm/dìtschăn maa dschàak prathêet-yööraman
ผม / ดิฉันมาจากประเทศเยอรมัน

oder: ***phŏm/dìtschăn maa dschàak yööraman***
ผม / ดิฉันมาตากเยอรมัน
ich (m)/ich (w) - kommen - von - Deutsch(land)

Eine Person aus dem betreffenden Land wird mit ***tschaao*** (Volk, Leute) oder ***khon*** (Person) vor dem Ländernamen bezeichnet, also:

■ Schweizer – *Swiss*
tschaao sawítsöölään, khon sawítsöölään
ชาวสวิตเซอร์แลนด์ / คนสวิตเซอร์แลนด

Sprache

Die jeweilige Landessprache wird mit ***phaasăa*** (Sprache) vor der Landesbezeichnung gekennzeichnet, also z.B. ***phaasăa angkrìt***, englisch(e Sprache). Umgangssprachlich wird das ***phaasăa*** aber auch oft weggelassen, denn es ist ja meistens klar, um was es sich handelt.

◆ Können Sie Thai sprechen? – *Can you speak Thai?*
khun phûut phaasăa thai pen măi –
คุณพูดภาษาไทยเป็นไหม

oder: ***khun phûut thai pen măi –*** คุณพูดไทยเป็นไหม
Sie - sprechen - (Sprache) - Thai - sein - (?)

Geografisches

Welt	*world* – ***lôok*** – โลก
Kontinent	*continent* – ***thawîip*** – ทวีป
Asien	*Asia* – ***aasia*** – อาเซีย
Südostasien	*South East Asia* – ***aasia aakanee*** อาเซียอาคเนย์
Europa	*Europe* – ***yúrôop*** – ยุโรป
Norden	*North* – ***nŭa*** – เหนือ
Osten	*East* – ***tàwan-øøk*** – ตะวันออก
Süden	*South* – ***tâi*** – ใต้
Westen	*West* – ***tàwan-tòk*** – ตะวันตก
Staat, Land	*country* – ***prathêet*** – ประเทศ
Stadt	*city* – ***müang*** – เมือง

Als Frau in Thailand

Thailand gehört mit zu den sichersten Reiseländern. Es ist relativ unproblematisch, als Frau allein oder zu mehreren unterwegs zu sein, vor allem im Vergleich zu Ländern mit islamischer Kultur. Die traditionelle Thaigesellschaft ist jedoch patriarchalisch organisiert. Die Stellung der Frau darin wird als „Hinterbeine des Elefanten" definiert, eine zwar stützende und erhaltende Position in der Familie, jedoch nicht gerade geeignet zur Entscheidungsfindung über die täglichen Verpflichtungen im Haushalt hinaus. Ein Thaisprichwort verdeutlicht die Rolle, die die Frau traditionell zu spielen hat, auch so: ***tùün køøn, nøøn lăng*** - „stehe vorher auf, gehe später zu Bett".

Natürlich hat sich in der modernen Gesellschaft einiges verändert, und gerade in Bangkok hat sich die traditionelle Familie ziemlich überlebt. Trotz der Modernisierung lassen sich aber gewachsene Strukturen nicht so einfach durchbrechen.

Europäerinnen sollten ihre thailändischen Geschlechtsgenossinen nicht mitleidig oder gar herablassend betrachten. So stoßen Gespräche über Emanzipation, wilde Ehe und dergleichen auf dem Lande (noch) nicht auf Verständnis. Die thailändischen Gesprächspartnerinnen werden allenfalls die Köpfe schütteln und den weiblichen Farang als „sehr seltsam" einstufen. Die Ansichten der männlichen Thais in dieser Hinsicht sind recht stereotyp: Entweder paßt die Frau ins Rollenschema der Hausfrau und Mutter oder nicht. Wenn nicht, ist sie in gewisser Weise „vogelfrei".

Verhaltenstips

Um als westliche und u.U. alleinreisende Frau in Thailand möglichst ungestört seine Wege gehen zu können, empfiehlt es sich, einige Verhaltenstips zu beherzigen:

Die üblichen Hilfsmittel helfen, den Eindruck der „Sittsamkeit" zu verstärken: möglichst hochgeschlossene Kleidung, Ehering (bzw. Attrappe) am Finger, keine Berührungen akzeptieren, keinen direkten Blickkontakt mit Männern suchen.

Berührungen, so beiläufig sie erscheinen mögen, sollten nicht hingenommen werden. Denn tatsächlich stellen Berührungen in der Öffentlichkeit schon ein gewisses Maß an Intimität dar (natürlich weniger in der Stadt als auf dem Lande), das man sich, wenn man es nicht wünscht, keinesfalls gefallen zu lassen braucht, schon allein deswegen nicht, um die Männer nicht weiter zu ermuntern.

Wenn den Thaimännern klargemacht wird, daß sie es mit einer verheirateten Frau zu tun haben, die vielleicht schon Kinder hat, dann ist damit die Rolle definiert und die Frau „unantastbar", zumindest im traditionellen Verständnis.

„Anmacher" wird es immer geben, doch derer kann man sich meist mit ein paar Worten zuverlässig entledigen. Wenn es am Wochenende für einige Männer zur „Saufrunde" geht und sie dann in Gruppen nach Hause torkeln, sollte man sich auf jeden Fall fernhalten, denn nicht anders als bei uns sind Betrunkene unberechenbar. Wer ganz auf Nummer Sicher gehen möchte, sollte besser zu zweit reisen, denn es gilt in Thailand bis heute als ungewöhnlich, wenn eine Frau alleine unterwegs ist (zumal man Europa und Amerika immer noch mit „free sex" identifiziert). Trotzdem werden aber auch alleinreisende Frauen mit einer gesunden Portion Vorsicht eine Menge Spaß auf ihrer Thailandreise haben.

Hier sind ein paar Sätze, wenn „er" doch mal wieder zu weit geht:

Es ist besser, Englisch oder auch Deutsch zu sprechen, da, wenn man nicht gut Thai beherrscht, sonst der Eindruck von Unsicherheit entsteht.

■ Entschuldigung, ich habe keine Zeit.
Sorry, I have no time.
khøø thôot ditschăn mâi mii weelaa
ขอโทษ ดิฉันไม่มีเวลา
Entschuldigung - ich (f) - nicht - haben - Zeit

■ Was wollen Sie? – *What do you want?*
khun tôøngkaan arai – คุณต้องการอะไร
Sie - wollen - was?

■ Laß mich in Ruhe! – *Leave me alone!*
yàa maa yúng kàp ditschăn – อย่ามายุ่งกับดิฉัน
nicht - kommen - stören - mit - ich (f)

■ Bitte fassen Sie mich nicht an!
Please don´t touch me!
ditschăn mâi tôøng-kaan hâi khun tà-tôøng ditschăn – ดิฉันไม่ต้องการให้คุณแตะต้องดิฉัน
ich - nicht - möchten - geben - Sie - berühren - ich

■ Hilfe! – *Help!*
tschûay dûay – ช่วยด้วย
helfen-auch

Reiseziele

Klima, Wetter, Reisezeit

Klima

In Thailand werden drei Jahreszeiten (*rűduu*) unterschieden: Die kühle (***rűduu năao***), die heiße (***rűduu røøn***) und die Regenzeit (***rűduu fŏn***). Die kühle Trockenzeit dauert etwa von November bis Februar, wobei der Ausdruck „kühl“ relativ ist. Die heiße Trockenzeit beginnt danach und dauert etwa bis Mai. Ab Mai beginnen die Regenfälle mehr oder weniger früh und heftig in den verschiedenen Regionen Thailands und erreichen ihren Höhepunkt im September/Oktober, bevor der Kreislauf der Jahreszeiten von neuem beginnt.

In der Regel kann man den vom Südwestmonsun beeinflußten Regenfällen ganz gut ausweichen, denn es regnet nicht gleich stark in den verschiedenen Landesteilen. Lediglich die Monate September und Oktober sind in ganz Thailand ausgesprochene Regenmonate. Bei den tropischen Regengüssen handelt es sich zudem meist um kurze, heftige Gewitter, die nach einigen Minuten oder höchstens Stunden vorbei sind. Dauerregen kommt vor, ist aber die Ausnahme.

Reisezeit

Als beste Reisezeit für ganz Thailand gilt die kühle Jahreszeit von November bis Februar. Natürlich ist dies die Hauptsaison. Wer also ein paar Grad mehr auf dem Thermometer bzw. ein paar Regenfälle nicht scheut, kann mehr ***sanùk*** in den übrigen Monaten haben, weil nicht so viele Leute unterwegs sind. In September und Oktober machen dann die starken Regenfälle aber auch eingefleischten Thailand-Besuchern zu schaffen.

At home...

FORECAST for Bangkok Metropolis until tomorrow morning: Cool with light morning fog; northeasterly winds 10-25 p.m; minimum temperature 20°C (68°F), maximum temperature 32°C (90°F).

Today the sun rises at 6:20 a.m., sets at 5:47 p.m.; the moon rises at 5:08 p.m., sets at 5:21 a.m.; high tide at 7:30 a.m. and 4:45 p.m., low tide at 1:00 a.m. and 1.47 a.m.

Yesterday's minimum temperature 20.1°C (68.2°F) at 6:20 a.m., maximum temperature 31.6°C (88.9°F) at 2:30 p.m., average temperature 25.9°C (78.6°F); average humidity 66 per cent and relative humidity at 7 p.m. 62 per cent.

CHIANG MAI

Rather cold with light to dense morning fog and colder on the mountaintop with minimum temperature atop the mountains between 8-10°C and the minimum temperature in the city at 18°C (64°F), maximum temperature 30°C (86°F).

NAKHON RATCHASIMA

Cool with light morning fog in the city but cooler on the mountain ranges with the minimum mountaintop temperature 15°C and the city minimum 16°C (64°F), maximum temperature 28°C (82°F).

KHON KAEN

Cool with light morning fog; minimum temperature 14°C (57°F), maximum temperature 29°C (84°F).

PATTAYA

Cool with light morning fog, slight to moderate sea, wave height 1-2 metres; minimum temperature 21°C (70°F), maximum temperature 30°C (86°F).

SONGKHLA

Cloudy with scattered showers, slight to moderate sea, wave height 1-2 metres; minimum temperature 25°C (77°F), maximum temperature 29°C (84°F).

PHUKET

Partly cloudy with isolated showers, slight sea; minimum temperature 23°C (73°F), maximum temperature 32°C (90°F).

...and abroad

City	Min°C	Max°C	Weather	City	Min°C	Max°C	Weather
Amsterdam:	-02	04	Cloudy	Moscow:	00	03	Cloudy
Athens:	09	20	P Cloudy	New Delhi:	12	25	Clear
Bahrain:	18	26	P Cloudy	New York:	07	19	Cloudy
Berlin:	04	07	Cloudy	Paris:	05	06	Rain
Brussels:	02	04	Cloudy	Peking:	00	14	Clear
Cairo:	13	24	Clear	Perth:	16	31	Clear
Copenha:	-01	03	Cloudy	Rome:	11	17	Rain
Frankfurt:	07	10	Rain	San Francis:	08	19	Clear
Geneva:	05	11	Cloudy	Seoul:	00	08	Clear
Hongkong:	20	23	Cloudy	Singapore:	24	29	P Cloudy
Islamabad:	04	22	Clear	Stockholm:	-01	02	Clear
Jakarta:	24	32	Rain	Sydney:	15	21	Rain
Kuala Lum:	24	32	Rain	Taipei:	17	24	Cloudy
London:	04	08	Clear	Tel Aviv:	14	23	P Cloudy
Los Angeles:	11	25	Clear	Tokyo:	13	18	Clear
Madrid:	06	15	Cloudy	Toronto:	05	15	Cloudy
Manila:	21	32	Cloudy	Vancouver:	07	10	Rain

Eine Wettervorhersage in englischer Sprache bringt die Bangkok Post jeden Tag auf Seite 3.

Wetter	bewölkt, bedeckt	*cloudy* – **fáa khrűm** – ฟ้าครึ้ม
	Blitz	*lightning* – **fáa lâäp** – ฟ้าแลบ
	Dämmerung	*twilight* – **tawan yøø-säăng** ตะวันยอแสง
	Donner	*thunder* – **fáa røøng** – ฟ้าร้อง
	feucht	*humid* – **tschűün** – ชื้น
	Gewitter	*thunderstorm* – **phaayú fáa kanøøng** – พายุฟ้าคะนอง
	Grad Celsius	*degree centigrade* – **ongsăa** – องศา
	Hagel	*hail* – **hèp** – เห็บ
	heiß	*hot* – **røøn** – ร้อน
	Himmel	*sky* – **fáa** – ฟ้า
	Hitze	*heat* – **khwaam røøn** – ความร้อน
	Jahreszeit	*season* – **rűduu** – ฤดู
	kalt	*cold* – **yen, năao** – เย็น / หนาว
	Kälte	*cold* – **khwaam yen** – ความเย็น
	Klima	*climate* – **aakàat** – อากาศ
	Luft	*air* – **aakàat** – อากาศ
	Mond	*moon* – **phrá-dschan** – พระจันทร์
	Monsun	*monsoon* – **morasŭm** – มรสุม
	Natur	*nature* – **thamma-tschâat** – ธรรมชาติ
	Nebel	*fog, mist* – **mòøk** – หมอก
	Regen	*rain* – **fŏn** – ฝน
	Regenzeit	*rainy season* – **rűduu fon** – ฤดูฝน
	regnen	*to rain* – **fon tòk** – ฝนตก
	Schatten	*shadow* – **rôm** – ร่ม
	Schnee	*snow* – **hìmá** – หิมะ
	Sommer (heiße Zeit)	*summer* – **rűduu røøn** – ฤดูร้อน
	Sonne	*sun* – **phrá-aathít** – พระอาทิตย์
	Sonnenaufgang	*sunrise* – **tawan kûn** – ตะวันขึ้น
	Sonnenschein	*sunshine* – **dằat** – แดด
	Sonnenuntergang	*sunset* – **tawan tòk** – ตะวันตก
	Sprühregen, Niesel	*drizzle* – **fŏn tòk prøøy- prøøy** ฝนตกปรอยๆ
	Stern	*star* – **daao** – ดาว
	Sturm	*storm* – **phaayú** – พายุ
	Temperatur	*temperatur* – **unhaphuum** – อุณหภูมิ
	Thermometer	*thermometer* – **pròøt wát unhaphuum** – ปรอทวัดอุณหภูมิ
	trocken	*dry* – **hâäng** – แห้ง
	Überschwemmung	*flood* – **náam thûam** – น้ำท่วม
	Wetter	*weather* – **aakàat** – อากาศ
	Wind	*wind* – **lom** – ลม
	windig	*windy* – **lom räăng** – ลมแรง
	Winter (kalte Zeit)	*winter* – **rűduu năao** – ฤดูหนาว
	Wirbelsturm, Orkan	*cyclone, typhoon* – **phaayú mŭn** พายุหมุน
	Wolke	*cloud* – **mêek** – เมฆ
	wolkenlos	*cloudless* – **mâi mii mêek** – ไม่มีเมฆ

Namen von Orten und Plätzen

Thailändische Ortsnamen werden auf Straßenschildern eigentlich immer in zwei Formen angegeben: in Thaischrift und in einer Umschrift, die an das Englische angelehnt ist.

Bangkok

Die Provinz Bangkok heißt eigentlich ***krung thêep mahǎa-nákhøøn,*** was man mit „Bangkok Metropolis" übersetzten könnte. Im Westen hat sich der Begriff „Olivendorf" (***baang køøk***) Bangkok erhalten, der in Thailand selbst nie zur Bezeichnung der Hauptstadt gebraucht wird.

Die Bezeichnung ***krung thêep*** (engl. Umschrift: Krung Thep), die die Thais für Bangkok gebrauchen, ist nur der Anfang eines nicht enden wollenden Städtenamens, der als der längste offizielle Städtename der Welt gilt. Offensichtlich hat aber niemand die Zeit, diesen Bandwurm auszusprechen, so daß es auch für Thais kurz bei ***krung thêep*** bleibt. ***krung*** bedeutet „Stadt" und ***thêep*** „Engel" oder „himmlisches Wesen". Sicher machen die Autoabgase den himmlischen Wesen in ihrer Stadt inzwischen ganz schön zu schaffen und vernebeln den Sinn des Städtnamens in zunehmendem Maße.

Der Fluß, der durch Bangkok und ganz Nord- und Zentralthailand fließt, ist der Chao Phraya, ***mâä-náam dschâu phráyaa.***

Der Golf von Thailand heißt auf Thai ***àao thai*** und das Andamanische Meer im Osten Thailands ***thalee andaaman.*** Die Thais lieben Abkürzungen, und so ist für viele Städte- und Provinznamen eine „abgespeckte" Version in Gebrauch, hauptsächlich bei der ansässigen Bevölkerung. Einige Beispiele:

Nakhorn Ratchasima wird zu ***khǒoråat***
Kanchanaburi wird zu ***kaanburii***
Surat Thani wird zu ***sùrâat***

Silben und Endungen

Bestimmte Silben und Endungen kommen häufiger in thailändischen Orts- oder Landschaftsnamen vor:

Brücke	***saphaan*** – สะพาน
Bucht	***àao*** – อ่าว
Burg, Festung	***praasàat*** – ปราสาท
Dorf	***bâan, baang*** – บ้าน / บาง

Fluß	***mâä, mâä-náam*** – แม่ / แม่น้ำ
Garten, Park	***suan*** – สวน
Hafen	***thâa*** – ท่า
Hügel, Berg	***phanom, nöön, døøy*** พนม / เนิน / ดอย
Insel	***kǿ*** – เกาะ
Kanal	***khløøng*** – คลอง
König	***râat, râattschá*** – ราช / ราช...
Markt	***talàat*** – ตลาด
Ozean	***samùt*** – สมุทร
Platz, Feld	***sanăam*** – สนาม
Stadt	***nákhøøn, burii, krung, wiang, müang*** – นคร / บุรี / กรุง / เวียง / เมือง
Strand	***hàat, tschaay*** – หาด / ชาย
Tempel	***wát*** –วัด
verehrt	***sĭi*** – ศรี
Wald	***pàa*** – ป่า
Wohlstand	***thaanii*** – ธานี

Tempel

In kaum einem Land gibt es so viele Tempel wie in Thailand. Dabei sind die meisten Tempel keine ehrwürdigen, antiken Stätten, sondern werden immer wieder renoviert und neu bemalt und geschmückt. Das steht im Gegensatz zur europäischen Idee des Bewahrens des Urzustands, hat aber durchaus für sich, daß die Religion lebendig bleibt und nicht „einstaubt". Die Tempel leben von Spenden, welche durchaus reichlich fließen.

In jedem Tempel sind spätestens beim Eintritt in die Kapelle (***ùboosòt*** oder ***bòot***), den Hauptraum des Heiligtums, die Schuhe auszuziehen. Ängstlichen Besuchern sei nochmals versichert: Schuhe, die am Eingang abgestellt wurden, gehen garantiert nicht verloren. Im Tempelraum sollte man nicht oder nur flüsternd sprechen und nicht fotografieren, ohne zu fragen.

Ära, Zeitalter	*era* – ***sòk, yúk*** – ศก / ยุค
Bauwerk	*building* – ***aakhaan*** – อาคาร
Besichtigung	*sightseeing* – ***kaan thîao*** – การเที่ยว
Buddha	*Buddha* – ***phráphúttthá-dschâu*** พระพุทธเจ้า
Buddhas Fußabdruck	*Buddha's footprint* – ***phráphúttthá-bàat*** – พระพุทธบาท
Buddhastatue	*Buddha statue* – ***phráphúttthá-rûup*** พระพุทธรูป
Chedi, Stupa	*stupa* – ***dscheedi*** – เจดีย์
Denkmal	*monument* – ***anúsăawarii*** – อนุสาวรีย์
Fahne	*flag* – ***thong*** – ธง
Fremdenführer	*guide* – ***khon nam thîao*** – คนนำเที่ยว
Glocke	*bell* – ***rakhang*** – ระฆัง
Hof	*courtyard* – ***sanăam*** – สนาม
Jahrhundert	*century* – ***satawát*** – ศตวรรษ
Kirche	*church* – ***bòot*** – โบสถ์
Königreich	*kingdom* – ***râattschá-aanaadschàk*** ราชอาณาจักร
Königspalast	*royal palace* – ***phrá-râattschá-wang*** พระราชวัง
liegender Buddha	*reclining Buddha* – ***phráphúttthá-săi-yâat*** – พระพุทธไสยาสน์
Mauer	*wall* – ***kamphääng*** – กำแพง
Museum	*museum* – ***phíphítthaphan*** พิพิธภัณฑ์
Stadtplan	*city map* – ***phăän thîi*** – แผนที่
Tempel, Kloster	*temple, monastery* – ***wát*** – วัด
Thron	*throne* – ***banlang*** – บัลลังก์
Treppe	*staircase* – ***bandai*** – บันได
Turm	*tower* – ***hǿø*** – หอ

■ Wann öffnet das Museum?
When will the museum open?
phíphítthaphan dschà pöot kìi moong
พิพิธภัณฑ์จะเปิดกี่โมง
Museum - werden - öffnen - wieviel(?) - Uhr

■ Wie heißt dieser Tempel?
What is the name of this temple?
wát níi rìak wâa arai – วัดนี้เรียกว่าอะไร
Tempel - dies - nennen - daß - was(?)

■ Was gibt es noch Sehenswertes in dieser Stadt?
What else is there to see in this town?
mii arai iik nâa thîao năi müang níi
มีอะไรอีกน่าเที่ยวในเมืองนี้
haben - noch - was(?) - wert - besichtigen - in - Stadt - dies

Tiere und Natur

Tiere

Trotz der vielen Nationalparks (***won-ùtthayaan hääng tschâat***) auf thailändischem Boden gibt es nur noch wenige Großwildtiere wie Elefanten, Tiger, Bären, Tapire und Nashörner. Diese haben sich, wenn sie nicht in den geschützten Nationalparks leben, in die äußersten unbewohnten Winkel zurückziehen müssen. Man schätzt, daß noch ca. 3000 wilde Elefanten in Thailand leben, hauptsächlich entlang der burmesischen Grenze. Selbst in den Nationalparks bekommt man die Wildtiere nur sehr selten zu Gesicht, denn die Parks bedecken zum Teil riesige Areale.

An tropischen Tierarten findet man aber noch viele Affen (meistens Gibbons), Vögel, alle Sorten Meeresbewohner, Schlangen und natürlich jede nur erdenkliche Art von Insekten. Affen können, so z.B. im „Affentempel" in Lopburi, ziemlich lästig und auch aggressiv werden. Man sollte die Tiere nicht reizen, denn sie verfügen über äußerst scharfe Zähne und Krallen. Viel lästiger als große Tiere sind die unzähligen kleinen „Mitbewohner" Thailands, seien es Grillen, die einem durch ihr Zirpen den Schlaf rauben, Kakerlaken, die auch schon mal unter die Bettdecke huschen, oder blutsaugerische Moskitos: Ein Moskitonetz ist sehr zu empfehlen; die meisten Hotels sind damit ausgestattet. Schlangen kriechen zur genüge umher, von kleinen, grünen Baumschlangen bis zur größten Schlangenart überhaupt, der Netzpython.

Rinder, Schweine, Hühner werden als Haustiere gehalten. Es gibt keine Tierart bzw. Fleischart, die nicht verzehrt werden darf, weil religiöse Gründe dagegensprechen (wie etwa bei Muslimen oder Hindus). Dorfhunde belästigen einen selten, da sie eher Angst haben, geschlagen zu werden.

Tiere

Tiere	*animals* – **sàt** – สัตว์
Affe	*monkey* – **ling** – ลิง
Ameise	*ant* – **mót** – มด
Bär	*bear* – **mǐi** – หมี
Biene	*bee* – **phûng** – ผึ้ง
Büffel	*bull* – **khwaay** – ควาย
Delphin	*dolphin* – **plaa loomaa** – ปลาโลมา
Eidechse, Gecko	*lizard* – **dschîng-dschòk** – จิ้งจก
Elefant	*elephant* – **tscháang** – ช้าง
Ente	*duck* – **pèt** – เป็ด
Fisch	*fish* – **plaa** – ปลา
Fledermaus	*bat* – **kháang-khaao** – ค้างคาว
Fliege	*fly* – **maläang wan** – แมลงวัน
Floh	*flea* – **màt** – หมัด
Frosch	*frog* – **kòp** – กบ
Fuchs	*fox* – **dschîng-dschòøk** – จิ้งจอก
Grille	*cricket* – **dschîng-riit** – จิ้งหรีด
Haifisch	*shark* – **plaa tschalǎam** – ปลาฉลาม
Huhn	*hen, chicken* – **kài** – ไก่
Hund	*dog* – **mǎa** – หมา
Insekt	*insect* – **mäang, maläang** แมง / แมลง
Kakerlake	*cockroach* – **maläang sàap** แมลงสาบ
Katze	*cat* – **mäao** – แมว
Kobra	*cobra* – **nguu hàu** – งูเห่า
Königskobra	*king cobra* – **nguu dschong-aang** งูจงอาง
Krokodil	*crocodile* – **dscharakhêe** – จระเข้
Kuh, Rind	*cow* – **wua** – วัว
Leopard	*leopard* – **sǔa daao** – เสือดาว
Maus, Ratte	*mouse, rat* – **nǔu** – หนู
Moskito	*mosquito* – **yung** – ยุง
Nashorn	*rhinoceros* – **râät** – แรด
Papagei	*parrot* – **nók kâäo** – นกแก้ว
Pferd	*horse* – **máa** – ม้า
Python	*python* – **nguu lǎam** – งูหลาม
Schildkröte	*turtle* – **tàu** – เต่า
Schlange	*snake* – **nguu** – งู
Schmetterling	*butterfly* – **phǐi sûa** – ผีเสื้อ
Schwein	*pig* – **mǔu** – หมู
Seidenraupe	*silkworm* – **tua mǎi** – ตัวไหม
Skorpion	*scorpion* – **maläang pòøng** แมลงป่อง
Spinne	*spider* – **mäang mum** – แมงมุม
Tiger	*tiger* – **sǔa** – เสือ
Tintenfisch	*cuttlefish, squid* – **plaa mùk** ปลาหมึก
Vogel	*bird* – **nók** – นก

Natur

abholzen	*to deforest* – ***tham-laay pàa*** ทำลายป่า
Bambus	*bamboo* – ***phài*** – ไผ่
Baum, Pflanze	*tree, plant* – ***tôn-mái*** – ต้นไม้
Boden, Erde	*ground* – ***din*** – ดิน
Dschungel	*jungle* – ***pàa thŭp*** – ป่าทึบ
Feld	*field, farm* – ***naa*** – นา
Felsen	*rock* – ***phăa*** – ผา
Fluß	*river* – ***mâä-náam*** – แม่น้ำ
Gebirge, Berge	*mountains* – ***phuu-kău*** – ภูเขา
Gras	*grass* – ***yâa*** – หญ้า
Holz	*wood* – ***mái*** – ไม้
Laub, Blätter	*leaves* – ***bai mái*** – ใบไม้
Reisfeld	*rice paddy* – ***naa kâao*** – นาข้าว
See	*lake* – ***thalee sàap*** – ทะเลสาบ
Stein	*stone* – ***hĭn*** – หิน
Tal	*valley* – ***hùp khău*** – หุบเขา
Wald	*forest* – ***pàa*** – ป่า
Wasserfall	*waterfall* – ***náam tòk*** – น้ำตก

Am Meer

Thailand wird von zwei Ozeanen umspült, im Westen vom Indischen Ozean und im Osten vom Pazifik. Beide Meere haben keinen allzugroßen Gezeitenhub (etwa einen Meter), was jedoch an besonders flachen Stränden trotzdem einen beträchtlichen Unterschied zwischen Ebbe und Flut ausmachen kann. Der Wellengang ist im allgemeinen eher gemütlich, und gefährliche Strömungen gibt es ebenfalls nicht.

Badekleidung

In einer sehr traditionellen Gesellschaft ist das Ablegen der Kleider in der Öffentlichkeit schon problematisch genug, selbst wenn man einen Badeanzug trägt. Viele traditionsbewußtere Thais gehen deshalb mit T-Shirt und halblanger Hose ins Wasser. Oben-Ohne- oder gar Nackt-Baden ist für Thais völlig undenkbar. Obwohl die Farangs an den Stränden meist unter Ihresgleichen sind, sollten sie die Sitten des Landes respektieren und hier lieber auf nudistische Experimente verzichten.

Viele Thais können übrigens nicht schwimmen oder scheuen tiefes Wasser. Deswegen gehen sie im Meer meistens nicht „schwimmen", sondern „baden". Ein Ausdruck für „planschen" oder im Wasser spielen ist ***lên náam*** („Spielen-Wasser").

Am Strand

Badeanzug	*bathing suit, swimsuit* – ***tschút wâay-náam*** – ชุดว่ายน้ำ
Badehose	*trunks* – ***kaang-keeng wâay-náam*** กางเกงว่ายน้ำ
Badelatschen	*slippers* – ***føøng náam*** – ฟองน้ำ
baden	*to go swimming* – ***àap-náam*** – อาบน้ำ
Boot	*boat* – ***rüa*** – เรือ
Bungalow	*bungalow* – ***bangkaaloo*** – บังกาโลว์
Dusche	*shower* – ***sùràay*** – สุหร่าย
Ebbe	*low tide* – ***náam long*** – น้ำลง
Fisch	*fish* – ***plaa*** – ปลา
Flut	*high tide* – ***náam khûn*** – น้ำขึ้น
Hai	*shark* – ***plaa tschalaam*** – ปลาฉลาม
Handtuch	*towel* – ***phâa tschét-tua*** – ผ้าเช็ดตัว
Horizont	*horizon* – ***khòøp-fáa*** – ขอบฟ้า
Insel	*island* – ***kø*** – เกาะ
Kokosnuß	*coconut* – ***maphráao*** – มะพร้าว
Küste	*coast, shore* – ***tschaay thalee*** ชายทะเล
Lagune	*lagoon* – ***sà yài*** – สระใหญ่
Meer	*sea* – ***thalee*** – ทะเล
Muschel	*shell* – ***hǒøy*** – หอย
Nichtschwimmer	*non-swimmer* – ***wâay-náam mâi pen*** ว่ายน้ำไม่เป็น
Ozean	*ocean* – ***mahăa-samùt*** – มหาสมุทร
Qualle	*jellyfish* – ***kaphrun*** – กะพรุน
Rettungsring	*life-belt* – ***tschuu-tschîip*** – ชูชีพ
Salzwasser	*salt water* – ***náam khem*** – น้ำเค็ม
Sand	*sand* – ***saay*** – ทราย
Schatten	*shade, shadow* – ***rôm*** – ร่ม
Schnorchel	*snorkel* – ***thôø*** – ท่อ
Schwimmbecken	*swimming pool* – ***sà wâay-náam*** สระว่ายน้ำ
schwimmen	*to swim* – ***wâay-náam*** – ว่ายน้ำ
seekrank	*seasick, nausea* – ***mau khlûûn*** เมาคลื่น
Segelboot	*sailing boat* – ***rüa bai*** – เรือใบ
sonnenbaden	*sunbathe* – ***àap-dàät*** – อาบแดด
Sonnenbrand	*sunburn* – ***kriam dàät*** – เกรียมแดด
Sonnenbrille	*sun glasses* – ***wâän-taa kan-dàät*** – แว่นตากันแดด
Sonnencreme	*suntan-lotion* – ***lootschân kan-dàät*** โลชั่นกันแดด
Strand	*beach* – ***tschaay hàat*** – ชายหาด
Strömung	*current* – ***krasăä náam*** – กระแสน้ำ
tauchen	*to dive* – ***dam-náam*** – ดำน้ำ
Taucher	*diver* – ***pradaa-náam*** – ประดาน้ำ
Taucherbrille	*diving goggles* – ***wâän-taa dam-náam*** – แว่นตาดำน้ำ
Wasser	*water* – ***náam*** – น้ำ
Wellen	*waves* – ***khlûûn*** – คลื่น

Auch am Strand wird man kulinarisch bestens versorgt.

■ Wo geht es hier zum Strand?
Where is the way to the beach?
pai tschaay-hàat thaang năi **–** ไปชายหาดทางไหน
gehen - Strand - Weg - welcher(?)

■ Kann man hier tauchen? – *Is it possible to dive here?*
thîi-nîi pai dam-náam dâi măi **–** ที่นี่ไปดำน้ำได้ไหม
hier - gehen - tauchen - können - (?)

■ Ist es gefährlich hier zu schwimmen?
Is it dangerous to swim here?
wâay-náam thîi-nîi antaraay măi
ว่ายน้ำที่นี่อันตรายไหม
schwimmen - hier - gefährlich - (?)

■ Können Sie bitte auf meine Sachen aufpassen?
Could you please watch my belongings?
khun fâu khøøng khøøng phŏm/dìtschăn dâi măi
คุณเฝ้าของของผม / ดิฉันได้ไหม
Sie - aufpassen - Sachen - von - ich (m)/ich (f) - können - (?)

In den Bergen/Trekking

Die im Norden lebenden Bergvölker (Übersetzung des thailändischen Begriffs ***tschaao khău***, engl. hill tribes) sind nur entfernt mit den Thai verwandt; sie haben ihre eigenen Sprachen, Kulturen, Religionen. Von den Thais werden die Bergstämme nicht unbedingt diskriminiert, aber doch über die Maßen integriert, so daß die eigenen Gebräuche, die eigene Sprache, den Bergvölkern allmählich verlorengeht.

Leider spielen auch Touristen eine Rolle bei dieser Identitätsgefährdung: Sie tragen völlig neue Verhaltensweisen in die Dörfer. Plötzlich ist es z.B. einträglicher für die Leute dort, sich für einen Dollar in ihrer Stammestracht fotografieren zu lassen anstatt wie bisher auf den Feldern zu arbeiten.

Die Grenzgebiete Nordthailands, Burmas, Laos´ und Südchinas bilden das, was man das „Goldene Dreieck" nennt: Die weitverzweigte, größte Drogenfabrik der Welt. Wer meint, zu einem Trekking-Trip gehöre das Schmauchen eines Pfeifchens Rohopium, sei darauf hingewiesen, daß in Thailand auf Drogenvergehen drakonische Strafen stehen. Auch im Dschungel Nordthailands gibt es genügend Polizeiposten, die dem Drogenhandel Einhalt gebieten sollen.

Trekken

ausruhen	*to rest* – **phák-phòøn** – พักผ่อน
Aussicht	*view* – **wiu** – วิว
Bach	*stream* – **lamthaan** – ลำธาร
Berg	*mountain* – **phuu-khău** – ภูเขา
Berggipfel	*peak* – **døøy** – ดอย
Bergvölker	*hill tribes* – **tschaao khău** – ชาวเขา
Brücke	*bridge* – **saphaan** – สะพาน
campen	*to camp* – **phák rääm** – พักแรม
Dorf	*village* – **mùu bâan** – หมู่บ้าน
Fels	*rock* – **phăa** – ผา
Führer	*guide* – **phûu nam-thaang** ผู้นำทาง
Hütte	*hut* – **krathôøm** – กระท่อม
klettern, steigen	*to climb* – **tài** – ไต่
Moskito-Netz	*mosquito net* – **múng** – มุ้ง
Opium	*opium* – **fìn** – ฝิ่น
Pfad	*path* – **thaang** – ทาง
Quelle	*spring* – **náam phú** – น้ำพุ
Schlafsack	*sleeping bag* – **thŭng nøøn** – ถุงนอน
Tal	*valley* – **hùp khău** – หุบเขา
Taschenlampe	*torch* – **fai tschăay** – ไฟฉาย
Wasserfall	*waterfall* – **náam tòk** – น้ำตก
Zelt	*tent* – **tén** – เต๊นท์

■ Wieviele Stunden müssen wir noch laufen?
How many hours do we have to walk on?
rao tôøng döön-pai ìik kìi tschûa-moong
เราต้องเดินไปอีกกี่ชั่วโมง
wir - müssen - laufen - noch - wieviel(?) - Stunde

■ Wie hoch ist dieser Berg? – *How high is this mountain?*
phuu-khău níi khwaam-sŭung thâurai
ภูเขานี้ความสูงเท่าไร
Berg - dies - Höhe - wieviel(?)

■ Kennen Sie den Weg nach ... ?
Do you know the way to ... ?
khun rúudschàk thaang pai ... măi
คุณรู้จักทางไป...ไหม
Sie - kennen - Weg - gehen - ... - (?)

■ Ist der Führer Thai oder von den Bergstämmen?
Is the guide a Thai or from the hill tribes?
phûu-nam-thaang pen khon thai rŭü tschaao khău
ผู้นำทางเป็นคนไทยหรือชาวเขา
Führer - sein - Person - Thai - oder(?) - Volk - Berg

Religion
• Religion 154

Religion

Ca. 95% der Thais sind Buddhisten, die der Schule des Theravada (***thĕeráwâat***, „Weg der Älteren") angehören. Etwa 4% sind Muslime (in Südthailand), und der kleine Rest besteht aus Angehörigen chinesischer Philosophien sowie Christen und Animisten.

Buddhismus

Das Prinzip des Buddhismus ist in dem Gautama zugeschriebenen Ausspruch vereinfacht ausgedrückt:

ทางสายกลางนั้นดีที่สุด
thaang-saay klaang nán dii thîi-sùt
Weg-Mitte-jener-gut-am meisten
„Der Mittelweg ist der beste"

Gemeint ist der Mittelweg zwischen den Extremen der Ausschweifung und der Askese.

Das äußerste Ziel der buddhistischen Lebensführung ist der Übergang ins Nirvana (***nípphaan***), das endgültige Auslöschen aller Leiden in Ewigkeit. Bis dieses Ziel erreicht ist, müssen jedoch unzählige Wiedergeburten durchlaufen werden, damit das „Selbst" (***àattaman***) sich von den physischen Existenzen lösen kann. Das Prinzip, das die Wiedergeburten und damit den Kreislauf neuer Leiden bestimmt, ist die „Vergeltung", bzw. Karma (***kam***): Alle Taten des Menschen werden ihm „angerechnet" - im positiven oder negativen Sinn. Die Anhäufung positiven Karmas verhilft zu einer Wiedergeburt auf höherer Ebene, negatives Karma als Ergebnis böser Taten verursacht die Wiedergeburt in einer primitiveren Existenz.

Tatsächlich ist es diese karmische „Vergeltung", die das buddhistische Leben der Bevölkerung in Thailand am stärksten prägt: Das Ziel der Existenz ist nicht das als nahezu unerreichbares Fernziel betrachtete Eintreten ins Nirvana, sondern vielmehr das Anhäufen positiven Karmas für eine bessere nächste Existenz für sich und die Angehörigen, denn die Kinder übertragen beispielsweise gutes Karma auf die Eltern. Dieses positive Karma oder die „guten Taten" werden ***bun*** genannt. Sehr oft hört man in Thailand den Begriff ***tham bun***, wenn man in den Tempel geht, einem Mönch etwas überreicht oder einem Betttler etwas gibt. ***tham bun*** heißt „gute Taten machen". Das Gegenteil ist ***bàap***, also „Sünde", alles, was

sich auf der Negativ-Seite des Karma niederschlägt.

Der Buddhismus ist durchaus vermischt mit abergläubischen Elementen, aber dies ist kein Widerspruch. Tatsache bleibt, daß der Glaube der Thais sehr verinnerlicht ist; das Karma ist nicht irgendein abstrakt-religiöser Begriff, sondern für viele Maßstab des täglichen Handelns. Frömmigkeit in unserem Sinne gibt es nicht, Religion oder Glaube sind nicht „heilig", sondern lebendiger Bestandteil des täglichen Daseins. Deshalb mutet es auch keineswegs seltsam an, daß nicht wenige Thais im Tempel mit Gaben von Blumengirlanden (***phuang maalai***), Lotus (***døøk bua***) und Räucherstäbchen (***thûup***) um die richtigen Zahlen bei der Lotterie bitten. So steht die Religion, bildlich gesprochen, in Thailand nicht auf einem Podest und wird angebetet, bevor man sich wieder „wichtigeren" Dingen zuwendet, sondern ist mitten unter den Menschen, bei ihren täglichen Erfolgen und Fehlschlägen - und sie ist auch durchaus Quelle für jede Menge ***sanùk***.

Mönche (*phrá* oder *phrá-sŏng*)

Die meisten Thais gehen für eine bestimmte Zeit ins Kloster, oft schon als Kinder für drei Monate oder auch länger. Manche gehen jedes Jahr für eine bestimmte Zeit ins Kloster, und nicht wenige Thais werden Angehörige der Mönchsgemeinschaft (***sankhá***) für ihr gesamtes Leben. Man erkennt die Mönche an den orangen Roben, die sowohl die Novizen (***neen***) als auch die Mönche (***phrá***) tragen, sowie an den rasierten Köpfen (bei der Rasur beim Eintritt in den Tempel werden nicht nur Kopfhaare, sondern auch die Augenbrauen abrasiert).

Mönchen begegnet man immer mit großem Respekt. Letztendlich ermöglichen sie es den Thais, ***bun***, also gutes Karma, durch das Geben von Almosen (***thaan***) zu erwerben. Deswegen wird sich auch nie ein Mönch für eine gegebene Speise bedanken, denn in Wirklichkeit ist es der Geber, der sich bedanken muß für die Gelegenheit der guten Tat.

Viele der Mönche sind während der Trockenzeit auf Wanderschaft von Kloster zu Kloster und lernen so ihr Land kennen. Dabei sind die Mönche keine verstaubte Gemeinde, sondern durchaus an allem interessiert, gerne zu Gesprächen bereit und sehr nachsichtig mit den Farangs und deren „Verfehlungen" in ihrem (unbewußten) Verhalten.

Religion

Almosen	*alms* – **thaan** – ทาน
Buddha	*buddha* – **phráphútthá-dschâu** พระพุทธเจ้า
Buddhismus	*buddhism* – **sàatsanaa-phút** ศาสนาพุทธ
Buddhist	*buddhist* – **tschaao phút** – ชาวพุทธ
Christ	*christian* – **tschaao khrít** – ชาวคริสต์
Christentum	*christianity* – **sàatsanaa-khrít** ศาสนาคริสต์
Fest	*festival* – **ngaan** – งาน
Gebet	*prayer* – **sùat-mon** – สวดมนต์
Gott	*god* – **phrá-dschâu** – พระเจ้า
Karma	*karma* – **kam** – กรรม
Kerze	*candle* – **thian** – เทียน
Kirche	*church* – **bòot** – โบสถ์
Lehre, Dharma	*teaching, dharma* – **tham** – ธรรม
Leichenverbrennung	*cremation* – **tschaapanakit** ฌาปนกิจ
Mönch	*monk* – **phrá** – พระ
Mönch werden	*to ordain* – **bùat** – บวช
Nonne	*nun* – **tschii** – ชี
Novize	*novice* – **neen** – เณร
Orden, Mönchsgemeinde	*order* – **phrásŏng** – พระสงฆ์
Predigt	*sermon* – **thêet** – เทศน์
Religion	*religion* – **sàatsanaa** – ศาสนา
Ritual	*rite* – **phíthii-kam** – พิธีกรรม
sterben	*to die* – **taay** – ตาย
Sünde	*sin* – **bàap** – บาป
Tempel, Kloster	*temple, monastry* – **wát** – วัด
Tempelfest	*temple fair* – **ngaan wát** – งานวัด
Tod	*death* – **khwaam taay** – ความตาย
Zeremonie	*ceremony* – **phíthii** – พิธี

Kultur und Unterhaltung

Musik, Theater und Literatur

Musik

Die volkstümliche Musik wird fast ausschließlich mit Streich- und Blasinstrumenten gespielt. Das bekannteste Musikinstrument der Bevölkerung ist das ***khään***, Mundorgel genannt. Es besteht aus drei bis acht Doppelröhren aus Bambus, die in einem Resonanzkörper aus Holz stecken. Die Töne, die dieses Blasinstrument erzeugt, ähneln tatsächlich dem Klang einer Orgel. Begleitet wird wird das ***khään*** oft von dem Streichinstrument ***søø***.

Theater

Die Formen des thailändischen Theaters haben wenig mit europäischen Maßstäben gemeinsam: So sprechen die Schauspieler nicht selbst, sondern vor der Bühne sitzende Sprecher erzählen die Handlung, zu der sich die Akteure auf den Brettern kunstvoll bewegen.

Gern gesehen bei Volksfesten ist das ***lakhøøn talòk***, eine Art Volkskomödie.

In Südthailand sind auch Schattenspiele sehr beliebt, mit aus Rindsleder geschnittenen Figuren, die gegen eine Leinwand gehalten und von hinten mit Licht bestrahlt werden. Diese Form der Darbietung heißt ***năng talung*** (***năng*** heißt „Leder", talung ist die Kurzform für die südthailändische Stadt Phattalung, wo jedes Jahr ein Schattenspielwettbewerb stattfindet).

Literatur

Der bekannteste Dichter Thailands ist zweifellos Sunthorn Phu (***sŭnthøøn phûu***, 1786-1855), sowohl aufgrund des Umfangs als auch der Qualität seines Werkes.

Seit etwa 1930 gibt es dann vermehrt Romane (***nawaníyaay*** oder ***níyaay***) und Kurzgeschichten (***rûang sân***) in der Literatur, die sich weniger mit Liebe und Herzschmerz am Königshof beschäftigen, sondern vielmehr mit den sozialen Problemen im Thailand des 20. Jahrhunderts.

Schaut man heute in einen Buchladen in Thailand, könnte man allerdings zu der Ansicht gelangen, daß das Hauptinteresse den Comicbüchern (***kaatuun***, von engl. Cartoon) gilt, die es in riesiger Auswahl gibt und die begeistert von jung und alt gelesen bzw. betrachtet werden.

Autor	*author* – ***nák khĭan*** – นักเขียน
berühmt	*famous* – ***mii tschûü dang*** – มีชื่อดัง
Buch	*book* – ***nangsŭü*** – หนังสือ
Bühne	*stage* – ***weethii*** – เวที
Comic	*comic* – ***kaatuun*** – การ์ตูน
Dichter	*poet* – ***kawii*** – กวี
Dichtung	*poetry* – ***bòt kawii*** – บทกวี
Gedicht	*poem* – ***khloong tschăn kàap kløøn*** – โคลงฉันท์กาพย์กลอน
hören	*to listen* – ***fang*** – ฟัง
Komponist	*composer* – ***nák tầàng phleeng*** นักแต่งเพลง
Konzert	*concert* – ***khøønsöòt*** – คอนเสิร์ต
Kurzgeschichte	*short story* – ***rûang sân*** – เรื่องสั้น
Lied	*song* – ***phleeng*** – เพลง
Maskentheater	*masked dance-drama* – ***khŏon*** – โขน
Musik	*music* – ***dontrii*** – ดนตรี
Musiker	*musician* – ***nák dontrii*** – นักดนตรี
Musikgruppe	*band, orchestra* – ***wong dontrii*** วงดนตรี
Musikinstrument	*music instrument* – ***khrûang dontrii*** – เครื่องดนตรี
Musikkassette	*music cassette* – ***múan thêep*** ม้วนเทป
Roman	*novel* – ***nawaníyaay*** – นวนิยาย
Sänger/in	*singer* – ***nák røøng*** – นักร้อง
Schallplatte	*record* – ***dschaan sĭang*** – จานเสียง
schauspielen	*to perform* – ***sadääng*** – แสดง
Schauspieler/in	*actor/actress* – ***nák sadääng*** นักแสดง
singen	*to sing* – ***røøng phleeng*** – ร้องเพลง
Tanz	*dance* – ***rabam, ram*** – ระบำ / รำ
tanzen	*to dance* – ***tên-ram*** – เต้นรำ
Theater (Drama)	*drama* – ***lakhøøn*** – ละคร
Theater (Gebäude)	*theatre* – ***roong lakhøøn*** – โรงละคร
Unterhaltung, Show	*entertainment, show* – ***mahŏørasòp*** มหรสพ
Volksmusik	*folk music* – ***dontrii lûuk-thûng*** ดนตรีลูกทุ่ง

■ Haben Sie eine Kassette mit Volksmusik?
Do you have a tape with folk songs?
khun mii múan thêep dontrii-lûuk-thûng măi
คุณมีม้วนเทปดนตรีลูกทุ่งไหม
Sie - haben - Rolle - Kassette - Volksmusik - (?)

■ Gibt es noch Karten für dieses Konzert?
Do you still have tickets for this concert?
yang mii tŭa samràp khøønsöòt níi măi
ยังมีตั๋วสำหรับคอนเสิร์ตนี้ไหม
noch - haben - Karte - für - Konzert - dies - (?)

Kino

Kino gehört zu den Alltagsvergnügungen der Thai. Viele der originären Thai-Filme sind eher schnulzenhaft und nach einfachem Strickmuster gemacht. Oder es sind billig gedrehte Geisterfilme, bei denen die Geister an durchaus sichtbaren Schnüren durch die Luft fliegen. Dennoch kommen die Filme beim Publikum sehr gut an, wenn auch mancher Thai-Kinogänger bemängelt, daß die westlichen Gruselfilme sich besser „zum Fürchten“ eignen. Sehr beliebt sind auch die „Eastern“, Kung-Fu-Streifen aus Hongkong, sowie chinesische und indische Filme. Filme aus den USA Marke „Arnold Schwarzenegger“ und „Rambo“ gehören zu den absoluten Kassenschlagern; die Filme werden synchronisiert, jedoch derart, daß die gesamte Tonspur (Musik und Hintergrundgeräusche) überspielt wird, was nicht unbedingt zum Kinoerlebnis beiträgt. Einige Kinos in Bangkok zeigen aber auch Originalversionen bzw. mit Thai untertitelte Filme.

Auf jeden Fall zu beachten ist das Abspielen der Nationalhymne vor jedem Film. Dann nämlich muß jeder aufstehen und so lange stehenbleiben (oder mitsingen!), bis die Hymne verklungen ist.

Kinos von oft riesigem Ausmaß findet man fast in jeder Provinzstadt. Jedoch ist auch in Thailand der Videorecorder für viele ein Ersatz für den Kinogang geworden.

Die thailändischen Zensoren sind bei pornografischen Szenen schnell mit der Schere zur Stelle, wohingegen selbst Dreijährige zusehen dürfen, wenn der „Predator“ seine Beute vierteilt.

Kino

Eintrittskarte	*ticket* – **tŭa** – ตั๋ว
Film	*movie* – **năng, phâapayon** หนัง / ภาพยนต์
Geisterfilm	*ghost movie* – **năng phĭi** – หนังผี
Handlung	*story* – **rûang** – เรื่อง
ins Kino gehen	*to go to the movies* – **pai duu năng** ไปดูหนัง
Kino	*cinema* – **roong phâapayon** โรงภาพยนต์
Reihe	*row* – **thăäo** – แถว
schauspielern	*to perform* – **sadääng** – แสดง
Schauspieler/in	*actor/actress* – **nák sadääng** – นักแสดง

■ Welchen Film gibt es heute?
What movie is on tonight?
khųųn níi dschà mii năng rûang arai
คืนนี้จะมีหนังเรื่องอะไร
Nacht - dies - werden - haben - Film - Handlung - was(?)

■ Gibt es hier Filme in Englisch?
Do you show movies in English?
thįi-nĭi mii năng phaasăa angkrìt măi
ที่นี่มีหนังภาษาอังกฤษไหม
hier - haben - Film - Sprache - Englisch - (?)

■ Wann beginnt der Film?
What time does the movie start?
năng dschà rööm weelaa thâurai
หนังจะเริ่มเวลาเท่าไร
Film - werden - beginnen - Zeit - wieviel(?)

■ Laß uns ins Kino gehen! – *Let´s go to the movies!*
pai duu năng kø lääo-kan – ไปดูหนังก็แล้วกัน
gehen - sehen - Film - also - los

Andere Medien

Zeitungen und Zeitschriften

In Bangkok erscheinen zwei englischsprachige Zeitungen, die landesweit vertrieben werden: Die „Bangkok Post" und „The Nation". Beide Zeitungen haben einen ausgezeichneten Ruf. Auch wenn man sich nur kurz im Land aufhält, bekommt man durch die Lektüre einen guten Überblick, was die Bangkoker gerade bewegt.

Bangkok Post
Established in 1946

Thailand's independent newspaper
THE NATION

In Bangkok sowie in den Touristenzentren ist es kein Problem, internationale Zeitungen und Zeitschriften zu bekommen, wie das „Time-Magazine", „Newsweek", „Asiaweek" etc. Auch deutsche Tageszeitungen und Magazine sind dort erhältlich. Außerhalb von Bangkok ist es schon schwieriger, einen Buchladen zu finden. Die besten Chancen hat man noch in Kaufhäusern, die alle über eine Buchabteilung verfügen. Sehr gute Buchläden mit Auswahl an Wörterbüchern, Bildbänden etc. in Bangkok und den größeren Städten sind die Filialen von „D.K. Book House" oder „Asia Books".

Radio

Radiostationen gibt es in Thailand zur Genüge. In Englisch senden u.a. die Stationen „FM107" und „Radio Thailand", beide aus Bangkok. Die meisten Sender strahlen ihre Programme auf UKW aus. Die Deutsche Welle läßt sich in Thailand am besten abends nach Sonnenuntergang hören. Die Frequenzen lauten im Kurzwellenbereich in Khz 11795, 15105, 15275, 15545, 17845, 21560 und 21680.

Fernsehen

Es gibt vier staatlich kontrollierte TV-Sender in Thailand: Kanal (*channel*, ***tschøøng***) 3, Kanal 5, Kanal 7 und Kanal 9. Die Programmaufmachung ist auf allen Kanälen sehr amerikanisch: Keine zehn Minuten Film oder Nachrichten ohne Werbeunterbrechung. Die Werbeblöcke dauern mitunter recht lange, sind aber dafür zumeist recht unterhaltsam, jedenfalls bis zum dritten Mal.

Die wichtigsten Nachrichtensendungen empfängt man, ebenfalls von Werbung unterbrochen, zwischen 20:00 und 21:00 Uhr abends. Danach gibt es meistens Fernsehserien, die jeden Tag von Montag bis Freitag laufen und von vielen Haushalten mit Spannung erwartet werden. Solche Serien können sich über Monate hinziehen. Am Wochenende werden dann hauptsächlich Spielfilme gezeigt. Bei besonderen Sportereignissen (z.B. Thai-Boxen) können sich die Straßen schon mal leeren, weil alles vor dem Bildschirm sitzt.

Inzwischen gibt es auch Kabel-, Pay- und Satelliten-TV in Thailand. In allen besseren Hotels kann man über Satellit die BBC-Nachrichten aus Hongkong sowie den Musik-Kanal „Channel V“ sehen und hören.

Medien

(Buch-) Seite	*page* – ***nâa*** – หน้า
(Buch-) Titel	*title* – ***tschûu nangsŭu*** – ชื่อหนังสือ
Buch	*book* – ***nangsŭu*** – หนังสือ
Buchladen	*book shop* – ***ráan khăay nangsŭu*** – ร้านขายหนังสือ
Comic-Heft	*comic book* – ***nangsŭu kaatuun*** หนังสือการ์ตูน
Fernsehen	*television, TV* – ***thoorathát*** – โทรทัศน์
lesen	*to read* – ***àan*** – อ่าน
Nachrichten	*news* – ***khàao*** – ข่าว
Radio	*radio* – ***wítthayú*** – วิทยุ
Sender, Kanal, Programm	*channel, program* – ***tschôøng*** – ช่อง
Taschenbuch	*paperback* – ***năngsŭu pòk-òøn*** หนังสือปกอ่อน
umschalten	*switch channels* – ***plìan tschôøng*** เปลี่ยนช่อง
Zeitschrift	*magazine* – ***níttayasăan*** – นิตยสาร
Zeitung	*newspaper* – ***năngsŭu-phim*** หนังสือพิมพ์

■ Haben Sie Wörterbücher? – *Do you sell dictionaries?*
thîi-nîi khăay phót-dschanaanukrom măi
ที่นี่ขายพจนานุกรมไหม
hier - verkaufen - Wörterbuch - (?)

■ Können Sie bitte das Radio anschalten?
Could you please switch on the radio?
tschûay pòöt khrûang wítthayú hâi nòøy
ช่วยเปิดเครื่องวิทยุให้หน่อย
helfen - öffnen - Apparat - Radio - geben - bißchen

■ Welche Sendung sehen Sie gerade?
What are you watching on TV?
khun kamlang duu rûang arai
คุณกำลังดูเรื่องอะไร
Sie - gerade - sehen - Geschichte - was(?)

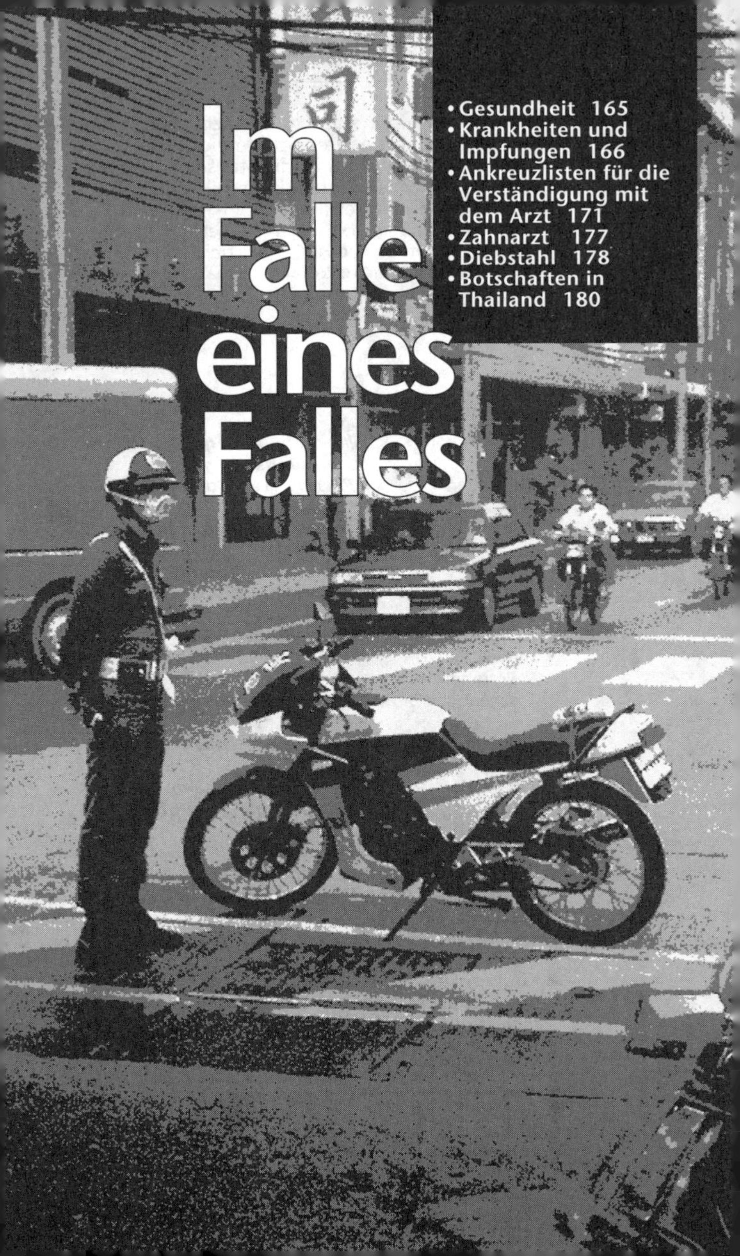

Im Falle eines Falles

Gesundheit

Thailand gehört zu den Ländern, in denen eine Krankheit keine Katastrophe sein muß, weil es ein inzwischen gut funktionierendes (privates) Gesundheitssystem gibt. Besonders in Bangkok sind die Praxen und Kliniken modern eingerichtet und, was noch wichtiger ist, das medizinische Personal ist gut ausgebildet.

Medikamente sind rezeptfrei in jeder Apotheke erhältlich, wobei es sich zumeist um Lizenzprodukte westlicher Hersteller handelt. Jedenfalls gibt es prinzipiell keine Probleme mit der Medikamentenversorgung, so daß die Mitnahme der normalen Reiseapotheke aus dem Heimatland nicht notwendig ist. Bei ernsteren Erkrankungen sollte man auf jeden Fall in eine der Kliniken in Bangkok gehen, wo die Versorgung besser ist und es mehr Ärzte gibt, die Englisch oder sogar Deutsch sprechen.

Auf jeden Fall sollte eine private Auslandskrankenversicherung abgeschlossen werden. Damit Sie dann auch Ihre Erstattung bekommen, sind entsprechende Quittungen mit Diagnose, Befund und Behandlungsmethode einzureichen.

Bei jeder Art von Diagnose empfiehlt es sich zur eigenen Sicherheit, eine Kontrolldiagnose von einem anderen Arzt einzuholen.

Traditionelle Medizin

Auch traditionelle chinesische Medizin ist in Thailand bekannt und geschätzt. Der Doktor fühlt zwecks Diagnose den Puls für einige Minuten und kann aus den Körperströmen seinen Befund schließen. Zur Behandlung werden dann hauptsächlich homöopathische Mittel wie Kräuter- und Gewürztees oder ähnliches verabreicht. Diese Form der Heilkunde hat auch sehr viel mit Überzeugung zu tun, vermag aber dann durchaus zum selben Ergebnis führen wie die westliche Schulmedizin.

Ebenso eine Wissenschaft für sich ist die traditionelle thailändische Heilmassage, die nichts mit irgendwelchen erotischen Varianten in Bangkoks Massagesalons zu tun hat. Die bekannteste Schule für traditionelle Heilmassage ist der Wat Pho in Bangkok, wo noch heute entsprechende Kurse abgehalten werden.

Krankheiten und Impfungen

Wasser

Es ist eine allgemeine Regel im gesamten asiatischen Raum, kein Leitungswasser zu trinken. Nicht, weil es viele Keime enthalten muß, sondern weil es oft so stark gechlort wird, daß größere Mengen die Darmflora angreifen.

Die immer noch sicherste Methode, keimfreies Trinkwasser herzustellen, ist das Abkochen. Mindestens zehn Minuten sprudelnd kochen lassen, dann wird auch stark verunreinigtes Wasser keimfrei. Das Eis in Eiswürfeln wird in Thailand „gesundes Eis" (***náam-khăng anaamai***) genannt und kann in der Tat bedenkenlos in Getränke gemixt oder aufgetaut getrunken werden. Eher ist schon mit zerstoßenem Eis Vorsicht geboten. In der Regel gelten die das Wasser betreffenden Vorsichtsnahmen wie üblich auch für Salate, Eiscreme und ungeschältes Obst. Man muß jedoch dazu sagen, daß Thailand sicher zu den saubersten und hygienischsten der südostasiatischen Länder gehört. Zuviel Vorsicht verunsichert nur, und Durchfallerkrankungen in Thailand sind verhältnismäßig selten.

Als Trinkwasser sollte man dennoch ausschließlich das in Plastikflaschen abgefüllte Mineralwasser benutzen. Trinkwasser aus Flaschen heißt auf Thai ***náam dùùm*** –น้ำดื่ม.

Verstopfung

Sicherlich die häufigste Form der Erkrankung bei Reisen ins Ausland ist der Durchfall. In Thailand leiden jedoch die meisten Touristen eher unter Verstopfung, verursacht durch den vielen Reis. Dagegen hilft sehr scharfes Essen oder halbreifes Obst, wie es in Thailand häufig zur Erfrischung angeboten und verzehrt wird.

Malaria und Denguefieber

Beide Krankheiten kommen in Thailand vor und beide werden durch Moskitos auf den Menschen übertragen. Während die Malaria hauptsächlich in Sumpfgebieten auftritt, ist Denguefieber in ganz Thailand verbreitet. Wegen der Malaria-Prophylaxe sollte man sich bei einem tropenmedizinischen Institut erkundigen. Der beste Schutz gegen diese Krankheiten sind Moskitonetz, Mückensalbe und Mückensprays. Natürlich kann es keinen perfekten Schutz geben, jedoch ist das Infektionsrisiko für Touristen in Thailand nicht besonders hoch.

Geschlechtskrankheiten

In einem Land mit dem Ruf Thailands sind Geschlechtskrankheiten ein ernstzunehmendes Problem, was sowohl für Männer als auch für Frauen gilt. An den typischen Urlaubsorten finden sich bezeichnend viele Kliniken für Geschlechtskrankheiten (VD-clinics, von engl. venereal diesease). Die häufigsten Krankheiten sind Entzündungen des Harnleiters (Gonorrhöe) sowie die in Asien immer noch weit verbreitete Syphilis, die, wenn nicht rechtzeitig behandelt, tödlich sein kann. Auch die HIV-Infektion, die zur Immunschwächekrankheit AIDS führt, muß hier aufgeführt werden, da der Virus über Blut bzw. Samen/Scheidenflüßigkeit übertragen werden kann.

Andere Krankheiten

Vor allem die Tollwut fordert viele Opfer in Thailand. Wird man von Hunden, Katzen oder anderen Tieren gebissen oder auch nur gekratzt, hat man etwa 5 Tage Zeit, sich impfen zu lassen. Bangkok ist sicher der beste Ort, um eine solche Impfung vorzunehmen.

Auch gegen Typhus, Kinderlähmung und Wundstarrkrampf gibt es wirksame Schutzimpfungen, die man rechtzeitig vor Abreise durchführen bzw. auffrischen sollte.

Relativ häufig, bedingt durch hohe Feuchtigkeit und Hitze, sind Irritationen der Haut oder Ausschläge. Durch entsprechende Hygienemaßnahmen wie oftmaliges Wechseln der Kleidung und häufiges Waschen kann man Linderung schaffen. Die Symptome verschwinden bei der Rückkehr in vertraute Klimazonen zumeist von selbst.

Natürlich klingt eine derartige Aufzählung von Krankheiten bedrohlich. Im allgemeinen ist das Gesundheitsrisiko in Thailand jedoch sehr gering. Eine gute medizinische Versorgung erhöht die Sicherheit. Es besteht also überhaupt kein Anlaß zu panischer Besorgnis; ein gesundes Maß an Vorsicht reicht zum eigenen Schutz aus.

Gesundheit und Hygiene

Abführmittel	*laxative, purgative* – **yaa rabaay** ยาระบาย
AIDS	*AIDS* – **rôok èet** – โรคเอดส์
ansteckend	*infectious, contagious* – **tìt tòø** – ติดต่อ
Antibiotika	*antibiotics* – **yaa khâa bàäkthiiria** ยาฆ่าแบคทีเรีย
Apotheke	*pharmacy* – **ráan khăay yaa** ร้านขายยา
Arzt	*doctor, physician* – **phâ̂ät, mŏø** แพทย์ / หมอ
Bakterien	*bacteria, germ* – **tschŭ̂a rôok** เชื้อโรค
Behandlung	*treatment* – **kaan ráksăa** – การรักษา
Beruhigungsmittel	*tranquilizer* – **yaa rangáp-prasàat** ยาระงับประสาท
Blutuntersuchung	*blood test* – **kaan trùat lŭ̂at** การตรวจเลือด
Chirurg	*surgeon* – **sănlayaphâ̂ät** – ศัลยแพทย์
Damenbinde	*sanitary napkin* – **phâa anaamai** ผ้าอนามัย
Desinfektionsmittel	*antiseptic, disinfecant* – **yaa khâa tschŭ̂a rôok** – ยาฆ่าเชื้อโรค
Diagnose	*diagnosis* – **kaan winíttschăy rôok** การวินิจฉัยโรค
Drogen	*drugs* – **yaa sèep tìt** – ยาเสพติด
Erste Hilfe	*first aid* – **pathŏm phayaabaan** ปฐมพยาบาล
Fieberthermometer	*thermometer* – **pròøt** – ปรอท
Geschlechtskrankheit	*venereal diesease* – **kaamarôok** กามโรค
Geschlechtsverkehr	*sexual intercourse* – **rûam phêet** ร่วมเพศ
gesund	*well, healthy* – **sabaay** – สบาย
Gesundheit	*health* – **sùkkhaphâap** – สุขภาพ
Gift	*poison* – **yaa phít** – ยาพิษ
Hautcreme	*skin lotion* – **khriim pĭu-năng** ครีมผิวหนัง
Hygiene	*hygiene* – **anaamai** – อนามัย
Impfung	*vaccination* – **kaan plùuk fĭi** การปลูกฝี
Immunsystem	*immune system* – **rabòp phuumkhúmkan** – ระบบภูมิคุ้มกัน
Infektion	*infection* – **kaan tìt tschŭ̂a** การติดเชื้อ
Injektion	*injection* – **kaan tschìit yaa** การฉีดยา
Inkubationszeit	*incubation time* – **rayá fák tua** ระยะฟักตัว
Insektenschutzmittel	*insecticide* – **yaa khâa malääng** ยาฆ่าแมลง

Klinik	*clinic* – **khliiník** – คลีนิค
Kondom	*condom* – **thŭng yaang anaamai** ถุงยางอนามัย
krank	*sick, ill* – **mâi sabaay, pen rôok** – ไม่สบาย / เป็นโรค
Krankenhaus	*hospital* – **roong phayaabaan** โรงพยาบาล
Krankenwagen	*ambulance* – **rót phayaabaan** รถพยาบาล
Massage	*massage* – **nûat** – นวด
Medikament, Arznei	*medicine, drug* – **yaa** – ยา
Medizin (Wissenschaft)	*medical science* – **wítschaa phâ̂ät** วิชาแพทย์
Moskitonetz	*mosquito net* – **múng** – มุ้ง
Mullbinde	*gauze* – **phâa pròong** – ผ้าโปร่ง
Nadel	*needle* – **khĕm** – เข็ม
Narbe	*scar* – **phlăä pen** – แผลเป็น
Nerven	*nerves* – **prasàat** – ประสาท
Notfall	*emergency* – **hèet tschùk-tschŏ̈ön** เหตุฉุกเฉิน
Operation	*operation* – **sănlayagam** – ศัลยกรรม
Pille	*pill* – **mét** – เม็ด
Pinzette	*pincers* – **khiim** – คีม
Röntgenaufnahme	*X-ray photo* – **phâap èksaree** ภาพเอ็กซเรย์
Salbe	*ointment* – **yaa thaa** – ยาทา
Schere	*scissors* – **kankrai** – กรรไกร
Schlaftablette	*sleeping pills* – **yaa nøøn-làp** ยานอนหลับ
Schlangengift	*venom* – **phít nguu** – พิษงู
Schmerztabletten	*pain-killing pills* – **yaa kâ̂ä pùat** ยาฆ่าปวด
Sonnencreme	*suntan-lotion* – **lootschân kan-dä̀ät** โลชั่นกันแดด
Speichel	*saliva* – **náam laay** – น้ำลาย
Spritze	*syringe* – **krabø̀øk tschìit yaa** กระบอกฉีดยา
Symptom	*symptom* – **aakaan** – อาการ
Tablette	*tablet, pill* – **mét** – เม็ด
Tropfen	*drop* – **yòt** – หยด
Untersuchung	*examination* – **kaan trùat** – การตรวจ
Verband	*bandage* – **phâa phan-phlăä** ผ้าพันแผล
Virus	*virus* – **wairát** – ไวรัส
Wasser abkochen	*to boil water* – **tôm náam** – ต้มน้ำ
Watte	*cotton* – **fâay** – ฝ้าย
Zahnarzt	*dentist* – **thantaphâ̂ät, mŏø fan** ทันตแพทย์ / หมอฟัน

***thantaphầät** ist das offizielle Wort für Zahnarzt, in der Umgangssprache sagt man meist **møø fan**.*

Erste Hilfe

■ Hilfe! – *Help!*
tschûay dûay – ช่วยด้วย
helfen-auch

■ Kann mir jemand helfen?
Is there anybody to help me?
mii khrai tschûay phŏm/dìtschăn dây măi
มีใครช่วยผม / ดิฉันได้ไหม
haben - jemand - helfen - ich (m)/ich (w) - können - (?)

■ Rufen Sie bitte sofort einen Arzt!
Please call a doctor immediately!
tschûay riak phâ̂ät than-thii hâi nøøy
ช่วยเรียกแพทย์ให้หน่อย
helfen - rufen - Arzt - sofort - geben - bißchen

■ Wo gibt es hier ein Krankenhaus?
Where is a hospital?
roong-phayaabaan yùu thîi-năi – โรงพยาบาลอยู่ที่ไหน
Krankenhaus - sein - wo(?)

■ Wo ist die nächste Apotheke?
Where is the nearest pharmacy?
ráan khăạy yạa thîi kḷâi thîisùt yùu thîi-năi
ร้านขายยาที่ใกล้ที่สุดอยู่ที่ไหน
Laden - verkaufen - Medizin - welcher (rel.) - nahe - am meisten - sein - wo(?)

Fragen des Patienten

❑ Ich fühle mich nicht gut. – *I do not feel well.*
phŏm/dìtschăn mâi sabaay – ผม / ดิฉันไม่สบาย

❑ Ich habe hier Schmerzen. – *Here it hurts.*
phŏm/dìtschăn dschẹ̀p yùu trong-níi
ผม / ดิฉันเจ็บอยู่ตรงนี้

❑ Wann werde ich wieder gesund sein?
When will I have recoverd?
mụ̂arai phŏm/dìtschăn dschà hăay pùay
เมื่อไรผม / ดิฉันจะหายป่วย

❑ Bitte geben Sie mir eine Rechng. für die Versicherung.
Please give me a bill for the insurance company.
karúnaa hâi phŏm/dìtschăn bai-ráp-ngöön sămràp borísạ̀t prakan
กรุณาให้ผม / ดิฉันใบรับเงินสำหรับบริษัทประกัน

Ankreuzlisten für die Verständigung mit dem Arzt

Hinweise für den Arzt:

Die folgenden Seiten sollen die Verständigung zwischen Ihnen und dem Patienten erleichtern. Sie enthalten die wichtigsten, zur Behandlung notwendigen Fragen und Antworten. Kreuzen Sie bitte an, was der Patient Ihnen beantworten soll. Vergessen sie nicht, Ihre Diagnose schriftlich mitzugeben, damit der Patient sie dem heimischen Arzt zur weiteren Behandlung vorlegen kann.

Explanations for the doctor:

คำอธิบายให้แพทย์รู้

ต่อไปนี้จะเป็นการบอกให้ทราบระหว่างคุณและคนเจ็บคำถามและคำตอบ ซึ่งจำเป็นอย่างยิ่งสำหรับอาการและการรักษา

กรุณาโปรดกาเครื่องหมายที่เป็นคำถามที่คนเจ็บจะต้องตอบ และกรุณาอย่าลืมเขียนอาการและรายละเอียดการรักษา ซึ่งคนเจ็บสามารถนำไปให้หมอในการรักษาต่อไปด้วย

Fragen des Arztes
คำถามของแพทย์

- ❑ Haben Sie Schmerzen? *Do you have pain?* – คุณเจ็บหรือเปลา
- ❑ Seit wann? *Since when?* – ตั้งแต่กี่วัน
- ❑ Wo? *Where?* – ตรงไหน
- ❑ Nehmen Sie Medikamente? *Are you taking medicine?* – คุณกินยาอะไรแล้วหรือยัง
- ❑ Welche? *What medicine?* – ยาชนิดไหน
- ❑ Haben Sie Fieber? *Are you having fever?* – คุณเป็นไข้ไหม

Unfall
อุบัติเหตุ

Ich bin.../Ich habe ... / ...
phŏm/dìtschăn ... – ผม / ดิฉัน...

- ❑ mich verletzt – *have hurt myself* – ***bàat dschèp*** บาดเจ็บ
- ❑ mich geschnitten – *have cut myself* – ***mii bàat phlăă*** เป็นบาดแผล
- ❑ mich verbrannt – *have burnt myself* – ***mii phlăă-mâi*** เป็นแผลไหม้
- ❑ gebissen worden – *was bitten* – ***mii phlăă-kàt*** เป็นแผลกัด
- ❑ gestochen worden – *was singed* – ***mii phlăă-tòøy*** เป็นแผลต่อย
- ❑ etwas Schlechtes gegessen – *have eaten bad food* ***kin aahăan sĭa lăăo*** กินอาหารเสียแล้ว
- ❑ mich übergeben – *have vomitted* – ***aadschian*** – อาเจียน

Beschwerden
โรค

- ❑ Atemnot — *shortness of breath* **haay-dschai mâi ὸøk** หายใจไม่ออก
- ❑ Augenschmerzen — *sore eyes* – **sȁäp ṭaa** แสบตา
- ❑ Ausschlag — *rash* – **phȕün** – ผื่น
- ❑ Bauchschmerzen — *stomach ache* – **pùat thóøng** ปวดท้อง
- ❑ Blasen — *blisters* – **phlǎ̌ä phøøng** – แผลพอง
- ❑ Blut im Stuhl — *stool with blood* **thàay ùtdschaará mii lȗat dûay** ถ่ายอุจจาระมีเลือดด้วย
- ❑ Brustschmerzen — *chest pain* – **dschèp òk** – เจ็บอก
- ❑ Durchfall — *diarrhea* – **thóøng sǐa** – ท้องเสีย
- ❑ Entzündung — *inflammation* – **àksèep** – อักเสบ
- ❑ Erbrechen — *vomit* – **aadschian** – อาเจียน
- ❑ Erkältung, Schnupfen — *cold* – **wàt** – หวัด
- ❑ Fieber — *fever* – **khâi** – ไข้
- ❑ Frösteln — *chill* – **nǎao satháan** – หนาวสท้าน
- ❑ Geschwür — *ulcer* – **phlǎ̌ä** – แผล
- ❑ Husten — *coughing* – **ai** – ไอ
- ❑ Husten mit Blut — *coughing with blood* **ai mii lȗat dûay** – ไอมีเลือดด้วย
- ❑ Jucken — *itching* – **khan** – คัน
- ❑ Kopfschmerzen — *headache* – **pùat hŭa** – ปวดหัว
- ❑ Krätze — *scabies* – **rôok hìt** – หิด
- ❑ Müdigkeit — *fatigue* – **nȗay** – เหนื่อย
- ❑ Nierenschmerzen — *kidney pain* – **pùat tai** – ปวดไต
- ❑ ohnmächtig — *unconscious* – **pen lom, mòt sati** เป็นลม / หมดสติ
- ❑ Ohrenschmerzen — *ear-ache* – **dschèp hŭu** – เจ็บหู
- ❑ Pickel — *pimple* – **sǐu** – สิว
- ❑ Rückenschmerzen — *backache* – **pùat lǎang** – ปวดหลัง
- ❑ Schlafstörungen — *sleeplessness* – **nøøn mâi làp** นอนไม่หลับ
- ❑ Schmerzen bei der Monatsblutung — *menstrual pain* **dschèp ráduu** – เจ็บระดู
- ❑ Schmerzen beim Wasserlassen — *pain while urinating* **dschèp thàay pàtsaawá** เจ็บถ่ายปัสสาวะ
- ❑ Schwäche — *weakness* – **aakaan ὸøn-ää** อาการอ่อนแอ
- ❑ Schwindel — *vertigo* – **wing-wian hŭa** – วิงเวียนหัว
- ❑ Übelkeit — *nausea* – **klȗün-sâi** – คลื่นไส้
- ❑ Verstopfung — *constipation* – **thóøng phùuk** ท้องผูก

Behandlung
การรักษา

❑ Tut das weh? – *Is that hurting?*
dschèp trong-níi măi **–** เจ็บตรงนี้ไหม

❑ Sie müssen geröntgt werden.
We need to make an X-ray.
phŏm/dìtschăn tôøng tham phâap èksaree
ผม / ดิฉันต้องทำภาพเอ็กซเรย์

❑ Ich brauche eine Blutprobe von Ihnen.
I have to take a blood-sample.
phŏm/dìtschăn tôøng trùat lûat khŏøng khun
ผม / ดิฉันต้องตรวจเลือดของคุณ

❑ Ich brauche eine Urinprobe (Stuhlprobe)
I have to take a urine-sample (stool-sample).
phŏm/dìtschăn tôøng trùat pàtsăawá (ùtdschaará) khŏøng khun **–** ผม / ดิฉันต้องตรวจปัสสาวะ (อุจจาระ) ของคุณ

Diagnose
diagnosis **–**
การวินิจฉัยโรค

❑ Vermeiden Sie direkte Sonne. – *Avoid direct sunlight.*
yàa hâi doon săäng-dàät **–** อย่าให้โดนแสงแดด

❑ Vermeiden Sie fette Speisen. – *Avoid heavy food.*
khun tôøng mâi kin aahăan thîi pen khăi-man **–**
คุณต้องไม่กินอาหารที่เป็นไขมัน

❑ Trinken Sie keinen Kaffee (Alkohol) für ... Tage.
Don´t drink coffee (alcohol) for ... days.
khun tôøng mâi dùüm kaafää (sùraa) pen weelaa ... wan **–** คุณต้องไม่ดื่มกาแฟ (สุรา) เป็นเวลา ... วัน

❑ Bleiben Sie im Bett für ... Tage.
Stay in bed for ... days.
khun tôøng nøøn phák pen weelaa ... wan
คุณต้องนอนพักเป็นเวลา ... วัน

❑ Kommen Sie zur Nachuntersuchung am ...
Please come for a check-up on ...
karúnaa klàp maa thîi-nîi samràp kaan trùat ìik wan thîi ... **–** กรุณากลับมาที่นี่สำหรับการตรวจอีกวันที่...

❑ Ich muß sie ins Krankenhaus einweisen.
You have to be hospitalized.
khun tôøng pai roong phayaabaan
คุณต้องไปโรงพยาบาล

Medikamente
***medicine* – ยา**

❑ Nehmen Sie dieses Medikament wie angegeben:
Take this medicine as instructed:
khun tôøng kin yaa dang tòø pai níi... –
คุณต้องกินยาดังต่อไปนี้...

❑ Dieses Medikament: – *This medicine:*
yaa tschanìt níi... – ยาชนิดนี้ ....

■ ... mal am Tag – *... times per day.*
wan lá ... kráng – วันละ ... ครั้ง

❑ morgens	*in the morning* – **tøøn tscháu** ตอนเช้า
❑ mittags	*noontime* – **tøøn thîang** – ตอนเที่ยง
❑ abends	*in the evening* – **tøøn yen** – ตอนเย็น
❑ vor den Mahlzeiten	*before meals* – **kòøn aahăan** ก่อนอาหาร
❑ nach den Mahlzeiten	*after meals* – **lang aahăan** หลังอาหาร

Menge:	*quantity:* – **parimaan...** – ปริมาณ...
... Tropfen	*... drops* – **... yòt** – ... หยด
... Tablette(n)	*... tablet(s)* – **... mét** – ... เม็ด
... Teelöffel	*... tea spoons* – **... tschóøn tschaa** ... ช้อนชา
... Tage lang	*for ... days* – **pen weelaa ... wan** เป็นเวลา ... วัน

Gesicht
face
nâa
หน้า

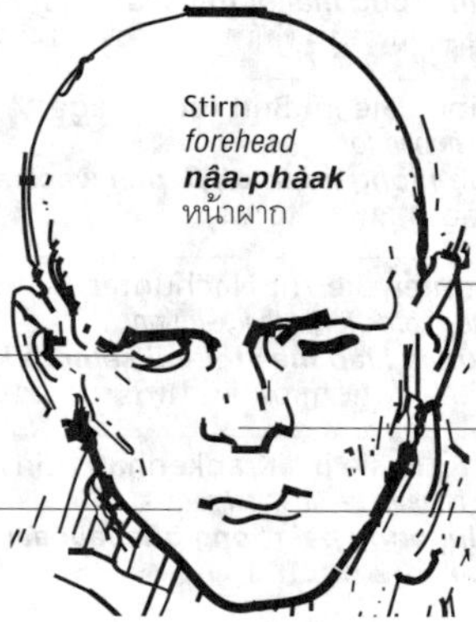

Der Körper

*Nur Kopfhaar wird **phom** genannt; Haare am übrigen Körper heißen **khon.***

Körper	*body* – **râng-kaay** – ร่างกาย
Ader	*blood vessels* – **lòøt lûat** – หลอดเลือด
Bauch	*stomach, belly* – **thóøng** – ท้อง
Blinddarm	*appendix* – **sâi-tìng** – ไส้ติ่ง
Blut	*blood* – **lûat, loohìt** – เลือด / โลหิต
Busen	*breast* – **nom** – นม
Darm	*intestines, bowels* – **lam-sâi** – ลำไส้
Daumen	*thumb* – **níu pôong** – นิ้วโป้ง
Eierstöcke	*ovaries* – **rang-khài** – รังไข่
Gebärmutter	*uterus* – **mót lûuk** – มดลูก
Gehirn	*brain* – **samǒøng** – สมอง
Haar	*hair* – **phom** – ผม
Hals (Kehle)	*throat* – **lam-khøø** – ลำคอ
Hals (Nacken)	*neck* – **khøø** – คอ
Harnblase	*bladder* – **kraphó pàtsǎawá** – กระเพาะปัสสาวะ
Haut	*skin* – **phĭu-nǎng** – ผิวหนัง
Herz	*heart* – **hŭa-dschai** – หัวใจ
Hoden	*testicles* – **anthá** – อัณฑะ
Kniescheibe	*knee-cap, patella* – **sabâa** – สะบ้า
Knöchel	*ankle* – **khôø-tháu** – ข้อเท้า
Knochen	*bone* – **kradùuk** – กระดูก
Leber	*liver* – **tàp** – ตับ
Lunge	*lung* – **pòøt** – ปอด
Magen	*stomach* – **kraphó** – กระเพาะ
Muskel	*muscle* – **klâam nŭa** – กล้ามเนื้อ
Nerv	*nerve* – **prasàat** – ประสาท
Niere	*kidney* – **tai** – ไต
Penis	*penis* – **lüng, ongkhatschâat** ลึงค์ / องคชาต
Rachen	*throat* – **lam-khøø** – ลำคอ
Rippe	*rib* – **sîi-khroong** – ซี่โครง
Rücken	*back* – **lǎng** – หลัง
Sperma	*sperm, semen* – **náam-asùdschì** น้ำอสุจิ
Stuhlgang	*excrements, stool* – **ùtdschaará** อุจจาระ
Urin	*urine* – **pàtsǎawá, náam yîao** ปัสสาวะ / น้ำเยี่ยว
Vagina	*vagina* – **tschôøng klôøt** – ช่องคลอด
Wirbelsäule	*spine* – **kradùuk sǎn-lǎng** กระดูกสันหลัง
Zahn	*tooth* – **fan** – ฟัน
Zehen	*toes* – **níu-tháu** – นิ้วเท้า
Zunge	*tongue* – **lín** – ลิ้น

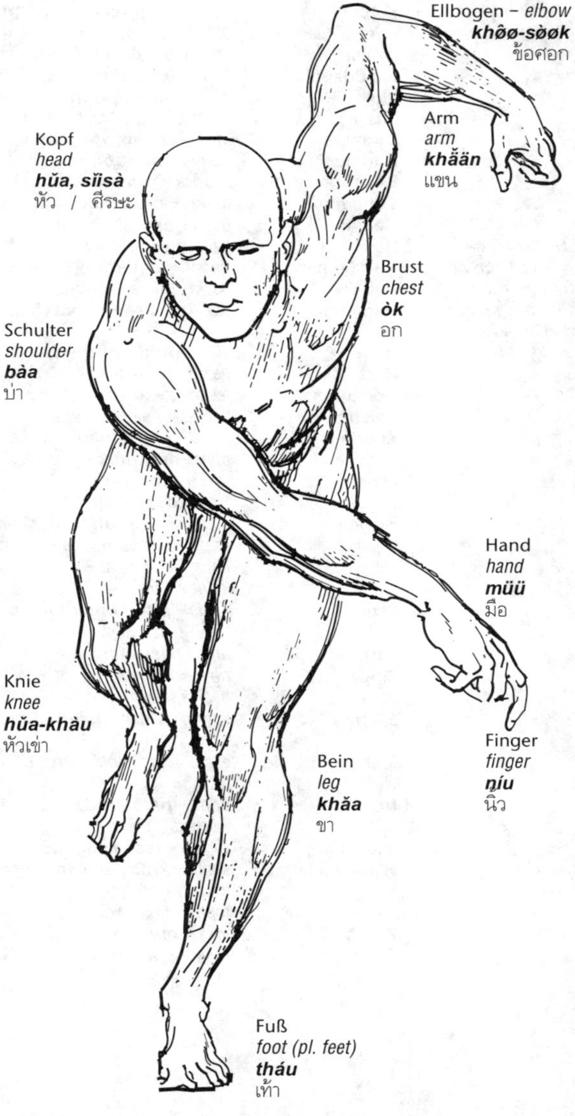
Ellbogen – *elbow*
khôø-søøk
ข้อศอก
Arm
arm
khăän
แขน
Kopf
head
hŭa, sĭisà
หัว / ศีรษะ
Brust
chest
òk
อก
Schulter
shoulder
bàa
บ่า
Hand
hand
müü
มือ
Knie
knee
hŭa-khàu
หัวเข่า
Finger
finger
níu
นิ้ว
Bein
leg
khăa
ขา
Fuß
foot (pl. feet)
tháu
เท้า

Zahnarzt

Die Zahnärzte in Thailand sind, wie die gesamte medizinische Versorgung, recht gut. Die Ärzte sind auch mit modernen Geräten ausgestattet, so daß man nicht etwa Angst haben muß, beim Betreten einer Zahnarztpraxis in einen mittelalterlichen Folterkeller zu geraten. Besonders Zahnprothesen sind sehr günstig in Thailand, und es gibt inzwischen schon einen regelrechten „Medizin-Urlaubsverkehr" von Leuten, die das Angenehme mit dem Unangenehmen (aber Nützlichen) verbinden.

Beschwerden

❑ Ich habe Zahnschmerzen. – *I have a toothache.*
phŏm/dìtschăn pùat fan – ผม / ดิฉันปวดฟัน

❑ Dieser Zahn tut weh. – *This tooth is aching.*
fan sîi níi dschèp – ฟันซี่นี้เจ็บ

❑ Ich habe eine Plombe verloren. – *I have lost a filling.*
tagùa ùt fan khøøng phŏm/dìtschăn lùt øøk pai –
ตะกั่วอุดฟันของผม / ดิฉันหลุดออกไป

Fragen des Zahnarztes
คำถามข
องทันตแพทย์

❑ Haben Sie Zahnschmerzen? – *Do you have toothache?*
khun pùat fan măi – คุณปวดฟันไหม

❑ Wo haben Sie Schmerzen? – *Where does it hurt?*
khun mii dschèp trong-năi – คุณมีเจ็บตรงไหน

❑ Tut das weh? – *Does that hurt?*
khun dschèp trong-níi măi – คุณเจ็บตรงนี้ไหม

❑ Haben Sie beim Kauen Schmerzen?
Does it hurt while chewing?
khun pùat măi khanà thîi khun kamlang khíao
คุณปวดไหม ขณะที่คุณกำลังเคี้ยว

Behandlung
การรักษา

■ Der Zahn muß ... werden – *The tooth has to be ...*
phŏm/ditschăn tôøng ... – ผม / ดิฉันต้อง...

❑ geröntgt — *X-rayed* – **tham phâap èksaree** ทำภาพเอ็กซเรย์
❑ plombiert — *filled* – **ùt fan** – อุดฟัน
❑ gezogen — *extracted* – **thŏøn fan** – ถอนฟัน

Diebstahl

Thailand ist ein relativ sicheres Reiseland. Zumindest vor Gewaltanwendungen ist man ziemlich sicher. In den ausgesprochenen Touristenregionen steigt die Rate an Diebstählen und Betrügereien jedoch kontinuierlich an. Ein natürliches Maß an Vorsicht ist hier der beste Schutz. So sollte eventueller „Reichtum" (dieser Begriff kann durchaus relativ sein) lieber nicht zur Schau gestellt werden, so sehr es in diesem Land, in dem auf materielle Werte besonders heftig reagiert wird, auch herausfordert und befriedigen kann.

Bei besonderer Freundlichkeit von Fremden ist (leider) erst einmal Vorsicht geboten: Es hat Fälle gegeben, wo Touristen von „freundlichen Mitreisenden" zum Essen oder Trinken eingeladen wurden. Nach dem bösen Erwachen (in das Essen wurden Betäubungsmittel gemischt) stellten sie fest, daß ihre gesamte Habe sowie der „freundliche Mitreisende" verschwunden waren.

Es ist wie überall auf der Welt: Gibt man einem Dieb eine Gelegenheit, so greift er zu. Man sollte seine Wertsachen also immer gut versteckt am Körper tragen und nicht im Hotelzimmer zurücklassen. Ein eventueller Verlust des Reisepasses muß unverzüglich der Deutschen Botschaft in Bangkok mitgeteilt werden (Adresse siehe weiter unten).

Die Touristenpolizei (***tamrûat thôøng-thîao***) in Thailand ist sehr aufmerksam und hilfsbereit, und auch jeder sonstige Polizeiposten ist im Regelfall recht entgegenkommend gegenüber ausländischen Besuchern.

Die Touristenpolizei in Bangkok: 509 Worachak Road (täglich bis 24:00 Uhr geöffnet), Tel. (02) 221 62 06/221 62 07/221 62 08/221 62 09. Das Personal spricht Englisch.

■ Wo ist die nächste Polizeistation?
Where is the nearest police-station?
sathǎanii-tamrûat thîi klâi thîisùt yùu thîi-nǎi
สถานีตำรวจที่ใกล้ที่สุดอยู่ที่ไหน
Polizeistation - welche - nahe - am meisten - sein - wo(?)

■ Ich bin beraubt worden. – *I have been robbed.*
phŏm/dìtschăn doon dschoon plôn
ผม / ดิฉันโดนโจรปล้น
ich (m)/ich (f) - (Passiv) - Bandit - rauben

nangsŭü-döön-thaang *ist der Thaiausdruck für Reisepaß, oft wird auch der engl. Ausdruck* ***phaasapøøt*** *benutzt.*

■ Ich habe meinen Reisepaß verloren.
I have lost my passport.
nangsŭü-döön-thaang khøøng phŏm/dìtschăn haay
หนังสือเดินทางของผม / ดิฉันหาย
Reisepaß - von - ich (m)/ich (f) - verloren

■ Ich brauche eine Bescheinigung für die Versicherung. – *I need a certificate for the insurance.*
phŏm/dìtschăn tøøng-kaan bai-ráp-røøng-sămràp borísàt prakan
ผม / ดิฉันต้องการใบรับรองสำหรับบริษัทประกัน
ich (m)/ich (w) - möchten - Bestätigung - wegen - Firma - Versicherung

■ Folgendes wurde gestohlen:
Following things have been stolen:
khøøng thĩi thùuk khamooy pai... – ของที่ถูกขโมยไป...

Was wurde gestohlen?

Flugticket	*flight ticket* – ***tua khrûang-bin*** – ตั๋วเครื่องบิน
Fotoapparat	*photo-camera* – ***klôøng thàay-rûup*** กล้องถ่ายรูป
Geld	*money* – ***ngöön*** – เงิน
Geldbörse	*wallet* – ***krapău-ngöön*** – กระเป๋าเงิน
Koffer	*suitcase* – ***hìip-hòø, krapău*** หีบห่อ / กระเป๋า
Kreditkarte	*credit card* – ***bàt-khreedìt*** บัตรเครดิท
Papiere	*documents* – ***èekasăan*** – เอกสาร
Radio	*radio* – ***wítthayú*** – วิทยุ
Reisepaß	*passport* – ***năngsŭü-döön-thaang*** หนังสือเดินทาง
Reisescheck	*traveller´s cheque* – ***tschek-döön-thaang*** – เช็คเดินทาง
Rucksack	*rucksack, backpack* – ***pêe*** – เป้
Schlüssel	*key* – ***kundschää*** – กุญแจ
Schmuck	*jewellery* – ***khrûang phêet-phløøy*** เครื่องเพชรพลอย
Tasche	*bag* – ***krapău*** – กระเป๋า
Uhr	*watch* – ***naalíkaa*** – นาฬิกา
Videokamera	*video camera* – ***klôøng thàay wii-dii-oo*** – กล้องภถ่าย วีดีโอ

Polizei und Sicherheit

Anwalt	*lawyer* – **thanaay-khwaam** ทนายความ
Anzeige	*report* – **kaan phøøng** – การฟ้อง
anzeigen	*file a report* – **phøøng** – ฟ้อง
Dieb	*thief* – **khon khamooy** – คนขโมย
Drogen, Rauschgift	*drugs* – **yaa sèep tìt** – ยาเสพติด
Gefängnis	*jail, prison* – **khúk** – คุก
Gericht	*court* – **săan** – ศาล
Gesetz	*law* – **kòt-maay** – กฎหมาย
Haschisch	*hashish* – **kantschaa** – กัญชา
Heroin	*heroin* – **heeroo'iin** – เฮโรอีน
illegal	*illegal* – **phìt kòt-măay** – ผิดกฎหมาย
Marihuana	*marihuana* – **kantschaa** – กัญชา
Messer	*knife* – **mîit** – มีด
Pistole	*pistol* – **püün phók** – ปืนพก
Polizei	*police* – **tamrûat** – ตำรวจ
Polizeirevier	*police station* – **sathăanii-tamrûat** สถานีตำรวจ
stehlen	*to steal* – **khamooy** – ขโมย
Touristenpolizei	*tourist police* – **tamrûat thôøng-thîao** – ตำรวจท่องเที่ยว
Überfall	*assault* – **dschoomtii** – โจมตี
unschuldig	*innocent* – **mâi mii kwaam phìt** ไม่มีความผิด
Verbrechen	*crime* – **àatyaa-kam** – อาชญากรรม
Vergewaltigung	*rape* – **kaan khòm-khü̆ün** การข่มขืน
verhaften	*to arrest* – **dschàp-kum** – จับกุม
Waffe	*weapon, gun* – **püün** – ปืน
Zeuge	*witness* – **phayaan** – พยาน

Botschaften in Thailand

Deutschland: 9 Sathorn Tai Road, Bangkok
Tel. (02) 213 23 31/213 23 32/213 23 33/213 23 34/213 23 35

Österreich: 14 Soi Nantha, Sathorn Tai Road, Bangkok (unweit der Deutschen Botschaft)
Tel. (02) 254 69 70/254 69 71/254 69 72

Schweiz: 35 Wireless Road (Witthayu Road), Bangkok
Tel. (02) 253 01 56/253 01 57/253 01 58

Goethe-Institut in Bangkok 18/1 Soi Atthakan Prasit, Rama IV Road, Bangkok (in der Nähe der Deutschen Botschaft)
Tel. (02) 286 90 02/286 90 03/286 90 04

Kurzeinführung in die Thai-Sprache

Wie eingangs erwähnt, ist Thai eine isolierende Sprache, die weder grammatikalische Beugungsformen noch Deklination besitzt. Unser Grammatikbegriff ist auf diese wie andere südostasiatische Sprachen nicht ohne weiteres anwendbar. So wundert es nicht, daß Thai aufgrund des völlig andersartigen Ansatzes keine leicht zu erlernende Sprache ist, selbst wenn wir uns nicht mit Verbkonjugation und ähnlichen lästigen aus der Schulzeit bekannten Aufgaben plagen müssen. Es sollen hier nur einige Besonderheiten des Thai erwähnt werden, die für den Europäer auffallend sind.

Zunächst ein paar Bemerkungen zur Schrift (siehe auch Aussprachetabellen am Ende dieses Kapitels):

Die Schrift

Alphabet

Das Alphabet wird in zwei Klassen eingeteilt: Konsonanten und Vokale (siehe Tabellen ab S. 187). Es gibt 44 konsonantische Buchstaben (plus vier Halbvokale, in der Umschrift geschrieben als: ***rű, rüü, lű*** und ***lüü***). Die 18 Grundformen der vokalischen Buchstaben sind in zwei Gruppen zu je 9 Buchstaben eingeteilt: Kurze Vokale und lange Vokale (***ø-øø, a-aa, i-ii, u-uu, ü-üü, e-ee, ö-öö, ä-ää, o-oo***). Daneben gibt es noch zahlreiche Vokalkombinationen.

Schrift

Geschrieben wird prinzipiell von links nach rechts, jedoch gibt es einige Eigenheiten, die das Lesen bzw. Erlernen der Schrift erschweren:

- Vokale werden je nachdem vor, über, unter oder - wie für uns gewohnt - hinter den Konsonanten geschrieben.Hier in dieser Reihenfolge ein Beispiel mit dem Buchstaben ร ***røø:***
  โร รี รู รา ***roo rii ruu raa***
- Im Satz gibt es keine Wortgrenzen, d.h. der ganze Satz wird als eine lückenlose Anreihung von Buchstaben geschrieben. Erst am Ende eines Satzes markiert eine Lücke den Sinnwechsel, zB:
  พรุ่งนี้ผมจะไปโรงเรียน คุณจะไปด้วยไหม
  Morgen gehe ich in die Schule. Gehen Sie mit?
- Es gibt sehr viel mehr geschriebene Konsonanten als konsonantische Laute. D.h. jedem Laut sind verschiedene Konsonanten zugewiesen, die in der Schrift unterschieden werden, identisch ausgesprochen werden, z.B.:
  ถ ท ธ: alle drei Buchstaben stehen für ***thøø***
- Es gibt inhärente Vokale, also Vokale, die zwar gesprochen werden, die man aber in der Schrift nicht sieht. Diese Vokale können ***øø, a*** oder ***o*** sein. Beim Buchstabieren erhält jeder Konsonant den inhärenten Vokal ***øø*** (also etwa wie im Deutschen „aa", „be", „ce", „de", usw.), z.B.
  สกปรก ***sokkapròk*** (schmutzig) besteht, in Thai geschrieben, nur aus den Konsonanten s, k, p, r, k.

Die Form, in der das Thai heute geschrieben wird, wurde im 13. Jahrhundert vom König von Sukhothai eingeführt. Sie geht auf eine altindische Schrift, das Devanagari, zurück.

Tonzeichen

Die Tonzeichen (siehe Tabelle Tonzeichen) sind mehrdeutig. Sie können mehr als einen Ton, abhängig von Buchstaben und Silbe, bezeichnen. Eine Silbe ohne Tonzeichen kann alle 5 Töne (neutral, tief, fallend, hoch, steigend) annehmen, wieder entsprechend der Konsonanten- und Silbenart, auf die hier nicht näher eingegangen werden soll. Beispiel:

ห้าม - น้อย ***hâam - nóøi*** verbieten - klein

Beide Wörter haben das zweite Tonzeichen (***mái thoo***), werden aber mit unterschiedlichen Tönen gesprochen.

สอง - หก - พัน ***søøng - hòk - phan*** zwei - sechs - Tausend

Die drei Wörter haben kein Tonzeichen, werden aber mit unterschiedlichen Tönen gesprochen.

Die Sprache

Satzstellung Die Satzstellung gleicht der in europäischen Sprachen: Subjekt - Prädikat - Objekt

Er schreibt einen Brief
khau khǐan dschòt-maay
er-schreiben-Brief

Kategorisierung Ein wichtiger Aspekt des Thai ist die Kategorisierung: Es gibt unzählige zusammengesetzte Begriffe, die im ersten Teil zunächst eine grundsätzliche Zugehörigkeit (Kategorie oder Wortfeld) beschreiben, um dann durch einen folgenden oder vorangehenden Teil den gemeinten Gegenstand oder die Handlung vollständig zu definieren. Versteht man den grundsätzlichen Aufbau der Thai-Sprache, bei der die Kategorisierung ein Hauptelement ist, dann fällt das Erlernen des Thai sehr viel leichter. Einige Beispiele:

dschai Das häufigste Beispiel in Lehrbüchern ist der Begriff, der zur Kategorie „Gemüt, Wesen, Gefühl" gehört, so daß alle Wortverbindungen mit ***dschai*** irgendwie mit dieser Kategorie bzw. diesem Wortfeld zu tun haben (siehe S. 11 für Beispiele).

rót รถ Wortfeld: „Fahrzeug, das sich auf Land fortbewegt"

Beispiele: ***rót yon*** - Auto; ***rót fai*** - Eisenbahn; ***rót bantúk*** - Lastwagen

khrûang เครื่อง Wortfeld: „Instrument, Maschine, Gebrauchsgegenstand"

Beispiele: ***khrûang dschàk*** - Maschine; ***khrûang yon*** - Motor; ***khrûang rüan*** - Möbel; ***khrûang dontrii*** - Musikinstrument

tschâang ช่าง Wortfeld: „Handwerker, Mechaniker, Künstler, jemand mit erlerntem Beruf"

Beispiele: ***tschâang mái*** - Schreiner; ***tschâang tàt-sûa*** - Schneider; ***tschâang pân*** - Bildhauer; ***tschâang khrûang*** - Mechaniker

nák นัก Wortfeld: „Experte; jemand, der etwas regelmäßig tut"

Beispiele: ***nák kaan-müang*** - Politiker; ***nák rian*** - Schüler; ***nák thøøng-thîao*** - Tourist

kham คำ

Wortfeld: „Wort, Aussage, Rede"
Beispiele: ***kham thaam*** - Frage; ***kham tschöön*** - Einladung; ***kham yàap*** - Schimpfwort; ***kham sàng*** - Befehl

bai ใบ

Wortfeld: „Schriftstück, Blatt, dünner Gegenstand"
Beispiele: ***bai kèp-ngöön*** - Rechnung; ***bai tschaa*** - Teeblätter; ***bai mîit*** - Klinge

Weitere Kategoriewörter

Ebenfalls Kategoriewörter, aber mit sehr viel weiter gefaßtem Wortfeld, sind folgende Wörter: ***khwaam*** ความ, ***kaan*** การ, ***khon*** คน, ***nâa*** น่า, ***khîi*** ขี้.
Diese Wörter haben eine richtiggehend grammatikalische Funktion:

khwaam und ***kaan***

khwaam und ***kaan*** sind „Substantivbildungswörter". Vor Verben oder Adjektive gestellt, machen sie diese zu Substantiven. Beispiele:
khwaam dsching - Wahrheit (von ***dsching*** - wahr); ***khwaam mûut*** - Dunkelheit (von ***mûut*** - dunkel)
kaan duu - das Sehen (von ***duu*** - sehen); ***kaan fûk*** - Übung (von ***fûk*** - üben); ***kaan kratam*** - Handlung, das Tun (von ***kratam*** - machen, tun)

khon

khon bezeichnet eine Person. Vor ein Verb oder Adjektiv gestellt, ergibt es ein Substantiv, ähnlich dem deutschen Suffix „-er" (wie „Fahrer"). Beispiele:
khon ngaan - Arbeiter (von ***ngaan*** - Arbeit); ***khon tàang-tschâat*** - Ausländer (von ***tàang-tschâat*** - ausländisch); ***khon khàp*** - Fahrer (von ***khàp*** - fahren, steuern)

nâa

vor ein Verb gestellt, ergibt ein Adjektiv ähnlich dem deutschen Suffix „-wert" (wie „sehenswert"). Beispiele:
nâa rák - liebenswert, niedlich (von ***rák*** - lieben); ***nâa son-dschai*** - interessant (von ***son-dschai*** - interessiert sein); ***nâa kin*** - lecker (von ***kin*** - essen)

khîi

khîi vor ein Verb gestellt, ergibt ein Adjektiv ähnlich dem deutschen Suffix „-lich" (wie „vergeßlich"). Beispiele:
khîi klua - ängstlich (von ***klua*** - Angst); ***khîi kìat*** - faul (kommt nur in dieser Verbindung vor); ***khîi nĭao*** - geizig (von ***nĭao*** - klebrig).

Zählen

Eine besonders wichtige Funktion haben Kategoriewörter beim Zählen (siehe auch Kapitel „Das Wichtigste"). Hier eine Liste der am häufigsten verwendeten Kategoriewörter beim Zählen:

an	อัน	(kleine) Gegenstände im allgemeinen
bai	ใบ	für Früchte, Eier, Hüte, kleine Schriftstücke: Karten, Zettel
kâ̂äo	แก้ว	für Trinkgläser
khan	คัน	für Autos, Motorräder, Landfahrzeuge
khon	คน	für Personen
khùat	ขวด	für Flaschen
khûu	คู่	für Personen/Gegenstände in Paaren: Ehepaar, Schuhe, Socken
lang	หลัง	für Häuser
lam	ลำ	für Boote, Flugzeuge
lêm	เล่ม	für Bücher, Zeitschriften, Besteck
lûuk	ลูก	für kleine Früchte, Bälle, Schlüssel
mét	เม็ด	für Pillen, Knöpfe, Kerne
mûan	ม้วน	für Rollen: Filme, Kassetten, Toilettenpapier
phààn	แผ่น	für Flache Gegenstände: Schallplatten, Disketten, Bretter
rüan	เรือน	für Uhren
rûup	รูป	für Bilder, Fotos, Gemälde
sên	เส้น	für Stricke, Halsketten, Faden, einzelne Haare
sîi	ซี่	für Zähne, Rippen
søøng	ซอง	für Umschläge, Schachteln
thûay	ถ้วย	für Tassen
tôn	ต้น	für Bäume, Pflanzen
tschabàp	ฉบับ	für Briefe, Zeitungen, Dokumente
tschín	ชิ้น	für Scheiben: Kuchen, Fleisch
tua	ตัว	für Tiere; Gegenstände mit Füßen/Ärmeln: Tisch, Stuhl, Hemd, Hose

Die Syntax ist immer: Gezählte Person/Gegenstand - Zahl - Kategoriewort.

z.B.

แมวสามตัว ***mäão saam tua*** wörtl. „Katze drei Körper", also „drei Katzen"

น้ำสองแก้ว ***náam søøng kâ̂äo*** wörtl. „Wasser zwei Glas", also „zwei Glas Wasser"

เด็กชายคนนี้ ***dèk-tschaay kon níi*** wörtl. „Junge Person dies", also „dieser Junge"

Wenn man nach Personen/Gegenständen mit Kategoriewort fragt, ist das Fragewort ***kìi*** + Kategoriewort:

wieviele Personen? - ***kìi khon***

wieviele Autos? - ***ròt-yon kìi khan***

Fragt man abstrakt nach einer Menge, so fragt man mit ***thâurai:***

Wieviel kostet das? - ***raakhaa thâurai***

Bitten

Zunächst eine Vorbemerkung: Gerade bei Bitten ist natürlich die Verwendung der Höflichkeitspartikel ***khráp*** bzw. ***khá*** besonders wirksam und wichtig; man sollte deren häufigen Gebrauch nicht vergessen: ***khráp*** für einen mänlichen Sprecher, ***khá*** für eine Sprecherin.

Das Wort „bitte" kann in Thai auf vielerlei Arten ausgedrückt werden. Hier werden einige Arten vorgestellt, um beispielsweise zu sagen: „Bitte öffnen Sie das Fenster". Der Kernsatz in Thai lautet ***pööt nâa-tàang*** (öffnen-Fenster):

<u>pròot</u> pööt nâa-tàang khráp/khá

<u>karúnaa</u> pööt nâa-tàang (<u>hâi nøøy</u>) khráp/khá

<u>tschûay</u> pööt nâa-tàang (<u>hâi nøøy</u>) khráp/khá

pööt nâa-tàang <u>hâi nøøy</u> khráp/khá

pròot ist das formalste Wort um zu bitten; es wird hauptsächlich in der Schriftsprache verwendet.

karúnaa ist ein Wort, das formal ist, aber im gesprochenen Thai verwendet wird (oft in Kombination mit ***hây nòøy***).

tschûay heißt eigentlich „helfen", wird aber in der Umgangssprache sehr oft für „Bitte" verwendet (oft in Kombintion mit ***hây nòøy***).

hây nòøy wird am Ende des Satzes eingefügt und gibt dem Satz einen weicheren Klang.

khøø wird am häufigsten für „Bitte" verwendet, ebenfalls gerne in Verbindung mit ***hây nòøy***.

Allerdings wird ***khøø*** nur für Gegenstände verwendet, wenn man also um eine Sache bittet.

Personalpronomen

Die Personalpronomen im Thai sind ein schwieriger Fall: Es gibt knapp 50 verschiedene, die entsprechend dem Geschlecht, Alter und Status mehr oder weniger häufig verwendet werden und, das muß man fairerweise sagen, die auch den Thais manchmal Schwierigkeiten bereiten.

Es ist das beste, sich auf die im Kapitel „Das Wichtigste" genannten Personalpronomen zu beschränken.

Tabellen zur Schrift und Aussprache der Thaibuchstaben

Konsonanten
Die Buchstaben in Klammern sind veraltete Formen, die zwar im Alphabet noch vorhanden sind, aber praktisch nicht mehr benutzt werden.
Buchstabiert wird im Thai wie in der Spalte „Muster" gezeigt. Also etwa wie im Deutschen „A wie Anton, B wie Berta" usw.
Beachten Sie auch die letzte Spalte „Silbenende": Tatsächlich gibt es für Konsonanten, die am Silbenende stehen, nur wenige Ausspracheformen, ähnlich wie im Deutschen, wo der Endkonsonant von „Wald" und „kalt" identisch ausgesprochen wird.

Thai-Alphabet	Muster für den Buchstaben	Lautschrift	Übersetzung des Musters	Erklärung der Aussprache	Silbenende
ก	ก ไก่	***køø kài***	Huhn	wie ein hartes „g", d.h. zwischen"g" und „k"	k
ข	ข ไข่	***khǒø khài***	Ei	behauchtes (aspiriertes) „k"	k
(ฃ)	ฃ ขวด	***khǒø khùat***	Flasche	behauchtes (aspiriertes) „k"	k
ค	ค ควาย	***khøø khwaay***	Büffel	behauchtes (aspiriertes) „k"	k
(ฅ)	ฅ ฅน	***khøø khon***	Person	behauchtes (aspiriertes) „k"	k
(ฆ)	ฆ ระฆัง	***khøø rakhang***	Glocke	behauchtes (aspiriertes) „k"	k
ง	ง งู	***ngøø nguu***	Schlange	wie in „Hang", auch am Sibenanfang	ng
จ	จ จาน	***dschøø dschaan***	Teller	eine Mischung aus „dsch" und „dj"	t
ฉ	ฉ ฉิ่ง	***tschǒø tschìng***	Gong, Zimbel	ähnlich deutschem „tsch", manchmal wie hartes „sch" gesprochen	-
ช	ช ช้าง	***tschøø tscháang***	Elefant	ähnlich deutschem „tsch", manchmal wie hartes „sch" gesprochen	t

ซ	ซ โซ่	***søø sôo***	Kette	wie stimmloses deutsches „s“ in „Tasse“	t
(ฌ)	ฌ เฌอ	***tschøø tschöö***	Baum	ähnlich deutschem „tsch“, manchmal wie hartes „sch“ gesprochen	t
ญ	ญ หญิง	***yøø yĭng***	Mädchen, Frau	wie deutsches „j“ in „jagen“	n
ฎ	ฎ ชฎา	***døø tschadaa***	(kegelförmiger Kopfschmuck der Thai)	wie deutsches „d“ in „dulden“	t
(ฏ)	ฏ ปฏัก	***tøø patàk***	Lanze	hartes „d“ zwischen „d“ und „t“, wie „d“ in „Geld“	t
(ฐ)	ฐ ฐาน	***thŏø thăan***	Podest, Fundament	behauchtes (aspiriertes) hartes „t“ wie in „Matte“	t
(ฑ)	ฑ มณโฑ	***thøø monthoo***	(Frauenname)	behauchtes (aspiriertes) hartes „t“ wie in „Matte“	t
ฒ	ฒ ผู้เฒ่า	***thøø phûuthâu***	alter Mann	behauchtes (aspiriertes) hartes „t“ wie in „Matte“	t
ณ	ณ เณร	***nøø neen***	Novize	wie deutsches „n“ in „nennen“	n
ด	ด เด็ก	***døø dèk***	Kind	wie deutsches „d“ in „dulden“	t
ต	ต เต่า	***tøø tàu***	Schildkröte	hartes „d“ zwischen „d“ und „t“, wie in „Geld“	t
ถ	ถ ถุง	***thŏø thŭng***	Tüte, Beutel	behauchtes (aspiriertes) hartes „t“ wie in „Matte“	t
ท	ท ทหาร	***thøø tháhăan***	Militär, Soldat	behauchtes (aspiriertes) hartes „t“ wie in „Matte“	t
ธ	ธ ธง	***thøø thong***	Flagge	behauchtes (aspiriertes) hartes „t“ wie in „Matte“	t
น	น หนู	***nøø nŭu***	Maus, Ratte	wie deutsches „n“ in „nennen“	n
บ	บ ใบไม้	***bøø baimái***	Blatt	wie deutsches „b“ in „beben“	p
ป	ป ปลา	***pøø plaa***	Fisch	hartes „b“ zwischen „b“ und „p“, wie in „Hieb“	p

ผ	ผ ผึ้ง	***phŏø phûng***	Biene	behauchtes (aspiriertes) hartes „p" wie in „Rappe"	-
ฝ	ฝ ฝา	***fŏø făa***	Deckel	wie deutsches „f" in „fahren"	-
พ	พ พาน	***phøø phaan***	Schüssel	behauchtes (aspiriertes) hartes „p" wie in „Rappe"	p
ฟ	ฟ ฟัน	***føø fan***	Zahn	wie deutsches „f" in „fahren"	p
ภ	ภ สำเภา	***phøø sămphau***	Dschunke	behauchtes (aspiriertes) hartes „p" wie in „Rappe"	p
ม	ม ม้า	***møø máa***	Pferd	wie deutsches „m" in „Mime"	m
ย	ย ยักษ์	***yøø yák***	Dämon	wie deutsches „j" in „jagen"	j
ร	ร เรือ	***røø rüüa***	Boot	rollendes „r", umgangssprachlich aber meist wie „l" ausgesprochen	n
ฤ	รึ	***rǘ***	-	(seltenes Zeichen, das nur in Pali-Wörtern vorkommt), rollendes „r" + kurzer „Stöhnlaut" ü	-
ฤๅ	รื	***rüü***	-	(seltenes Zeichen, das nur in Pali-Wörtern vorkommt), rollendes „r" + langer „Stöhnlaut" üü	-
ล	ล ลิง	***løø ling***		wie deutsches „l" in „lallen", umgangssprachlich nach p oder k aber oft stumm, also anstatt „plaa" wird „paa" gesprochen	n
ฦ	ลึ	***lǘ***	-	(seltenes Zeichen, das nur in Pali-Wörtern vorkommt), „l" + kurzer „Stöhnlaut" ü	-
ฦๅ	ลื	***lüü***	-	(seltenes Zeichen, das nur in Pali-Wörtern vorkommt), „l" + langer „Stöhnlaut" üü	-
ว	ว แหวน	***wøø wăän***	Ring	wie englisch „w" in „to wait"	w
ศ	ศ ศาลา	***sŏø săalaa***	Halle	wie stimmloses deutsches „s" in „Tasse"	t

ษ	ษ ฤาษี	***sǒø rüüsii***	Asket	wie stimmloses deutsches „s" in „Tasse"	t
ส	ส เสือ	***sǒø sǚüa***	Tiger	wie stimmloses deutsches „s" in „Tasse"	t
ห	ห หีบ	***hǒø hiib***	Schachtel	wie deutsches „h" in „Halle", niemals Dehnungs-"h" wie in „dehnen", manchmal stumm als Träger eines Tonzeichens	-
(ฬ)	จุฬา	***løø dschùlaa***	Papierdrachen	wie deutsches „l" in „lallen"	n
อ	อ อ่าง	***øø àang***	Becken	offenes, lang gesprochenes „o" wie in „dort"; Vokalträgerzeichen am Silbenanfang (siehe „Vokale"); manchmal stumm als Träger eines Tonzeichens	siehe Vokale
ฮ	ฮ นกฮูก	***høø nókhûuk***	Uhu	wie deutsches „h" in „Halle"	-

Vokale

Vokal	Benen-nung	Lautschrift	Erklärung der Aussprache	Bei-spiel	Laut-schrift	Übersetzung
อ	อ อ่าง	***øø àang***	offenes, langes „o" wie in „dort", am Silbenanfang vor Konsonant kurzes „o" wie in „doch"	คอย	***køøi***	warten
-ะ	วิสรรชนีย์ / สระ อะ	***wísǎntschanii/sàrà a***	Kommt nur am Silbenende vor: Kurzes „a" wie in „Bach"	พระ	***phrá***	Mönch, Priester
-ั	ไม้หันอากาศ	***mái hǎnaakàat***	Nur in der Silbenmitte vor Konsonant: Kurzes „a" wie in „Bach"	กับ	***kàb***	mit
-ัว	สระ อัว	***sàrà ùa***	Ähnlich ausgesprochen wie „nur", ohne das „r" zu rollen	หัว	***hǔa***	Kopf
-ัวะ	สระ อัวะ	***sàrà ùa***	Nur am Silbenende: Ähnlich ausgesprochen wie „nur", ohne das „r" zu rollen, kurz und abgehackt gesprochen	ผลัวะ	***phlùa***	Schlag, Knall

-า	ลากข้าง / สระ อา	***lâak khâang/sàrà aa***	Langes „a" wie „a" mit Dehnungs-"h" in „Draht"	มาก	***mâak***	viel, sehr
-ำ	สระ อำ	***sàrà am***	In der Regel kurz ausgesprochen, wie „am" in „Damm"	ดำ	***dam***	schwarz
-ิ	พินทุ อิ / สระ อิ	***phinthú ì/sàrà ì***	Kurzes „i" wie in „bin"	ยิ้ม	***yím***	lächeln
-ี	สระ อี	***sàrà ii***	Langes „i" wie in Biene	ดี	***dii***	gut
-ึ	สระ อึ	***sàrà ǜ***	kurzer „Stöhnlaut", ähnlich ausgesprochen wie „ü" aber dumpf und mit gespreizten Mundwinkeln	ศึกษา	***sǜksăa***	studieren
-ื	สระ อิ	***sàrà üü***	langer „Stöhnlaut", ähnlich ausgesprochen wie langes „ü" aber dumpf und mit gespreizten Mundwinkeln, wegen seiner Form auch fan nuu' (Mausezahn) genannt	มืด	***mûüt***	dunkel
-ุ	ตีนเหยียดส ระ อุ	***tiin yìat/sàrà ù***	kurzes „u" wie in „Ruck"	คุณ	***khun***	Herr/Frau (in der Anrede); Sie/Ihnen
-ู	ตีนคู้ / สระ อู	***tiin khúu/sàrà uu***	langes „u" wie in „Mut"	ดู	***duu***	sehen, schauen
เ-	ไม้หน้า / สระ เอ	***máinâa/sàrà ee***	langes „e" wie in „See", wenn über dem Konsonant ein Ton- oder Verkürungszeichen (siehe „Weitere Zeichen im Thai-Alphabet") steht, wird das „e" kurz gesprochen, wie in „denn"	เมฆ	***mêek***	Wolke
เ-ย	สระ เอย	***sàrà ööy***	langer „Stöhnlaut", ähnlich wie „ö" ausgesprochen aber dumpf und mit gespreizten Mundwinkeln und anschließendes „i"	เคย	***kööy***	je, jemals

เ-อ	สระ เออ	***sàrà öö***	langer „Stöhnlaut“, ähnlich wie „ö“ ausgesprochen aber dumpf und mit gespreizten Mundwinkeln	เบอร์	***böö***	(Telefon-) Nummer
เ-อะ	สระ เออะ	***sàrà ö***	kurzer „Stöhnlaut“, ähnlich wie „ö“ ausgesprochen aber dumpf und mit gespreizten Mundwinkeln	เบอะ	***bö̀***	tief
เ-ะ	สระ เอะ	***sàrà e***	kurzes „e“ wie in „denn“	เอะใจ	***è dschai***	auffallen, verdächtigen
เ-า	สระ เอา	***sàrà au***	ausgesprochen wie „au“ in „Bau“	เรา	***rau***	wir
เ-าะ	สระ เอาะ	***sàrà ø***	kurzes, offenes „o“ wie in „doch“	เกาะ	***kò̸***	Insel
เ-ิ	สระ เอิ	***sàrà öö***	langer „Stöhnlaut“, ähnlich wie „ö“ ausgesprochen aber dumpf und mit gespreizten Mundwinkeln	เดิน	***döön***	laufen
เ-ีย	สระ เอีย	***sàrà ia***	Ausgesprochen wie in „dir“, ohne das „r“ zu rollen	เพียง	***phiang***	nur, bloß
เ-ียะ	สระ เอียะ	***sàrà ia***	Ausgesprochen wie in „dir“, ohne das „r“ zu rollen, kurz und abgehackt gesprochen	เพียะ	***phìa***	(klatschend. Geräusch)
เ-ือ	สระ เอือ	***sàrà üa***	Kombination „Stöhnlaut“ mit anschließendem kurzen „a“	เบื่อ	***bǜa***	gelangweilt
เ-ือะ	สระ เอือะ	***sàrà üa***	Kombination „Stöhnlaut“ mit anschließendem kurzen „a“, kurz und abgehackt gesprochen			
แ-	สระ แอ	***sàrà ää***	langes „ä“, ausgesprochen wie in „Bären“	แม่	***mâ̂ä***	Mutter
แ-ะ	สระ แอะ	***sàrà ä***	Silbenende: kurzes „ä“ wie in Englisch „cat“	แตะ	***tä̀***	berühren
โ-	ไม้โอ / สระ โอ	***mái oo/sàrà oo***	langes, geschlossenes „o“ wie in „Boot“	โต	***too***	groß sein, wachsen
โ-ะ	สระ โอะ	***sàrà o***	kurzes „o“ wie in „doch“, abgehackt gesprochen	โต๊ะ	***tó***	Tisch

ใ-	ไม้ม้วน / สระ ใอ	***mái múan/sàrà ai***	ausgesprochen wie „ei" in „Bein"	ใต้	***tâi***	unter
ไ-	ไม้มลาย / สระ ไอ	***mái malaay/sàrà ai***	ausgesprochen wie „ei" in „Bein"	ไม่	***mâi***	nein, nicht

Töne

-่	ไม้เอก	***mái èek***	Erstes Tonzeichen, kann jedoch verschieden Töne bezeichen	สี่ - ไม่	***sìi - mâi***	vier - nicht
-้	ไม้โท	***mái thoo***	Zweites Tonzeichen, kann jedoch verschiedene Töne bezeichnen	ให้ - ชั้น	***hâi - tschán***	Etage - geben
-๊	ไม้ตรี	***mái trii***	Drittes Tonzeichen: hoher Ton	โต๊ะ	***tó***	Tisch
-๋	ไม้จัตวา	***mái dschàtàwaa***	Viertes Tonzeichen: fragender (steigender) Ton	ตั๋ว	***tŭa***	Ticket, Eintrittskarte

Weitere Zeichen

-์	การันต์	***kaaran***	Der Buchstabe, über dem dies Zeichen steht, wird nicht gesprochen	โทรศัพท์	***thoorá sàp***	Telefon
-็	ไม้ไต่คู้	***mái tài kúu***	Steht über einem Konsonanten und kürzt dessen Vokal	เร็ว - เย็น	***reo - yen***	schnell - kalt
ฯ	ไปยาลน้อย	***paiyaan nøøi***	Verkürzungszeichen innerhalb eines Wortes/Ausdrucks	กรุงเทพ ฯ	***krung thêp***	Bangkok
ฯลฯ	ไปยาลใหญ่	***paiyaan yài***	Verkürzungszeichen für eine längeren Zusammenhang, wie im Deutschen „usw."			
ๆ	ไม้ยมก	***mái yámók***	Wiederholungszeichen, das das vorangehende Wort wiederholt	เร็วๆ	***reo reo***	schnell, schnell

Vokabelliste Deutsch-Englisch-Thai

A

abbiegen *to turn* ***líao*** เลี้ยว
Abend, abends *evening* ***tøøn yen*** ตอนเย็น
Abendessen *dinner* ***aahaan yen*** อาหารเย็น
aber *but, however* ***tää*** แต่
Abführmittel *laxative, purgative* ***yaa rabaay*** ยาระบาย
abholen *to collect, to get back* ***kèp*** เก็บ
abholzen *to deforest* ***tham-laay pàa*** ทำลายป่า
Abmachung *agreement* ***kaan tòk-long*** การตกลง
abnehmen (den Hörer) *to answer (the phone)* ***ráp (thoorasàp)*** รับ (โทรศัพท์)
Abreise *departure, check-out* ***kaan dschàak pai*** การจากไป
absenden, schicken *to send, to mail* ***sòng*** ส่ง
Absender *sender* ***phûu sòng*** ผู้ส่ง
absichtlich *on purpose* ***dûay kwaam dschong dschai*** ด้วยความจงใจ
Abteilung *department* ***krom, phanä̀äk*** กรม / แผนก
Abteilungsleiter *head of department* ***hua-nâa phanä̀äk*** หัวหน้าแผนก
abzahlen, in Raten zahlen *down-payment* ***phòøn tschamrá*** ผ่อนชำระ
Abzug *print* ***bai*** ใบ
Ader *blood vessels* ***lòøt lûaṭ*** หลอดเลือด
Adresse *address* ***thîi-yùu*** ที่อยู่
Affe *monkey* ***ling*** ลิง
AIDS *AIDS* ***rôok èet*** โรคเอดส์
Airline, Fluggesellschaft *airline* ***saay bin*** สายบิน
Aktie *share* ***hûn-sùan*** หุ้นส่วน
Alkohol *alcohol, liquour* ***lâu*** เหล้า
allein *alone* ***khon diao*** คนเดียว
Allergie *allergy* ***lom phít*** ลมพิษ

alles *everything* ***thúk sìng thúk yàang*** ทุกสิ่งทุกอย่าง
alles, ganz *all, whole* ***tháng mòt*** ทั้งหมด
Almosen *alms* ***thaan*** ทาน
als (Konj.) *when* ***mûa*** เมื่อ
alt (Gegenstand) *old* ***kàu*** เก่า
alt (Person) *old* ***kàä*** แก่
Alter *age* ***aayú*** อายุ
ältestes Kind *oldest child* ***lûuk khon rââk*** ลูกคนแรก
am billigsten *cheapest* ***thùuk thîi-sùt*** ถูกที่สุด
Ameise *ant* ***mót*** มด
Amöbenruhr *amoebic dysentery* ***rôok bit*** โรคบิด
Ampel *traffic light, red light* ***fai dääng*** ไฟแดง
Amulett, Talisman *amulet, talisman* ***khrûang raang*** เครื่องราง
Ananas *pineapple* ***sàpparòt*** สับปะรด
Angestellte(r) *employee* ***phánák-ngaan, lûuk dschâang*** พนักงาน / ลูกจ้าง
anhalten *to stop* ***yùt*** หยุด
ankommen *to arrive* ***thǔng*** ถึง
Anmeldung *check-in* ***kaan tôøn-ráp*** การต้อนรับ
anrufen, telefonieren *to call* ***thoo, thoorasàp*** โทร / โทรศัพท์
Ansischtskarte *picture postcard* ***phâap póot-kàat*** ภาพโปสการ์ด
ansteckend *infectious, contagious* ***tìt tòø*** ติดต่อ
Antibiotika *antibiotics* ***yaa khâa bàäkthiiria*** ยาฆ่าแบคทีเรีย
antworten *to answer, to reply* ***tòøp*** ตอบ
Anwalt *lawyer* ***thanaay-khwaam*** ทนายความ
Anzeige *report* ***kaan phóøng*** การฟ้อง
anzeigen *file a report* ***phóøng*** ฟ้อง
anziehen *to put on* ***tääng tua*** แต่งตัว
anziehen, anhaben, tragen *to dress, to wear* ***sài*** ใส่
Anzug *suit* ***suut*** สูท
Apfel *apple* ***ǎäppǒn*** แอ๊ปเปิ้ล
Apotheke *pharmacy* ***ráan khaay yaa*** ร้านขายยา
Ära, Zeitalter *era* ***sòk, yúk*** ศก / ยุค
Arbeit *work* ***ngaan*** าน
arbeiten *to work* ***tham ngaan*** ทำงาน
Arbeiter(in) *worker* ***khon ngaan*** คนงาน
Arbeitgeber *employer* ***naay dschâang*** นายจ้าง
Arbeitnehmer *employee* ***lûuk dschâang, phanák-ngaan*** ลูกจ้าง / พนักงาน
arbeitslos *unemployed* ***wâang ngaan*** ว่างงาน
Arbeitsplatz, Arbeit *employment* ***ngaan kaan*** งานการ
Architekt(in) *architect* ***sathaapaník*** สถาปนิก
arm *poor* ***yâak dschon*** ยากจน
Arm *arm* ***khǎän*** แขน
Armbanduhr *wrist-watch* ***naalíkaa khôø müü*** นาฬิกาข้อมือ
Armreif *bracelet* ***kamlai müü, sôøy khôø müü*** กำไลมือ / สร้อยข้อมือ
Arzt *medical doctor, physician* ***phâät, møø*** แพทย์ / หมอ
Asien *Asia* ***aasia*** อาเซีย
Asthma *asthma* ***rôok hùüt*** โรคหืด
Atemnot *shortness of breath* ***haay-dschai mâi òøk*** หายใจไม่ออก
atmen *to breathe* ***haay dschai*** หายใจ
Aubergine *eggplant* ***makhǔa*** มะเขือ
auch *too, as well* ***dûay*** ด้วย
auf *on, on top of* ***bon*** บน
auf *on* ***bon*** บน
Auf Wiedersehen! *See you again!* ***phóp kan mài*** พบกันใหม่
auflegen *to hang up* ***waang huu*** วางหู
Aufnahme, Foto *picture, photo* ***rûup-thàay, phâap*** รูปถ่าย / ภาพ
aufwachen *to awake, wake up* ***tùün*** ตื่น
Aufzug, Fahrstuhl *lift, elevator* ***khrûang líp*** เครื่องลิฟต์
Auge *eye* ***taa*** ตา
Auge *eye* ***taa*** ตา

Augenarzt *eye doctor, oculist* ***dschàksùphâät, møø taa*** จักษุแพทย์ / หมอตา
Augenblick! *Just a moment!* ***sàk khrûu*** สักครู่
Augenbraue *eyebrow* ***kíu*** คิ้ว
Augenschmerzen *sore eyes* ***säàp taa*** แสบตา
Augentropfen *eye drops* ***yaa sài taa*** ยาใส่ตา
Außenhandelsbehörde *foreign trade department* ***krom-kaan kháa tàang-prathèet*** กรมการค้าต่างประเทศ
Ausgaben *expenses* ***raay dschàay*** รายจ่าย
Ausgang *exit* ***thaang òøk*** ทางออก
Ausland *foreign country* ***tàang prathêet*** ต่างประเทศ
Auslöser *trigger, button* ***pùm, kai*** ปุ่ม / ไก
ausruhen *to rest* ***phák-phòøn*** พักผ่อน
Ausschlag *rash* ***phüün*** ผื่น
Aussicht *view* ***wiu*** วิว
aussteigen *to get out* ***long*** ลง
Ausstellung *exhibition* ***ngaan sadäàng*** งานแสดง
Australien *Australia* ***óøtsatreelia*** ออสเตรเลีย
auswählen *to choose* ***lûak*** เลือก
ausziehen *to undress*
Author *author* ***nák khĭan*** นักเขียน
Auto *car* ***rót yon*** รถยนต์

B

Bach *stream* ***lamthaan*** ลำธาร
backen *to bake* ***òp*** อบ
Badeanzug *bathing suit, swimsuit* ***tschút wâay-náam*** ชุดว่ายน้ำ
Badeanzug *bathing suit, swimsuit* ะหแ้ ะ ไโฟัขีแฟท
Badehose *trunks* ***kaang-keeng wâay-náam*** กางเกงว่ายน้ำ
Badelatschen *slippers* ***føøng náam*** ฟองน้ำ
baden *to bathe, to take a bath* ***àap náam*** อาบน้ำ
Badewanne *bathtub* ***àang àap náam*** อ่างอาบน้ำ
Badezimmer *bathroom* ***hôøng náam*** ห้องน้ำ
Badminton, Federball *badminton* ***bäàtmintân*** แบดมินตัน
Bahn, Zug *train* ***rót fai*** รถไฟ
Bahnhof *train station, railway station* ***sathaanii rót fai*** สถานีรถไฟ
Bahnsteig *platform* ***tschaan-tschalaa*** ชานชลา
Baht *Baht* ***bàat*** บาท
Bakterien *bacteria, germ* ***tschŭa rôok*** เชื้อโรค
bald, gleich *soon* ***nai mâi tscháa*** ในไม่ช้า
Balkon *balcony* ***rábiang, múkdèt*** ระเบียง / มุขเด็จ
Ball *ball* ***lûuk bøøn*** ลูกบอล
Bambus *bamboo* ***mái phài*** ไม้ไผ่
Bambussprossen *bamboo shoot* ***nòø mái*** หน่อไม้
Bananen *banana* ***klûay*** กล้วย
Bank (Geld) *bank* ***thanaakhaan*** ธนาคาร
Bär *bear* ***mĭi*** หมี
Bargeld *cash* ***ngöön sòt*** เงินสด
Bart *beard* ***khrau, nùat*** เครา / หนวด
Basilikum *basil* ***kraphrau*** กระเพรา
Basketball *basketball* ***baasakeetbøøn*** บาสเกตบอล
Batterie *battery* ***bäättöörĭi*** แบตเตอรี่
Bauch *stomach, belly* ***thóøng*** ท้อง
Bauchschmerzen *stomach ache* ***pùat thóøng*** ปวดท้อง
Bauer *farmer* ***tschaao naa*** ชาวนา
Baum, Pflanze *tree, plant* ***tôn-mái*** ต้นไม้
Baumwolle *cotton* ***phâa fâay*** ผ้าฝ้าย
Bauwerk *building* ***aakhaan*** อาคาร
beabsichtigen, vorhaben *to intend* ***tâng-dschai*** ตั้งใจ

Bedienung, Kellner *waiter, waitress* **dèk sööp** เด็กเสิร์ฟ
Bedienung, Service *service* **boríkaan** บริการ
befehlen *to command, to order* **sàng** สั่ง
begegnen, treffen *to meet* **phóp, dschöö** พบ / เจอ
beginnen, anfangen *to start* **tâng-tôn, rôom** ตั้งต้น / เริ่ม
Behandlung *treatment* **kaan ráksaa** การรักษา
Behörde *authority* **krom** กรม
Bein *leg* **khaa** ขา
beißen *to bite* **kàt** กัด
bekommen, erhalten *to get, to receive* **dâi ráp** ได้รับ
Benzin *petrol, gasoline* **nám-man (beensin)** น้ำมัน(เบนซิน)
Berg *mountain* **phuu khau** ภูเขา
Berggipfel *peak* **døøy** ดอย
Bergvölker *hill tribes* **tschaao khau** ชาวเขา
Beruf *profession* **aatschîip** อาชีพ
Beruhigungsmittel *tranquilizer* **yaa rangáp-prasàat** ยาระงับประสาท
berühmt *famous* **mii tschûû dang** มีชื่อดัง
Beschreibung *description* **kaan phannanaa** การพรรณนา
Besen *broom* **mái kwàat** ไม้กวาด
besetzt *occupied, busy* **mâi wâang** ไม่ว่าง
Besichtigung *sightseeing* **kaan thîao** การเที่ยว
besonders, extra *special* **phísèet** พิเศษ
Besprechung, Konferenz *meeting, discussion* **kaan pratschum** การประชุม
Bestätigung *confirmation* **khøønföömm** คอนเฟิร์ม
bestellen *to order* **sàng** สั่ง
Bestellung *order* **kaan sàng** การสั่ง
Bestimmungsort *destination* **dschùt maay** จุดหมาย
besuchen *to visit* **pai haa, yîam** ไปหา / เยี่ยม
Betrag *amount* **dschamnuan ngöön** จำนวนเงิน
Betriebswirtschaft *economy* **sèetthà-sàat** เศรษฐศาสตร์
betrunken *to be drunk* **mau** เมา
Bett *bed* **tiang** เตียง
Bettbezug *bed cover* **phâa khlum tiang** ผ้าคลุมเตียง
bevor *before* **kòøn** ก่อน
bewachen *to guard, to keep watch* **fâu-yaam** เฝ้ายาม
bewölkt, bedeckt *cloudy* **fáa khrǘm** ฟ้าครึ้ม
bezahlen *to pay* **dschàay ngöön, sĭa ngöön** จ่ายเงิน / เสียเงิน
Bezahlung bei Lieferung *cash on delivery* **phátsadù kèp ngöön** พัสดุเก็บเงิน
Bibliothek *library* **hôøng samùt** ห้องสมุด
Biene *bee* **phûng** ผึ้ง
Bier *beer* **bia** เบียร์
Bild *picture* **rûup, phâap** รูป / ภาพ
billig *cheap* **thùuk** ถูก
Biologie *biology* **tschiiwa-wítthayaa** ชีววิทยา
bis *until* **dschon thǔng** จนถึง
bitten *to request, to ask for* **khøø** ขอ
bitter *bitter* **khom** ขม
Blasen *blisters* **phlǎä phøøng** แผลพอง
Blatt (Baum o. Papier) *leaf, sheet* **bai** ใบ
blau *blue* **sĭi náam-ngöön** สีน้ำเงิน
Bleistift *pencil* **dinsøø** ดินสอ
Blinddarm *appendix* **sâi-tìng** ไส้ติ่ง
Blinddarmentzündung *appendicitis* **sâi-tìng àksèep** ไส้ติ่งอักเสบ
Blitz *lightning* **fáa lâäp** ฟ้าแลบ
Blitzlicht *flash-light* **flâät** แฟลช
Blume *flower* **dòøk-mái** ดอกไม้
Blumenkette *flower garland* **phuang maalai** พวงมาลัย
Blumenkohl *cauliflower* **kalàm dòøk** กะหล่ำดอก
Blut *blood* **lûat, loohìt** เลือด / โลหิต

Blut im Stuhl *stool with blood* **thàay ùtdschaará mii lûat dûay** ถ่ายอุจจาระมีเลือดด้วย
Bluthochdruck *high blood pressure* **kwaam dan-loohìt suung** ความดันโลหิตสูง
Blutuntersuchung *blood test* **kaan trùat lûat** การตรวจเลือด
Blutvergiftung *blood poisoning* **loohìt pen phít** โลหิตเป็นพิษ
Boden (Zimmer) *floor* **phǔün** พื้น
Boden, Erde *ground* **din** ดิน
Bodybuilding *body building* **lên klâam** เล่นกล้าม
Bohne *bean* **thùa** ถั่ว
Boot, Schiff *boat, ship* **rüa** เรือ
Botschaft (diplomat.) *embassy* **sathaanthûut** สถานทูต
Boxen *boxing* **tschók muay** ชกมวย
braun *brown* **sĭi náam-taan** สีน้ำตาล
Braut *bride* **dschâu saao** เจ้าสาว
Bräutigam *bridegroom* **dschâu bàao** เจ้าบ่าว
Brief *letter* **dschòt-maay** จดหมาย
Briefkasten *letter-box* **tûu dschòt-maay** ตู้จดหมาย
Briefmarke *stamp* **satääm** แสตมป์
Brieftasche *wallet* **krapau sataang** กระเป๋าสตางค์
Briefträger *mailman, postman* **bùrùt praisanii** บุรุษไปรษณีย์
Briefumschlag *envelope* **søøng dschòt-maay** ซองจดหมาย
Brille *glasses* **wâän-taa** แว่นตา
Brillenetui *spectacle case* **søøng wâän-taa** ซองแว่นตา
Brillengestell *frame, rim* **khòøp wâän-taa** ขอบแว่นตา
Brokat *brocade* **phâa yók-døøk** ผ้ายกดอก
Brot *bread* **khanom-pang** ขนมปัง
Bruch *fracture* **tääk** แตก
Brücke *bridge* **saphaan** สะพาน
Brust *chest* **òk** อก
Brustschmerzen *chest pain* **dschèp òk** เจ็บอก
Buch *book* **nangsǔü** หนังสือ
buchen, reservieren *to book, to reserve* **dschøøng** จอง
Buchhandlung *book-shop* **ráan khaay nangsǔü** ร้านขายหนังสือ
Bucht *bay* **àao** อ่าว
Buddha *buddha* **phráphútthá-dschâu** พระพุทธเจ้า
Buddhas Fußabdruck *Buddha´s footprint* **phráphútthá-bàat** พระพุทธบาท
Buddhastatue *Buddha statue* **phráphútthá-rûup** พระพุทธรูป
Buddhismus *buddhism* **sàatsanaa-phút** ศาสนาพุทธ
Buddhist *buddhist* **tschaao phút** ชาวพุทธ
Büffel *bull* **khwaai** ควาย
Bühne *stage* **weethii** เวที
Bungalow *bungalow* **bangkaaloo** บังกาโลว์
bunt *coloured* **laay sĭi** หลายสี
Burg, Festung *castle, fortress* **praasàat** ปราสาท
Bürste (Haare) *brush* **prääng phom** แปรงผม
Bus *bus* **rót dooysaan, rót mee, rót bàt** รถโดยสาร / รถเมล์ / รถบัส
Busbahnhof *bus station* **bøø khøø søø, sathaanii rót mee** บ.ข.ส. / สถานีรถเมล์
Busen *breast* **nom** นม
Büstenhalter, BH *bras, brassiere* **sûa yók-song** เสื้อยกทรง
Butter *butter* **nööy** เนย

C

campen *to camp* **phák rääm** พักแรม
Cashewnüsse *cashew nut* **mét mamûang** เม็ดมะม่วง
Chakri-Dynastie *Chakri Dynasty* **râattschá-wong dschàkkrii** พระราชวงศ์จักรี
Chedi, Stupa *stupa* **dscheedi** เจดีย์

Chef *director, boss* **hua nâa, naay** หัวหน้า / นาย
Chemie *chemistry* **kheemii** เคมี
Chilli *chilli* **phrík** พริก
Chilli-Pulver *chilli powder* **phrík pòn** พริกป่น
China *China* **dschiin** จีน
Chinakohl, Weißkohl *Chinese cabbage* **phàk kàat khaao** ผักกาดขาว
Chirurg *surgeon* **sanlayaphâ̂at** ศัลยแพทย์
Cholera *cholera* **rôok ahìwaa** โรคอหิวาต์
Christ *christian* **tschaao khrít** ชาวคริสต์
Christentum *christianity* **sàatsanaa-khrít** ศาสนาคริสต์
Comic *comic* **kaatuun** การ์ตูน
Comic-Heft *comic book* **nangsǘü kaatuun** หนังสือการ์ตูน
Curry *curry* **phong karìi** ผงกะหรี่

D

Dame, Frau *lady, woman* **phûu yǐng, yǐng** ผู้หญิง / หญิง
Damenbinde *sanitary napkin* **phâa anaamai** ผ้าอนามัย
Dämmerung *twilight* **tawan yøø-sǎäng** ตะวันยอแสง
Danke *Thank you* **khòøp khun** ขอบคุณ
Darm *intestines, bowels* **lam-sâi** ลำไส้
Darm entleeren *to move one´s bowel* **khîi, ùtdschaará** ขี้ / อุจจาระ
das dort, jene(s) *that* **nân** นั่น
das hier, dies(es) *this* **nîi** นี่
Daumen *thumb* **níu pôong** นิ้วโป้ง
davor, vor *in front of* **thîi nâa** ที่หน้า
Decke (zum Zudecken) *blanket* **phâa hòm** ผ้าห่ม
Delphin *dolphin* **plaa loomaa** ปลาโลมา
den ganzen Tag *the whole day* **tháng wan** ทั้งวัน
Denkmal *monument* **anúsaawarii** อนุสาวรีย์
Desinfektionsmittel *antiseptic, disinfecant* **yaa khâa tschǔa rôok** ยาฆ่าเชื้อโรค
Deutsch *German* **yööraman** เยอรมัน
Diafilm *slides* **kradschòk tschaay** กระจกฉาย
Diagnose *diagnosis* **kaan wínittschay rôok** การวินิจฉัยโรค
Dichter *poet* **kawii** กวี
Dichtung *poetry* **bòt kawii** บทกวี
dick (Stoff) *thick* **naa** หนา
Dieb *thief* **khon khamooy** คนขโมย
Ding, Sache *thing, matter* **sìng** สิ่ง
dividieren (/, :) *divided by* **haan** หาร
DM *Deutschmark* **máak yööraman** มาร์คเยอรมัน
Dokument *document* **èekasaan** เอกสาร
Donner *thunder* **fáa røøng** ฟ้าร้อง
Doppelzimmer *double room* **hôøng khûu** ห้องคู่
Dorf *village* **bâan, baang** บ้าน / บาง
dort *there* **thîi nân** ที่นั่น
Dose *box* **hìip** หีบ
Dreierzimmer *triple room* **hôøng saam khon** ห้องสามคน
Drogen, Rauschgift *drugs* **yaa sèep tìt** ยาเสพติด
Drucksache *printed matter* **sìng tii phim** สิ่งตีพิมพ์
Dschungel *jungle* **pàa thǚp** ป่าทึบ
dunkel (Farbe) *dark* **khêm** เข้ม
dünn (Stoff) *thin* **baang** บาง
Durchfall *diarrhea* **thóøng sǐa** ท้องเสีย
Durian *durian* **thúrian** ทุเรียน
durstig *thirsty* **hǐu náam, krahaay náam** หิวน้ำ / กระหายน้ำ
Dusche *shower* **sùràay** สุหร่าย
Dutzend *dozen* **løø** โหล

E

Ebbe *low tide* **náam long** น้ำลง
Ecke *corner* **mum** มุม
Edelstein *gem, precious stone* **phét** เพชร
Eidechse, Gecko *lizard* **dschîng-dschòk** จิ้งจก
Eierstöcke *ovaries* **rang-khài** รังไข่
Eilbrief *express letter* **dschòt-maay dùan** จดหมายด่วน
ein Mal *once* **khráng diao** ครั้งเดียว
Einfuhrzoll *import tax* **phaasĭi khaa khâu** ภาษีขาเข้า
Eingang *entry* **thaang khâu** ทางเข้า
Einkaufspreis *wholesale price* **khâa khaay-sòng** ค่าขายส่ง
Einkomen *revenue* **raay ráp** รายรับ
einladen *to invite* **tschöön** เชิญ
einladen (und bezahlen) *to invite, to give a treat* **líang** เลี้ยง
einlösen (Scheck) *to cash* **khûn ngöön** ขึ้นเงิน
Einschreibebrief *registered letter* **dschòt-maay thabian** จดหมายทะเบียน
einsteigen *to enter* **khâu** เข้า
Eintrittskarte *ticket* **tua** ตั๋ว
Einverstanden, O.K. *O.K., all right* **tòk-long** ตกลง
Einzelzimmer *single room* **hôøng tiang dìao** ห้องเตียงเดี่ยว
Eis (-würfel) *ice (cubes)* **náam-khăng** น้ำแข็ง
Eisenbahn *train* **rót fai** รถไฟ
Eiskaffee *iced coffee* **ooliang** โอเลี้ยง
Eiskrem *ice-cream* **aisakriim** ไอศกรีม
Eistee *iced tea* **tschaa yen** ชาเย็น
Eiswasser *ice water* **náam khăng plàu** น้ำแข็งเปล่า
Elefant *elephant* **tscháang** ช้าง
Ellbogen *elbow* **khôø-søøk** ข้อศอก
Eltern *parents* **phôø-mâä, bìdaa-maandaa** พ่อแม่ / บิดามารดา
Empfänger *addressee* **phûu ráp** ผู้รับ
eng *tight* **kháp** คับ
Enkel, Enkelsohn *grand-son* **laan tschaay** หลานชาย
Enkelin, Enkeltochter *grand-daughter* **laan saao** หลานสาว
Ente *duck* **pèt** เป็ด
entwickeln *to develop* **láang fim** ล้างฟิล์ม
Entzündung *inflammation* **àksèep** อักเสบ
er, sie *he, she* **khau** เขา
Erbrechen *vomit* **aadschian** อาเจียน
Erbse *pea* **thùa khǟäk** ถั่วแขก
Erdnüsse *peanuts* **thùa lisong** ถั่วลิสง
Erkältung, Schnupfen *cold* **wàt** หวัด
Erste Hilfe *first aid* **pathom phayaabaan** ปฐมพยาบาล
erzählen *to tell* **lâu, klàao** เล่า / กล่าว
es *it* **man** มัน
essen *to eat* **thaan khâao, kin khâao** ทานข้าว / กินข้าว
Essen, Speise *meal, food* **aahaan** อาหาร
Essig *vinegar* **náam sôm** น้ำส้ม
Eßstäbchen *chopsticks* **takìap** ตะเกียบ
Etage *floor, storey* **tschán** ชั้น
Europa *Europe* **yúroop** ยุโรป
Export *export* **sĭn-kháa òøk** สินค้าออก
Expresspost *EMS (Express Mail Service)* **ee-em-èet** อี.เอ็ม.เอส

F

Fach (Schule) *subject* **wítschaa** วิชา
Fachschule *college* **wítthayaalai** วิทยาลัย
fade *stale, insipid* **dschüüt** จืด
Faden *thread* **dâai** ด้าย
Fahne *flag* **thong** ธง
Fähre *ferry* **rüa dschâang** เรือจ้าง
Fahrer *driver* **khon khàp rót** คนขับรถ
Fahrkarte, Ticket *ticket* **tua** ตั๋ว
Fahrkartenschalter *ticket counter* **hôøng khaay tua** ห้องขายตั๋ว
Fahrplan *schedule, time table* **kamnòt weelaa** กำหนดเวลา
Fahrpreis *fare* **khâa dooysaan** ค่าโดยสาร

Fahrrad *bicycle* **dschàkkrayaan** จักรยาน
Fahrzeug *vehicle* **rót** รถ
falsch verbunden *wrong number* **pìt böö** ปิดเบอร์
Familie *family* **khrôøp-khrua** ครอบครัว
Farbe *colour* **sĭi** สี
färben *to dye* **yóøm** ย้อม
Farbfilm *colour film* **fim sĭi** ฟิล์มสี
faul *rotten* **nâu** เน่า
Fax *fax* **thoorasaan, făk** โทรสาร / แฟ็กซ์
Feld *field, farm* **naa** นา
Fels *rock* **phaa** ผา
Felsen *rock* **phaa** ผา
Fenster *window* **nâa-tàang** หน้าต่าง
Ferngespräch *long-distance call* **thoorasàp thaang klai** โทรศัพท์ทางไกล
Fernglas, Feldstecher *binoculars* **klôøng søøng-taa** กล้องสองตา
Fernsehen *TV, television* **toorátháit, thii-wii** โทรทัศน์ / ทีวี
Fernstraße *highway* **thaang luang** ทางหลวง
Fest *festival* **ngaan** งาน
feucht *humid* **tschŭün** ชื้น
Fieber *fever* **khâi** ไข้
Fieberthermometer *thermometer* **pròøt** ปรอท
Film *movie* **nang, phâapayon** หนัง / ภาพยนต์
Film (Photo) *film* **fim** ฟิล์ม
filmen *to take movies* **thàay-phâappayon** ถ่ายภาพยนตร์
Filmkamera *film camera* **klôøng thàay-phâappayon** กล้องถ่ายภาพยนตร์
Filmrolle *film roll, reel* **múan fim** ม้วนฟิล์ม
Finger *finger* **níu** นิ้ว
Firma *company* **borísàt** บริษัท
Fisch *fish* **plaa** ปลา
Flechtwaren *basketry* **khrûang dschàksaan** เครื่องจักสาน
Fledermaus *bat* **kháang-khaao** ค้างคาว
Fliege *fly* **maläang wan** แมลงวัน
fliegen (mit dem Flugzeug) *to fly, to go by plane* **pai krûang bin** ไปเครื่องบิน
Floh *flea* **màt** หมัด
Flug *flight* **thîao bin** เที่ยวบิน
Fluggäste *passengers* **phûu dooysaan** ผู้โดยสาน
Flughafen *airport* **sanaam bin** สนามบิน
Flughafensteuer *airport tax* **khâa sanaam bin** ค่าสนามบิน
Flugticket *flight ticket* **tua khrûang bin** ตัวเครื่องบิน
Flugzeug *plane, aircraft* **krûang bin** เครื่องบิน
Fluß *river* **mâä-náam** แม่น้ำ
Flut *high tide* **náam khûn** น้ำขึ้น
fönen *to dry* **tham hâi hâäng** ทำให้แห้ง
Formular *form* **bàäp-phim** แบบพิมพ์
Fotoapparat *photo-camera* **klôøng thàay-rûup** กล้องถ่ายรูป
Fotogeschäft *photo-shop* **ráan thàay-rûup** ร้านถ่ายรูป
fotografieren *to take a photo* **thàay-rûup** ถ่ายรูป
Fotograph *photographer* **tschâang phâap** ช่างภาพ
Fracht *freight, cargo* **thĭi sĭn-kháa bantúk** สินค้าที่บรรทุก
Frachtbrief *bill of lading* **bai ráp-røøng sòng sĭn-kháa** ใบรับรองส่งสินค้า
Frachtkosten *freight charges* **khâa khon-sòng** ค่าขนส่ง
frankieren *to stamp* **sài satäām** ใส่แสตมป์
Fremdenführer *guide* **khon nam thîao** คนนำเที่ยว
frisch *fresh* **sòt** สด
Friseur *hair-dresser, barber* **tschâang tàt-phom** ช่างตัดผม
Friseursalon *hair-dresser´s shop* **ráan tàt-phom** ร้านตัดผม
Frosch *frog* **kòp** กบ
frösteln *chill* **naao satháan** หนาวสท้าน
Fruchtsaft *fruit juice* **náam phonlamái** ผลไม้
früh *early* **reo** เร็ว
früher *in the past* **nai àdiit** ในอดีต

Frühstück *breakfast* **aahaan tscháu** อาหารเช้า
Fuchs *fox* **dschîng-dschøøk** จิ้งจอก
Führer (Tourismus) *guide* **phûu nam-thaang** ผู้นำทาง
Führerschein *driving-license* **bai anúyâat khàp rót, bai khàp khìi** ใบอนุญาตขับรถ / ใบขับขี่
Fuß *foot (pl. feet)* **tháu** เท้า
Fußball *soccer* **fúutbøøn** ฟุตบอล

G

Gabel *fork* **søøm** ซ่อม
ganz *whole* **tháng** ทั้ง
Garantie *guarantee* **kaan ráp-røøng** การรับรอง
Garten, Park *garden, park* **suan** สวน
Gast *guest* **khääk** แขก
Gebärmutter *uterus* **mót lûuk** มดลูก
Gebäude *building* **aakaan** อาคาร
Gebet *prayer* **sùat-mon** สวดมนต์
Gebirge, Berge *mountains* **phuu-kau** ภูเขา
Gebühr *fee, charge* **khâa** ค่า
Geburtsort *place of birth* **sathaan thîi kòòt** สถานที่เกิด
Geburtstag *birthday* **wan kòòt** วันเกิด
Gedicht *poem* **khloong tschan kàap kløøn** โคลงฉันท์กาพย์กลอน
Gefängnis *jail, prison* **khúk** คุก
Gehalt, Lohn *salary, wage* **khâa-dschâang, ngöön düan** ค่าจ้าง / เงินเดือน
gehen *to go* **pai** ไป
Gehirn *brain* **samøøng** สมอง
Geisterfilm *ghost movie* **nang phĭi** หนังผี
Geisteswissenschaft *liberal arts* **àksøøn-sàat** อักษรศาสตร
gekochtes Ei *boiled egg* **khài lûak** ไข่ลวก
gelb *yellow* **sĭi lŭang** สีเหลือง
Geld *money* **ngöön** เงิน
Geldanweisung *money order* **thanaanát** ธนาณัติ
Geldbörse *wallet* **krapau-ngöön** กระเป๋าเงิน
Geldschein, Banknote *banknote* **thanabàt, bääng, bai** ธนบัตร / แบงค์ / ใบ
Gemischtwarenladen *grocery shop* **ráan tscham** ร้านชำ
Gemüse *vegetables* **phàk** ผัก
genug *enough* **phøø** พอ
geöffnet *open* **pòòt** เปิด
Geographie *geography* **phuumì-sàat** ภูมิศาสตร์
Gepäck *luggage, baggage* **krapau, hìip-hòø** กระเป๋า / หีบห่อ
geradeaus *straight* **trong pai** ตรงไป
Gericht *court* **saan** ศาล
Geschäft, Laden *shop* **ráan, hâang** ร้าน / ห้าง
Geschäftsführer *manager* **phûu dschàt-kaan** ผู้จัดการ
Geschäftsführung *management* **kaan dschàt-kaan** การจัดการ
Geschäftsmann/-frau *business person* **nák thurákìt** นักธุรกิจ
Geschäftspartner *business partner* **phûu pen hûn-sùan** ผู้เป็นหุ้นส่วน
Geschichte *history* **prawàt-sàat** ประวัติศาสตร์
Geschlechtskrankheit *venereal diesease* **kaamarôok** กามโรค
Geschlechtsverkehr *sexual intercourse* **rûam phêet** ร่วมเพศ
geschlossen *closed* **pìt** ปิด
Geschmack *flavour, taste* **rót** รส
Geschwister *brothers and sisters* **phîi-nóøng** พี่น้อง
Geschwür *ulcer* **phlăä** แผล
Gesetz *law* **kòt-maay** กฎหมาย
Gesicht *face* **nâa** หน้า
Gesichtsmassage *facial massage* **nûat nâa** นวดหน้า
gestern *yesterday* **mûa-waan níi** เมื่อวานนี้
gesund *well, healthy* **sabaay** สบาย
Gesundheit *health* **sùkkhaphâap** สุขภาพ
Gewicht *weight* **náam-nàk** น้ำหนัก

Gewinn und Verlust *profit and loss, P&L* **kamrai khàat-thun** กำไรขาดทุน
gewinnen *to win* **tschaná** ชนะ
Gewitter *thunderstorm* **phaayú fáa kanøøng** พายุฟ้าคะนอง
Gewürze *spices* **khrûang thêet** เครื่องเทศ
Gift *poison* **yaa phít** ยาพิษ
glänzend *glossy* **ngau** เงา
Glas *glass* **kradschòk** กระจก
Glas, Becher *glass* **kâão** แก้ว
gleich (math.) *equals* **thâu kàp** เท่ากับ
gleichzeitig *at the same time* **phrøøm kan** พร้อมกัน
Glocke *bell* **rakhang** ระฆัง
Glühbirne *light bulb* **lòøt fai-fáa** หลอดไฟฟ้า
Gold *gold* **thøøng** ทอง
gold (Farbe) *golden* **sĭi thøøng** สีทอง
Goldgeschäft *gold shop* **ráan khaay thøøng** ร้านขายทอง
Golf *golf* **kóp** กอล์ฟ
Gonorrhoe *gonorrhoea* **rôok nøøng nai** โรคหนองใน
Gott *god* **phrá-dschâu** พระเจ้า
Grad Celsius *degree centigrade* **ongsaa** องศา
Gramm *gramme* **gram** กรัม
Granatapfel *pomegrenade* **thápthim** ทับทิม
Gras *grass* **yâa** หญ้า
grau *grey* **sĭi thau** สีเทา
Grille *cricket* **dschîng-riit** จิ้งหรีด
groß *big* **yài** ใหญ่
Großbritannien *United Kingdom* **angkrìt** อังกฤษ
grün *green* **sĭi khĭao** สีเขียว
Grundschule *elementary school* **roong-rian tschán prathóm** โรงเรียนชั้นประถม
Guave *guava* **faràng** ฝรั่ง
Gurke *cucumber* **täng kwaa** แตงกวา
Gürtel *belt* **khem-khàt** เข็มขัด
gut *good* **dii** ดี

H

Haare *hair* **phom** ผม
Haargel *hair gel* **yeen sài phom** เยลใส่ผม
Haarschnitt *hair cut* **song tàt-phom** ทรงตัดผม
Haarspray *hair spray* **sapree sài phom** สเปรย์ใส่ผม
Hafen *port, harbour* **thâa** ท่า
Hagel *hail* **hèp** เห็บ
Haifisch *shark* **plaa tschalaam** ปลาฉลาม
Hälfte *half* **khrûng** ครึ่ง
Hals (Kehle) *throat* **lam-khøø** ลำคอ
Hals (Nacken) *neck* **khøø** คอ
halten, anhalten *stop* **yùt** หยุด
Hand *hand* **müü** มือ
handeln, feilschen *to bargain* **tòø raakhaa** ต่อราคา
Handelsministerium *ministry of commerce* **krasuang phaanít** กระทรวงพาณิชย์
handgemacht *hand-made* **tham dûay müü** ทำด้วยมือ
Handgepäck *hand luggage, cabin luggage* **krapau thŭü müü** กระเป๋าถือมือ
Händler, Verkäufer *merchant, seller* **phôø kháa** พ่อค้า
Handlung *story* **rûang** เรื่อง
Handschuhe *gloves* **thung müü** ถุงมือ
Handtasche *handbag* **krapau thŭü** กระเป๋าถือ
Handtuch *towel* **phâa tschét-tua** ผ้าเช็ดตัว
Handwerker(in) *craftsman* **tschâang fĭi-müü** ช่างฝีมือ
Harnblase *bladder* **kraphó pàtsaawá** กระเพาะปัสสาวะ
hart, fest *hard, firm* **khăng** แข็ง
Haschisch *hashish* **kantschaa** กัญชา
Hauptpostamt *GPO (General Post Office)* **praisanii klaang** ไปรษณีย์กลาง
Haus *house* **bâan** บ้าน
Hausfrau *housewife* **mââ bâan** แม่บ้าน
Haut *skin* **phĭu-nang** ผิวหนัง

Hautcreme *skin lotion* **khriim pǐu-nang** ครีมผิวหนัง
Hautpilz *mycosis* **hèt pǐu-nang** เห็ดผิวหนัง
heiraten *to marry* **tàäng-ngaan** แต่งงาน
heiß *hot* **røøn** ร้อน
hell (Farbe) *light* **øøn** อ่อน
Hemd *shirt* **sûa tschǒöt** เสื้อเชิ้ต
Hepatitis *hepatitis* **rôok tàp àksèep** โรคตับอักเสบ
Heroin *heroin* **heeroo'iin** เฮโรอีน
Herpes *herpes* **rööm** เริม
Herr, Mann *gentleman, man* **phûu tschaay, tschaay** ผู้ชาย / ชาย
Herz *heart* **hua-dschai** หัวใจ
heute *today* **wan níi** วันนี้
hier *here* **thîi nîi** ที่นี่
Himmel *sky* **fáa** ฟ้า
hinten *back, in the rear, behind* **khâang lang** ข้างหลัง
hinter *behind* **lang** หลัง
Hitze *heat* **khwaam røøn** ความร้อน
Hochzeit *wedding* **kaan tàäng-ngaan** การแต่งงาน
Hoden *testicles* **anthá** อัณฑะ
Hof *courtyard* **sanaam** สนาม
Holland *Netherlands* **neethöölään** เนเธอร์แลนด์
Holz *wood* **mái** ไม้
Hong Kong *Hong Kong* **hôøng kong** ฮ่องกง
Honig *honey* **náam-phûng** น้ำผึ้ง
hören *to listen* **fang** ฟัง
Hörer (Telefon) *receiver* **huu (thoorasàp)** หู (โทรศัพท์)
Horizont *horizon* **khòøp-fáa** ขอบฟ้า
Hose *trousers* **kaang-keeng** กางเกง
Hotel *hotel* **roong rääm** โรงแรม
Hügel, Berg *hill, mountain* **phanom, nöön, døøy** พนม / เนิน / ดอย
Huhn *hen, chicken* **kài** ไก่
Hund *dog* **maa** หมา
hungrig *hungry* **hǐu khâao** หิวข้าว
Husten *coughing* **ai** ไอ
Husten mit Blut *coughing with blood* **ai mii lûat dûay** ไอมีเลือดด้วย
Hut, Mütze *hat, cap* **mùak** หมวก
Hütte *hut* **krathôøm** กระท่อม
Hygiene *hygiene* **anaamai** อนามัย

I

Ich (männlich) *I* **phom** ผม
Ich (weiblich) *I* **dìtschan, tschan** ดิฉัน / ฉัน
illegal *illegal* **phìt kòt-maay** ผิดกฎหมาย
Imbiß, Snack *snack* **aahaan kin lên** อาหารกินเล่น
immer *always* **samǒö, thúk weelaa** เสมอ / ทุกเวลา
Impfung *vaccination* **kaan plùuk fìi** การปลูกฝี
Import *import* **sǐn-kháa khâu** สินค้าเข้า
Imunsystem *immune system* **rabòp phuumkhúmkan** ระบบภูมิคุ้มกัน
in der Nähe, nahe *nearby, close to* **klâi** ใกล้
Indonesien *Indonesia* **indooniisia** อินโดนีเซีย
Infektion *infection* **kaan tìt tschǔa** การติดเชื้อ
Inflation *inflation* **ngöön fǒö** เงินเฟ้อ
Ingenieur(in) *engineer* **wítsawákøøn** วิศวกร
Ingwer *ginger* **khǐng** ขิง
Injektion *injection* **kaan tschìit yaa** การฉีดยา
Inkubationszeit *incubation time* **rayá fák tua** ระยะฟักตัว
Inlandsflug *domestic flight* **kaan bin phaay nai prathêet** การบินภายในประเทศ
ins Kino gehen *to go to the movies* **pai duu nang** ไปดูหนัง
Insekt *insect* **määng, maläöng** แมง / แมลง

Insektenschutzmittel *insecticide* **yaa khâa malääng** ยาฆ่าแมลง
Insel *island* **kø̀** เกาะ
Institution, Behörde *institution, authority* **ong-kaan** องค์การ
internationale Flüge *international flight* **kaan bin naanaa-tschâat** การบินนานาชาติ
investieren *to invest* **long thun** ลงทุน

J

Jackfrucht *jackfruit* **khanun** ขนุน
Jade *jade* **yòk** หยก
Jahr *year* **pii** ปี
Jahreszeit *season* **rǘduu** ฤดู
Jahrhundert *century* **satàwát** ศตวรรษ
jedenfalls *By all means.* **yàang rai kø taam** อย่างไรก็ตาม
jemals *ever* **khöi** เคย
jetzt *now* **tøøn níi, dĭao níi** ตอนนี้ / เดี๋ยวนี้
Joghurt *yoghurt* **nom prîao** นมเปรี้ยว
Jucken *itching* **khan** คัน
jüngstes Kind *youngest child* **lûuk khon sùttháay** ลูกคนสุดท้าย
Jura *law* **kòtmaay, thamma-sàat** กฎหมาย / ธรรมศาสตร์
Juwelier *jewellery* **ráan khrûang phét** ร้านเครื่องเพชร

K

Kaffee *coffee* **kaafää** กาแฟ
Kakerlake *cockroach* **malääng sàap** แมลงสาบ
kalt *cold* **yen, naao** เย็น / หนาว
Kälte *cold* **khwaam yen** ความเย็น
Kambodscha *Cambodia* **khameen** เขมร
Kamm *comb* **wĭi** หวี
kämmen *to comb* **wĭi phom** หวีผม
Kanal *canal* **khløøng** คลอง
Kananda *Kanada* **khäännaadaa** แคนนาดา
Kapital *capital* **thun** ทุน
kaputt *broken* **tääk** แตก
Karma *karma* **kam** กรรม
Kartoffel *potato* **man faràng** มันฝรั่ง
Käse *cheese* **nööy khǎng** เนยแข็ง
Katalog *catalogue, brochure* **raay kaan sĭn-kháa** รายการสินค้า
Katze *cat* **mäào** แมว
kaufen *to buy, to purchase* **sǘü** ซื้อ
kennenlernen *to meet* **rúudschàk** รู้จัก
Keramik *pottery* **khrûang pân din-phau** เครื่องปั้นดินเผา
Kerze *candle* **thian** เทียน
Kilogramm *kilogramme* **kiloogram** กิโลกรัม
Kilometer *kilometre* **kiloomét** กิโลเมตร
Kinder (allgemein) *children* **dèk** เด็ก
Kinder (Familienmitglieder) *children* **lûuk** ลูก
Kindergarten *kindergarten* **roong-rian anúbaan** โรงเรียนอนุบาล
Kinderlähmung *polio* **khai san lang àksèep** ไขสันหลังอักเสบ
Kinn *chin* **khaang** คาง
Kino *cinema* **roong phâapayon** โรงภาพยนต์
Kirche *church* **bòot** โบสถ์
Klebeband *adhesive tape* **sakøt théep** สก๊อตเทป
Klebstoff *glue* **kaao** กาว
Kleid *dress* **kraproong** กระโปรง
Kleiderbügel *hanger* **mái khwǎän sûa** ไม้แขวนเสื้อ
Kleiderhandlung *clothing store* **ráan khaay sûa-phâa** ร้านขายเสื้อผ้า
Kleidung, Kleider *clothing, clothes* **sûa-phâa** เสื้อผ้า
klein *small* **lék** เล็ก
klettern, steigen *to climb* **tài** ไต่
Klima *climate* **aakàat** อากาศ

Klimaanlage *air-conditioning* ***khrûang pràp-aakàat, ää*** เครื่องปรับอากาศ / แอร์
Klinik *clinic* ***khliiník*** คลีนิค
Knie *knee* ***hua-khàu*** หัวเข่า
Kniescheibe *knee-cap, patella* ***sabâa*** สะบ้า
knipsen, Auslöser drücken *to press the button* ***kòt pùm*** กดปุ่ม
Knoblauch *garlic* ***krathiam*** กระเทียม
Knöchel *ankle* ***khôø-tháu*** ข้อเท้า
Knochen *bone* ***kradùuk*** กระดูก
Knopf *button* ***kradum*** กระดุม
Kobra *cobra* ***nguu hàu*** งูเห่า
Koffer *suitcase* ***hìip-hòø, krapau*** หีบห่อ / กระเป๋า
Kohl *cabbage* ***kalàm plii*** กผหล่ำปลี
Kokosnuß *coconut* ***maphráao*** มะพร้าว
Kokosnußmilch *coconut milk* ***náam maphráao*** น้ำมะพร้าว
kommen *to come* ***maa*** มา
Komponist *composer* ***nák tǟäng phleeng*** นักแต่งเพลง
Kondom *condom* ***thung yaang anaamai*** ถุงยางอนามัย
Kongreßzentrum *congress centre* ***suun pratschum*** ศูนย์ประชุม
König *king* ***kasàt, nai luang*** กษัตริย์ / ในหลวง
Königin *queen* ***phrá-raatschinii*** พระราชินี
Königreich *kingdom* ***râattschá-aanaadschàk*** ราชอาณาจักร
Königsfamilie *royal family* ***phrá-râattschá-wong*** พระราชวงศ์
Königskobra *king cobra* ***nguu dschong-aang*** งูจงอาง
Königspalast *royal palace* ***phrá-râattschá-wang*** พระราชวัง
Konkurrenz *competition* ***kaan kǟäng kan*** การแข่งกัน
Kontaktlinsen *contact lenses* ***len*** เล็นซ์
Kontinent *continent* ***thawîip*** ทวีป
Konto *account* ***bantschii*** บัญชี
Konzert *concert* ***khøønsȍöt*** คอนเสิร์ต
Kopf *head* ***hua, sĭisà*** หัว / ศีรษะ
Kopfkissen *pillow, cushion* ***møøn*** หมอน
Kopfmassage *head massage* ***nûat sĭisà*** นวดศีรษะ
Kopfschmerzen *headache* ***pùat hua*** ปวดหัว
Koralle *coral* ***pagaarang*** ปะการัง
Koriander *coriander* ***phàk tschii*** ผักชี
Kosmetikartikel, Make-up *cosmetics, make-up* ***khrûang sam'aang*** เครื่องสำอาง
kostenlos *free of charge, FOC* ***frii*** ฟรี
Krabben *shrimps* ***kûng*** กุ้ง
Krabbenpaste *shrimp paste* ***kapì*** กะปิ
krank *sick, ill* ***mâi sabaay, pen rôok*** ไม่สบาย / เป็นโรค
Krankenhaus *hospital* ***roong phayaabaan*** โรงพยาบาล
Krankenwagen *ambulance* ***rót phayaabaan*** รถพยาบาล
Krätze *scabies* ***rôok hìt*** หิด
Krawatte *necktie* ***nék-tai*** เน็คไท
Krebs *cancer* ***rôok mareng*** โรคมะเร็ง
Krebsfleisch *crab-meat* ***puu*** ปู
Kredit *credit* ***khreedìt*** เครดิท
Kreditkarte *credit card* ***bàt-khreedìt*** บัตรเครดิท
Kreuzung *cross-road, intersection* ***sìi-yâäk*** สี่แยก
Krokodil *crocodile* ***dscharakhêe*** จระเข้
Kugelschreiber *pen* ***pàak-ka*** ปากกา
Kuh, Rind *cow* ***wua*** วัว
Kühlschrank, Mini-Bar *fridge, mini bar* ***tûu yen*** ตู้เย็น
Kultur *culture* ***wátthanátham*** วัฒนธรรม
Kunde *client, customer* ***lûuk kháa*** ลูกค้า
Künstler(in) *artist* ***nák sĭnlapà*** นักศิลปะ
künstlich, nachgemacht *artificial, false* ***pløøm*** ปลอม
Kupfer *copper* ***thøøng-dääng*** ทองแดง
Kürbis *pumpkin* ***fák thøøng*** ฟักทอง
kurz *short* ***sân*** สั้น
kurze Hose *shorts* ***kaang-keeng khaa sân*** กางเกงขาสั้น
Kurzgeschichte *short story* ***rûang sân*** เรื่องสั้น

kurzsichtig *short-sighted* **taa sân** ตาสั้น
Küste *coast, shore* **tschaay thalee** ชายทะเล

L

lachen *to laugh* **huarø** หัวเราะ
Lackwaren *laquerware* **kaan khŏŏn, kaan long rák** การเขิน / การลงรัก
Lagune *lagoon* **sà yài** สระใหญ่
Lampe *lamp* **tagiang** ตะเกียง
landen *to land, to touch down* **long** ลง
Landung *landing* **kaan long** การลง
lang *long* **yaao** ยาว
Langsam *Slow* **tscháa-tscháa** ช้าๆ
Laos *Laos* **laao** ลาว
Lastwagen *lorry* **rót bantúk** รถบรรทุก
Laub, Blätter *leaves* **bai mái** ใบไม้
laufen, rennen *to run, to jog* **wîng** วิ่ง
Läuse *lice* **loon, hau** โลน / เหา
Leber *liver* **tàp** ตับ
Leder *leather* **nang** หนัง
Lehre, Dharma *teaching, dharma* **tham** ธรรม
Lehrer *teacher* **khruu, aadschaan** ครู / อาจารย์
Lehrling *apprentice* **dèk fùk ngaan** เด็กฝึกงาน
Leichenverbrennung *cremation* **tschaapanakit** ฌาปนกิจ
Leim, Klebstoff *glue* **kaao** กาว
Leinen *linen* **phâa línin** ผ้าลินิน
Leitung *line* **saay** สาย
Leopard *leopard* **sŭa daao** เสือดาว
lernen *to learn* **rian** เรียน
lesen *to read* **àan** อ่าน
Licht *light* **săăng-sawàang** แสงสว่าง
Lichtschalter *light switch* **khrûang pìt pööt fai fáa, sawít** เครื่องปิดเปิดไฟฟ้า / สวิตช์
Lied *song* **phleeng** เพลง
Lieferant *supplier* **phûu dschàt-haa** ผู้จัดหา
Lieferzeit *delivery time* **weelaa khon-sòng** เวลาขนส่ง
liegender Buddha *reclining Buddha* **phráphútthá-sai-yâat** พระพุทธไสยาสน์
Lineal *ruler* **mái bantát** ไม้บรรทัด
links *left* **(khâang) sáay** (ข้าง) ซ้าย
Lippe *lip* **rim-fĭi-pàak** ริมฝีปาก
Lippenstift *lipstick* **lípsatik** ลิปสติก
Litschi *lychee* **líndschii** ลิ้นจี่
Lizenz *licence* **bai anúyâat** ใบอนุญาต
Löffel *spoon* **tschøøn** ช้อน
Lokomotive *engine car* **rót dschàk** รถจักร
Longan *longan* **lamyai** ลำใย
Luft *air* **aakàat** อากาศ
Luftfracht *air freight* **kaan khon-sòng thaang aakàat** การขนส่งทางอากาศ
Lunge *lung* **pøøt** ปอด
Lungenentzündung *pneumonia* **rôok pøøt àksèep** โรคปอดอักเสบ
Lupe *magnifying glass* **wâăn khayaay** แว่นขยาย

M

Magen *stomach* **kraphø** กระเพาะ
Magengeschwür *gastric ulcer* **plăä nai krapø** แผลในกระเพาะ
Mahlzeit *meal* **aahaan** อาหาร
Mais *corn, maize* **khâao phôot** ข้าวโพด
Make-up *make-up* **khrûang sam-aang** เครื่องสำอาง
Malaria *Malaria* **khâi dschàp sàn** ไข้จับสั่น
Malaysia *Malaysia* **maaleesia** มาเลเซีย
Manager *manager* **phûu dschàt-kaan** ผู้จัดการ
manchmal *sometimes* **baang thii, baang khráng** บางที / บางครั้ง
Mango *mango* **mamûang** มะม่วง
Mangostan *mangosteen* **mangkhút** มังคุด
Maniküre *manicure* **kaan tham lép** การทำเล็บ
männlich *male* **tschaay** ชาย

Mannschaft *team* **klùm, thiim** กลุ่ม / ทีม
Marihuana *marihuana* **kantschaa** กัญชา
Marke *brand* **traa** ตรา
Markt *market* **talàat** ตลาด
Marmelade *jam* **yääm** แยม
Maschinenbau *engineering* **wítsawágam-sàat** วิศวกรรมศาสตร์
Masern *measles* **rôok hàt** โรคหัด
Maskentheater *masked dance-drama* **khoon** โขน
Massage *massage* **nûat** นวด
Mathematik *mathematics* **khanít-sàat** คณิตศาสตร์
matt *matte* **dâan** ด้าน
Mauer *wall* **kamphääng** กำแพง
Maus, Ratte *mouse, rat* **nuu** หนู
Mechaniker(in) *mechanic* **tschâang kon** ช่างกล
Medikament, Arznei *medicine, drug* **yaa** ยา
Medizin (Fach) *medicine* **phâ̂ät-sàat** แพทย์ศาสตร์
Medizin (Wissenschaft) *medical science* **wítschaa phâ̂ät** วิชาแพทย์
Meer *sea* **thalee** ทะเล
mehr *more* **mâak kwàa** มากกว่า
Meile *mile* **mai** ไมล์
Menstruation, Monatsblutung *menstruation* **kaan mii ráduu** การมีระดู
Messe *fair* **ngaan** งาน
Messer *knife* **mîit** มีด
Messing *brass* **thøøng-lǚang** ทองเหลือง
Meter *metre* **mét** เมตร
Milch *milk* **nom sòt** นมสด
Mini-Bus *van, mini-bus* **rót tûu** รถตู้
minus (-) *minus* **lóp** ลบ
Minute *minute* **naathii** นาที
mit Luftpost *by air-mail* **thaang praisanii aakàat** ทางไปรษณีย์อากาศ
Mittagessen *lunch* **aahaan klaang wan** อาหารกลางวัน
mittags *noon* **thîang wan** เที่ยงวัน
Mitternacht *midnight* **thîang khüün** เที่ยงคืน
Möbel *furniture* **khrûang rüan** เครื่องเรือน
Mohrrübe, Karotte *carrot* **hua phàk kàat däng, khäärøøt** หัวผักกาดแดง / แครอท
Monat *month* **düan** เดือน
Mönch *monk* **phrá** พระ
Mönch werden *to ordain* **bùat** บวช
Mond *moon* **phrá-dschan** พระจันทร์
Monsun *monsoon* **morasum** มรสุม
morgen *tomorrow* **phrûng-níi** พรุ่งนี้
morgens *morning* **tøøn tscháu** ตอนเช้า
Moskito *mosquito* **yung** ยุง
Moskitonetz *mosquito net* **múng** มุ้ง
Motorrad *motor-cycle* **rót møøtöösai, rót khrûang** รถมอเตอร์ไซค์ / รถเครื่อง
Müdigkeit *fatigue* **nûay** เหนื่อย
Mullbinde *gauze* **phâa pròong** ผ้าโปร่ง
multiplizieren (x) *multiplied by* **khuun** คูณ
Mund *mouth* **pàak** ปาก
Münze *coin* **rĭan** เหรียญ
Muschel *shell* **høøy** หอย
Museum *museum* **phíphítthaphan** พิพิธภัณฑ์
Musik *music* **dontrii** ดนตรี
Musiker *musician* **nák dontrii** นักดนตรี
Musikgruppe *band, orchestra* **wong dontrii** วงดนตรี
Musikinstrument *music instrument* **khrûang dontrii** เครื่องดนตรี
Musikkassette *music cassette* **múan thêep** ม้วนเทป
Muskel *muscle* **klâam nǘa** กล้ามเนื้อ
Muster *sample* **bä̀äp** แบบ

N

Nachbar *neighbour* ***phûan bâan*** เพื่อนบ้าน
nachmittags *afternoon* ***tøøn bàay*** ตอนบ่าย
Nachname *family name, surname* ***naam sakun*** นามสกุล
Nachrichten *news* ***khàao*** ข่าว
Nachtisch *dessert* ***khøøng waan*** ของหวาน
nachts *night* ***klaang khüün*** กลางคืน
Nadel *needle* ***khem*** เข็ม
Nägel schneiden *to cut nails* ***tàt lép*** ตัดเล็บ
Nagelfeile *nail file* ***tabai lép*** ตะไบเล็บ
Narbe *scar* ***phlăä pen*** แผลเป็น
Nase *nose* ***dschamùuk*** จมูก
Nashorn *rhinoceros* ***râät*** แรด
Natur *nature* ***thamma-tschâat*** ธรรมชาติ
natürlich, echt *genuine* ***thăä*** แท้
Naturwissenschaft *science* ***witthayaa-sàat*** วิทยาศาสตร์
Nebel *fog, mist* ***møøk*** หมอก
Neffe *nephew* ***laan tschaay*** หลานชาย
Nerven *nerve* ***prasàat*** ประสาท
Nichte *niece* ***laan saao*** หลานสาว
Nichtraucher *non-smoking* ***mâi sùup-bùrii*** ไม่สูบบุหรี่
Nichtschwimmer *non-swimmer* ***wâay-náam mâi pen*** ว่ายน้ำไม่เป็น
nie *never* ***mâi khöi*** ไม่เคย
Niere *kidney* ***tai*** ไต
Nierenschmerzen *kidney pain* ***pùat tai*** ปวดไต
Nonne *nun* ***tschii*** ชี
Nord *North* ***nŭa*** เหนือ
Notausgang *emergency exit* ***thaang òøk tschùk-tschŏŏn*** ทางออกฉุกเฉิน
Notfall *emergency* ***hèet tschùk-tschŏŏn*** เหตุฉุกเฉิน
Novize *novice* ***neen*** เณร
Nylon *nylon* ***phâa nailøøn*** ผ้าไนล่อน

O

oben *on top* ***khâang bon*** ข้างบน
oben, über *above* ***khâang bon*** ข้างบน
Oberschule *secondary school* ***roong-rian tschán mátthayom*** โรงเรียนชั้นมัธยม
Obst *fruits* ***phonlamái*** ผลไม้
oft *often* ***bòøy bòøy*** บ่อยๆ
ohnmächtig *unconscious* ***pen lom, mòt sati*** เป็นลม / หมดสติ
Ohr *ear* ***huu*** หู
Ohrenschmerzen *ear-ache* ***dschèp huu*** เจ็บหู
Ohrring *ear-ring* ***tàang huu*** ต่างหู
Öl *oil* ***nám-man khrûang*** น้ำมันเครื่อง
Omelette *omelet* ***khài dschiao*** ไข่เจียว
Opal *opal* ***múkdaa*** มุกดา
Operation *operation* ***sanlayagam*** ศัลยกรรม
Opium *opium* ***fìn*** ฝิ่น
Optiker *optician* ***khon khaay wâän*** คนขายแว่น
orange *orange* ***sĭi sôm*** สีส้ม
Orangensaft *orange juice* ***náam sôm*** น้ำส้ม
Orden, Mönchsgemeinde *order* ***phrásong*** พระสงฆ์
Ortsgespräch *local call* ***thoorasàp phaay nai dschangwàt*** โทรศัพท์ภายในจังหวัด
Osten *East* ***tàwan-òøk*** ตะวันออก
Österreich *Austria* ***óøtsatria*** ออสเตรีย
Ozean *ocean* ***mahaa-samùt*** มหาสมุทร

P

Paket *package, parcel* ***phátsadù, hòø*** พัสดุ / ห่อ
Papagei *parrot* ***nók kâäo*** นกแก้ว
Papaya *papaya* ***malakøø*** มะละกอ
Papier *paper* ***kradàat*** กระดาษ
Papiere, Dokumente *documents* ***èekasaan*** เอกสาร
Parfüm *perfume* ***náam høøm*** น้ำหอม

parken *to park* **dschôøt rót** จอดรถ
Parkplatz *car park, parking lot* **thîi dschôøt rót** ที่จอดรถ
Pech, Unglück *Bad luck* **tschôok ráay** โชคร้าย
Pediküre *pedicure* **kaan tham lép tháu** การทำเล็บเท้า
Penis *penis* **lüng, ongkhatschâat** ลึงค์ / องคชาต
Pension, Guesthouse *guest-house* **két-hau** เก็สต์เฮาส์
Perle *pearl* **khài-múk** ไข่มุก
Perlmutt *mother-of-pearl* **høøy-múk** หอยมุก
Pfad *path* **thaang** ทาง
Pfeffer *pepper* **phrík thai** พริกไทย
Pferd *horse* **máa** ม้า
Photokopiermaschine *photocopier* **khrûang thàay eekasaan** เครื่องถ่ายเอกสาร
Physik *physics* **físik** ฟิสิกส์
Pick-up *pick-up* **rót søøng-thǎäo** รถสองแถว
Pickel *pimple* **sǐu** สิว
Pille *pill* **mét** เม็ด
Pilot *pilot* **nák bin** นักบิน
Pilz *mushroom* **hèt** เห็ด
Pinzette *pincers* **khiim** คีม
Pistole *pistol* **püün phók** ปืนพก
Platz, Feld *square, field* **sanaam** สนาม
plus (+) *plus* **bùak** บวก
Polizei *police* **tamrûat** ตำรวจ
Polizeirevier *police station* **sathaanii-tamrûat** สถานีตำรวจ
Polizist *policeman* **khon tamrùat** คนตำรวจ
Pomelo, Grapefruit *grapefruit* **sôm-oo** ส้มโอ
Pommes Frites *french fries* **man-faràng thôøt** มันฝรั่งทอด
Porto *postage* **khâa-sòng** ค่าส่ง
Postamt *post office* **praisanii** ไปรษณีย์
Postbote *post-, mailman* **burùt praisánii** บุรุษไปรษณีย์
Postkarte *postcard* **praisaniiyabàt** ไปรษณียบัตร
Postleitzahl *zip-code* **rahàt praisanii** รหัสไปรษณีย์
Predigt *sermon* **thêet** เทศน์
Preis *price* **raakhaa** ราคา
Preis aushandeln *to bargain* **tòø raakhaa** ต่อราคา
Preisnachlaß, Rabatt *discount* **lót raakhaa** ลดราคา
Preisschild *price tag* **pâay raakhaa** ป้ายราคา
Prinz *prince* **dschâu-fáa tschaay** เจ้าฟ้าชาย
Prinzessin *princess* **dschâu-fáa yǐng** เจ้าฟ้าหญิง
Profit *profit* **gamrai** กำไร
Provision *commission* **khâa naay-nâa** ค่านายหน้า
Prozent (%) *percent* **böösen** เปอร์เซ็นต์
Prüfung *examination* **kaan sòøp** การสอบ
Psychologie *psychology* **dschitta-wítthayaa** จิตวิทยา
pünktlich *in time* **trong weelaa** ตรงเวลา
Python *python* **nguu laam** งูหลาม

Q

Qualle *jellyfish* **kaphrun** กะพรุน
Quelle *spring* **náam phú** น้ำพุ
Quittung *receipt* **bai ráp ngöön** ใบรับเงิน

R

Rabatt *discount* **lót raakhaa** ลดราคา
Rachen *throat* **lam-khøø** ลำคอ
Radfahren *bicycle* **khìi rót dschàkkrayaan** ขี่รถจักรยาน
Radiergummi *eraser* **yaang lóp** ยางลบ
Radio *radio* **khrûang wítthayú** เครื่องวิทยุ
Rambutan *rambutan* **ngó** เงาะ

Rasierapparat *razor* **khrûang koon nùat** เครื่องโกนหนวด
Rasiercreme *shaving cream* **khriim koon-nùat** ครีมโกนหนวด
rasieren *to shave* **koon nùat** โกนหนวด
Rasierklinge *razor blade* **bai mîit koon** ใบมีดโกน
Rasierschaum *shaving foam* **sabùu koon nùat** สบู่โกนหนวด
Rate (beim Abzahlen) *installment* **ngöön phøøn** เงินผ่อน
Raucher *smoker* **sùup-bùrìi** สูบบุหรี่
Räucherstäbchen *incense sticks, joss sticks* **thûup** ธูป
Rechnung *invoice, bill* **bai kèp ngöön** ใบเก็บเงิน
Rechnung (im Restaurant) *bill, check* **bin, tschék-bin** บิล / เช็คบิล
rechts *right* **(khâang) khwaa** (ข้าง) ขวา
Rechtsanwalt *lawyer* **tanaay-kwaam** ทนายความ
Regen *rain* **fon** ฝน
Regenzeit *rainy season* **rǔduu fon** ฤดูฝน
registrieren *to register* **dschòt thabian** จดทะเบียน
regnen *to rain* **fon tòk** ฝนตก
reif *ripe* **sùk** สุก
Reifen *tyre* **yaang rót** ยางรถ
Reihe *row* **thǎäo** แถว
Reinigung *dry cleaning, laundry* **ráan sák-hǎäng** ร้านซักแห้ง
Reis *rice* **khâao** ข้าว
Reise *journey, trip* **kaan döön-thaang** การเดินทาง
Reisebüro *travel agency* **samnák-ngaan thôøng thîao** สำนักงานท่องเที่ยว
Reisebus, Überlandbus *coach* **rót thua** รถทัวร์
Reisepaß *passport* **nangsüü-döön-thaang** หนังสือเดินทาง
Reisescheck *traveller´s cheque* **tschek-döön-thaang** เช็คเดินทาง
Reisfeld *rice paddy* **naa kâao** นาข้าว
Reisverschluß *zipper* **síp** ซิป
Religion *religion* **sàatsanaa** ศาสนา
Rente, Pension *pension* **bamnaan** บำนาญ
reparieren *to repair* **sôøm-sääm** ซ่อมแซม
Reservierung *reservation* **kaan dschøøng kòøn** การจองก่อน
Restaurant *restaurant* **ráan aahaan, páttaakhaan** ร้านอาหาร / ภัตตาคาร
Rettungsring *life-belt* **tschuu-tschîip** ชูชีพ
Rezeption *reception* **phanǎäk tôøn-ráp** แผนกต้อนรับ
Richter *judge* **phûu phíphâaksaa** ผู้พิพากษา
Rindfleisch *beef* **nǚa** เนื้อ
Ring *ring* **wǎän** แหวน
Rippe *rib* **sîi-khroong** ซี่โครง
Ritual *rite* **phíthii-kam** พิธีกรรม
Rock *skirt* **kraproong** กระโปรง
Rohstoff *raw material* **wátthù-dìp** วัตถุดิบ
Roman *novel* **nawaníyaay** นวนิยาย
Röntgenaufnahme *X-ray photo* **phâap èksaree** ภาพเอ็กซเรย์
rosa *pink* **sǐi tschomphuu** สีชมพู
Rosenapfel *rose apple* **tschomphûu** ชมพู่
rot *red* **sǐi dääng** สีแดง
Rubin *ruby* **táptim** ทับทิม
Rücken *back* **lang** หลัง
Rückenschmerzen *backache* **pùat laang** ปวดหลัง
Rückfahrkarte *return ticket* **tua pai klàp** ตั๋วไปกลับ
Rucksack *rucksack, backpack* **pêe** เป้
Rührei *scrambled eggs* **khài khon** ไข่คน

S

Salbe *ointment* **yaa thaa** ยาทา
Salz *salt* **klüa** เกลือ
salzig *salty* **khem** เค็ม
Salzwasser *salt water* **náam khem** น้ำเค็ม
Sand *sand* **saay** ทราย
Sandalen *sneakers* **røøng-tháu tǎ** รองเท้าแตะ

Sänger(in) *singer* **nák røøng** นักร้อง
Saphir *sapphire* **nin** นิล
Sapodilla *sapodilla* **lámút** ละมุด
sauer *sour* **prîao** เปรี้ยว
Schade! *What a pity!* **nâa sĭa daay** น่าเสียดาย
Schal *scarf* **phâa phan khøø** ผ้าพันคอ
Schallplatte *record* **dschaan sĭang** จานเสียง
Schalter, Theke *counter* **tó, tschôøng** โต๊ะ / ช่อง
scharf *hot, spicy* **phèt** เผ็ด
Schatten *shade, shadow* **rôm** ร่ม
schauspielen *to perform* **sadääng** แสดง
Schauspieler/in *actor/actress* **nák sadääng** นักแสดง
Scheck *cheque* **tschek** เช็ค
Schere *scissors* **kankrai** กรรไกร
Schildkröte *turtle* **tàu** เต่า
Schlafanzug *pyjamas* **tschút nøøn** ชุดนอน
schlafen *to sleep* **nøøn** นอน
Schlafkoje *berth* **thîi nøøn** ที่นอน
Schlafsack *sleeping bag* **thung nøøn** ถุงนอน
Schlafstörungen *sleeplessness* **nøøn mâi làp** นอนไม่หลับ
Schlaftablette *sleeping pills* **yaa nøøn-làp** ยานอนหลับ
Schlafwagen *sleeper* **rót nøøn** รถนอน
Schlaganfall *heart attack* **rôok hua-dschai waay** โรคหัวใจวาย
Schlange *snake* **nguu** งู
Schlangengift *venom* **phít nguu** พิษงู
schlecht *bad* **mâi dii** ไม่ดี
Schlüssel *key* **kundschää** กุญแจ
Schmerztabletten *pain-killing pills* **yaa kâä pùat** ยาฆ่าปวด
Schmetterling *butterfly* **phĭi sûa** ผีเสื้อ
Schmuck *jewellery* **khrûang phêet-phløøy** เครื่องเพชรพลอย
Schnee *snow* **hìmá** หิมะ
Schneider(in) *tailor* **tschâang tàt sûa** ช่างตัดเสื้อ
Schneidergeschäft *tailor shop* **ráan tàt-sûa** ร้านตัดเสื้อ
Schnellstraße *express way* **thaang dùan** ทางด่วน
Schnorchel *snorkel* **thôø** ท่อ
Schnurbart *moustache* **nùat** หนวด
Schönheitssalon *beauty parlour* **ráan sŏöm-suay** ร้านเสริมสวย
Schrank *wardrobe, cupboard* **tûu** ตู้
Schrecklich! *terrible!* **yâä** แย่
Schuhe *shoes* **røøng-tháu** รองเท้า
Schuhgeschäft *shoe store* **ráan khaay røøng-tháu** ร้านขายรองเท้า
schuldig *guilty* **mii kwaam phìt** มีความผิด
Schule (Gebäude) *school* **roong-rian** โรงเรียน
Schüler *pupil* **nák rian** นักเรียน
Schulter *shoulder* **bàa** บ่า
Schüssel *pot, bowl* **tschaam, thoo, môø** ชาม / โถ / หม้อ
Schwäche *weakness* **aakaan øøn-ää** อาการอ่อนแอ
Schwager (älter) *brother-in-law* **phîi khŏöy** พี่เขย
Schwager (jünger) *brother-in-law* **nøøng khŏöy** น้องเขย
Schwägerin (älter) *sister-in-law* **phîi sàphái** พี่สะใภ้
Schwägerin (jünger) *sister-in-law* **nøøng sàphái** น้องสะใภ้
schwarz *black* **sĭi dam** สีดำ
Schwarzweißfilm *black-and-white film* **fim khaao-dam** ฟิล์มขาวดำ
Schwein *pig* **muu** หมู
Schweinefleisch *pork* **muu** หมู
Schweiz *Switzerland* **sawítsöölään** สวิตเซอร์แลนด์
Schwiegermutter (der Frau) *mother-in-law* **mââ phua** แม่ผัว
Schwiegermutter (des Mannes) *mother-in-law* **mââ yaay** แม่ยาย
Schwiegersohn *son-in-law* **lûuk khŏöy** ลูกเขย

Schwiegertochter *daughter-in-law* **lûuk sàphái** ลูกสะใภ้
Schwiegervater (der Frau) *father-in-law* **phôø phua** พ่อผัว
Schwiegervater (des Mannes) *father-in-law* **phôø taa** พ่อตา
Schwimmbecken *swimming pool* **sà wâay-náam** สระว่ายน้ำ
schwimmen *to swim* **wâay-náam** ว่ายน้ำ
Schwindel *vertigo* **wing-wian hua** วิงเวียนหัว
See *lake* **thalee sàap** ทะเลสาบ
seekrank *seasick, nausea* **mau khlûün** เมาคลื่น
Segelboot *sailing boat* **rüa bai** เรือใบ
Sehkraft, Augenlicht *eyesight* **saay-taa** สายตา
Seide *silk* **phâa mai** ผ้าไหม
Seidenraupe *silkworm* **tua mai** ตัวไหม
Seife *soap* **sabùu** สบู่
Seite (Buch) *page* **nâa** หน้า
Sekretärin *secretary* **leekhaanúkaan** เลขานุการ
Sekunde *second* **wí-naathii** วินาที
selten *hardly* **mâi khôi** ไม่ค่อย
Sender, Kanal, Programm *channel, program* **tschôøng** ช่อง
Serviette *napkin* **kradàat tschét müü** กระดาษเช็ดมือ
Shampoo *shampoo* **yaa sà phom** ยาสระผม
sich beeilen *to hurry* **rîip** รีบ
sich einigen *to agree* **tòk long kan** ตกลงกัน
sich treffen *to meet each other* **phóp kan, dschöö kan** พบกัน / เจอกัน
sich unterhalten *to talk, to chat* **khuy kan** คุยกัน
sicherlich *for sure* **nâä nøøn** แน่นอน
sie (3. pl) *they* **phûak khau** พวกเขา
Sie, Du *you* **khun** คุณ
Silber *silver* **ngöön** เงิน
silber (Farbe) *silver* **sĭi ngöön** สีเงิน
Singapore *Singapore* **sĭngkhapoo** สิงคโปร์
singen *to sing* **róøng phleeng** ร้องเพลง
Sitzplatznummer *seat number* **böö thîi-nâng** เบอร์ที่นั่ง
Skorpion *scorpion* **malääng pòøng** แมลงป่อง
Smaragd *emerald* **morakòt** มรกต
Snooker *snooker* **sanùkköö** สนุกเกอร์
Sodawasser *soda water* **náam soodaa** น้ำโซดา
Sojabohnen *soy bean* **thùa lŭang** ถั่วเหลือง
Sommer (heiße Zeit) *summer* **rŭduu róøn** ฤดูร้อน
Sonne *sun* **phrá-aathít** พระอาทิตย์
Sonnenaufgang *sunrise* **tawan kûn** ตะวันขึ้น
sonnenbaden *sunbathe* **àap-dàät** อาบแดด
Sonnenbrand *sunburn* **kriam dàät** เกรียมแดด
Sonnenbrille *sun glasses* **wâän-taa kan-dàät** แว่นตากันแดด
Sonnencreme *suntan-lotion* **lootschân kan-dàät** โลชั่นกันแดด
Sonnenschein *sunshine* **dàät** แดด
Sonnenuntergang *sunset* **tawan tòk** ตะวันตก
Soziologie *sociology* **sángkhom-wítthayaa** สังคมวิทยา
Spaß *fun* **khwaam sanùk** ความสนุก
spät *late* **saai** สาย
Spedition *freight forwarder* **borísàt khon-sòng sĭn-kháa** บริษัทขนส่งสินค้า
Speichel *saliva* **náam laay** น้ำลาย
Speisekarte *menu* **raay kaan aahaan** รายการอาหาร
Speisesaal *dining room* **hôøng aahaan** ห้องอาหาร
Speisewagen *train restaurant* **thîi thaan aahaan** ที่ทานอาหาร
Sperma *sperm, semen* **náam-asùdschi** น้ำอสุจิ

Spiegel *mirror* **kradschòk ngau** กระจกเงา
Spiegelei *fried egg* **khài daao** ไข่ดาว
Spielwarenladen *toy shop* **ráan khaay khrûang lên** ร้านขายเครื่องเล่น
Spinat *spinach* **phàk khom** ผักขม
Spinne *spider* **määng mum** แมงมุม
Sport *sport* **kiilaa** กีฬา
Spritze *syringe* **krabøøk tschìit yaa** กระบอกฉีดยา
Sprühregen, Niesel *drizzle* **fon tòk prøøy-prøøy** ฝนตกปรอยๆ
spülen *to flush (the toilet)* **tschák-khrôok** ชักโครก
Staat, Land *country* **prathêet** ประเทศ
Staatsangehörigkeit *nationality* **santschâat** สัญชาติ
Stäbchen (Essen) *chop-sticks* **takìap** ตะเกียบ
Stadion, Sportplatz *stadium* **sanaam kiilaa** สนามกีฬา
Stadt *city* **müang** เมือง
Stadtplan *city map* **phăän thîi** แผนที่
starten *to take off* **khûn** ขึ้น
Stativ *tripod* **saam-khaa** สามขา
Steckdose *socket* **tâu ráp** เต้ารับ
Stecker (elektr.) *plug* **plák** ปลั๊ก
stehlen *to steal* **khamooy** ขโมย
Stein *stone* **hĭn** หิน
sterben *to die* **taay** ตาย
Stern *star* **daao** ดาว
Sternfrucht *star apple* **mafüang** มะเฟือง
Steuer *tax* **phaasĭi** ภาษี
Stiefel *boots* **røøng-tháu suung** รองเท้าสูง
Stimmt! *That´s right!* **thùuk lắäo** ถูกแล้ว
Stirn *forehead* **nâa-phàak** หน้าผาก
Stoff *fabric, cloth* **phâa** ผ้า
stornieren *to cancel* **yók lôök** ยกเลิก
Strand *beach* **tschaay hàat** ชายหาด
Straße *road, street* **thaang, thanon** ทาง / ถนน
Strom *electricity, power* **fai fáa** ไฟฟ้า
Stromausfall *black-out, power cut* **fai dàp** ไฟดับ
Strömung *current* **krasăä náam** กระแสน้ำ
Strümpfe, Socken *socks* **thung-tháu** ถุงเท้า
Strumpfhosen *stockings* **thung-nôøng** ถุงน่อง
Student *student* **nák sùksaa** นักศึกษา
studieren *to study* **sùksaa** ศึกษา
Stuhl *chair* **kâu-îi** เก้าอี้
Stuhlgang *excrements, stool* **ùtdschaará** อุจจาระ
Stunde *hour* **tschûa-moong** ชั่วโมง
Sturm *storm* **phaayú** พายุ
Süden *South* **tâi** ใต้
Südostasien *South East Asia* **aasia aakanee** อาเซียอาคเนย์
Sünde *sin* **bàap** บาป
süß *sweet* **waan** หว่าน
Süßspeisen, Süssigkeiten *sweets* **khanom waan** ขนมหวาน / ของหวาน
Symptom *symptom* **aakaan** อาการ
Synthetik *synthetic* **phâa sangkhrø** ผ้าสังเคราะห์
Syphilis *syphilis* **rôok sifilít** โรคซิฟิลิส

T

T-Shirt *T-shirt* **sûa yûut** เสื้อยืด
Tablette *tablet, pill* **mét** เม็ด
Tag *day* **wan** วัน
täglich *daily* **thúk wan** ทุกวัน
tagsüber *during the day* **klaang wan** กลางวัน
Tal *valley* **hùp khau** หุบเขา
Tamarinde *tamarind* **makhaam** มะขาม
Tankstelle *filling station, petrol station* **pám náam-man** ปั๊มน้ำมัน
Tanz *dance* **rabam, ram** ระบำ / รำ
tanzen *to dance* **tên-ram** เต้นรำ
Tasche *bag* **krapau** กระเป๋า
Taschenbuch *paperback* **nangsüü pòk-øøn** หนังสือปกอ่อน

Taschenlampe *torch* **fai tschaay** ไฟฉาย
Taschenrechner *calculator* **khrûang khít lêek** เครื่องคิดเลข
Tasse *cup* **thûay** ถ้วย
tauchen *to dive* **dam-náam** ดำน้ำ
Taucher *diver* **pradaa-náam** ประดาน้ำ
Taucherbrille *diving goggles* **wâän-taa dam-náam** แว่นตาดำน้ำ
Tee *tea* **náam-tschaa** น้ำชา
Telefon *telephone* **toorasàp** โทรศัพท์
Telefonbuch *telephone directory* **samùt thoorasàp** สมุดโทรศัพท
Telefongespräch *phone call* **thoorasàp** โทรศัพท
Telefonnummer *telephone number* **böö thoorasàp** เบอร์โทรศัพท
Telegramm *telegram* **thooráléek** โธรเลข
Teleskop *telescope* **kløøng thoorathát** กล็องโทรทรรศน์
Teller *plate, dish* **dschaan** จาน
Tempel, Kloster *temple, monastry* **wát** วัด
Tempelfest *temple fair* **ngaan wát** งานวัด
Temperatur *temperatur* **unhaphuum** อุณหภูมิ
Tennis *tennis* **thennít** เทนนิส
Tennisschläger *racket* **mái thennít** ไม็เทนนิส
Teppich *carpet* **phrom** พรม
Termin *appointment* **kamnòt** กำหนด
teuer *expensive* **phääng** แพง
Thai-Boxen *Thai boxing* **muay thai** มวยไทย
Thailand *Thailand* **prathêet thai, müang thai** ประเทศไทย / เมืองไทย
Theater *drama* **lakhøøn** ละคร
Theaterhaus *theatre* **roong lakhøøn** โรงละคร
theoretisch *in theory* **nai thaang thrüsadi** ในทางทฤษฎี
Thermometer *thermometer* **prøøt wát unhaphuum** ปรอทวัดอุณหภูมิ
Thron *throne* **banlang** บัลลัง
Thunfisch *tuna* **plaa oo** ปลาโอ
Tiger *tiger* **sǔa** เสือ
Tintenfisch *cuttlefish* **plaa mùk** ปลาหมึก
Tischtennis *table tennis* **ping-pøøng** ปิงปอง
Tischtuch *table cloth* **phâa puu tó** ผ้าปูโต๊ะ
Titel (Buch) *title* **tschûü nangsǚü** ชื่อหนังสือ
Toastbrot *toast* **khanom-pang-pîng** ขนมปังปิ้ง
Tod *death* **khwaam taay** ความตาย
Toilette (zum Sitzen) *(western-style) toilet* **sûam** ส้วม
Toilette, WC *toilet, WC* **høøng náam, sûam** ห็องนำ / ส็วม
Toilettenpapier *toilet paper* **kradaat tschamrá** กระดาษชำระ
Toll! *Great!* **yôøt yîam** ยอดเยียม
Tollwut *rabies* **rôok klua náam** โรคกลัวน้ำ
Tomate *tomato* **makhǚa thêet** มะเขือเทศ
Tor (Fußball) *goal* **pratuu** ประตู
Torwart *goalkeeper* **phûu ráksaa pratuu** ผู้รักษาประตู
Tourist *tourist* **nák thôøng-thîao** นักท่องเที่ยว
Touristenpolizei *tourist police* **tamrûat thôøng-thîao** ตำรวจท่องเที่ยว
trainieren *to exercise* **øøk kamlang** ออกกำลัง
Treppe *staircase* **bandai** บันได
trinken *to drink* **kin náam, dùüm** กินน้ำ / ดื่ม
Trinkwasser *drinking water* **náam dùüm** น้ำดื่ม
trocken *dry* **hâäng** แห็ง
Tropfen *drop* **yòt** หยด
Tuberkulose *tubercolosis* **wannárôok** วัณโรค
tun, machen *to do, to make* **tham** ทำ
Tür *door* **pratuu** ประตู
Turm *tower* **høø** หอ
Turnschuhe *sport shoes* **røøng-tháu kiilaa** รองเท้ากีฬา
Tüte, Tasche *bag* **thung** ถุง
Typhus *typhoid fever* **khâi râak-sàat** ไขรากสาด

U

Übelkeit *nausea* **klûün-sâi** คลื่นไส้
Überfall *assault* **dschoomtii** โจมตี
übermorgen *day after tomorrow* **marüün níi** มะรืนนี้
Überschwemmung *flood* **náam thûam** น้ำท่วม
Überweisung *transfer, remittance* **kaan sòng ngöön** การส่งเงิน
Uhr *clock, watch* **naalíkaa** นาฬิกา
umschalten *switch channels* **plìan tschôøng** เปลี่ยนช่อง
umsteigen *to change (trains/buses)* **plìan rót** เปลี่ยนรถ
Umtauschquittung *bill of exchange* **bai lǟäk ngöön** ใบแลกเงิน
Unfall *accident* **ubàttihèet** อุบัติเหตุ
Universität *university* **mahaa-wítthayaalai** มหาวิทยาลัย
unschuldig *innocent* **mâi mii kwaam phìt** ไม่มีความผิด
Unsinn! *Nonsense!* **rái saará** ไร้สาระ
unten *below, down* **khâang lâang** ข้างล่าง
unter *under* **tâi** ใต้
Unterernährung *malnutrition* **rôok khàat aahaan** โรคขาดอาหาร
Unterhaltung, Show *entertainment, show* **mahøørasòp** มหรสพ
Unterhemd *undervest* **sûa klâam** เสื้อกล้าม
Unterhose *panties* **kaang-keeng nai** กางเกงใน
unterschreiben *to sign* **long tschûü, sen tschûü** ลงชื่อ / เซ็นชื่อ
Unterschrift *signature* **laay müü tschûü, laay sen** ลายมือชื่อ / ลายเซ็น
Untersuchung *examination* **kaan trùat** การตรวจ
Unterwäsche *underwear* **sûa nai** เสื้อใน
Urin *urine* **pàtsaawá, náam yîao** ปัสสาวะ / น้ำเยี่ยว

V

Vagina *vagina* **tschôøng klôøt** ช่องคลอด
vegetarisch *vegetarian* **mangsawírát** มังสวิรัติ
Ventilator *fan* **phát-lom** พัดลม
Verabredung *appointment, date* **nát** นัด
Verband *bandage* **phâa phan-phlǟä** ผ้าพันแผล
verbinden (Telefon) *to connect* **tòø** ต่อ
Verbrechen *crime* **àatyaa-kam** อาชญากรรม
Vereinigte Staaten *United States* **sahàrát àmeeríkaa** สหรัฐอเมริกา
Vergewaltigung *rape* **kaan khòm-khüün** การข่มขืน
vergleichen *to compare* **priàp thîap** เปรียบเทียบ
Vergrößerung *enlargement* **kaan khayaay** การขยาย
verhaften *to arrest* **dschàp-kum** จับกุม
verkaufen *to sell* **khaay** ขาย
Verkaufspreis *retail price* **khâa khaay-pliik** ค่าขายปลีก
verlieren *to lose* **phǟä** แพ้
Verlust *loss* **khàat-thun** ขาดทุน
Vermittlung/Auskunft *operator* **dschâu nâa-thîi tòø thoorasàp, oopööreetôö** เจ้าหน้าที่ต่อโทรศัพท / โอเปอเรเตอร์
Versandkosten *transport costs* **khâa khon-sòng** ค่าขนส่ง
Versicherung *insurance* **kaan prakan** การประกัน
verspätet *delayed* **tscháa** ช้า
Verstopfung *constipation* **thóøng phùuk** ท้องผูก
Vertrag *contract* **sanyaa** สัญญา
Vertragsbedingungen *terms, conditions* **ngûan-khai** เงื่อนไข
Vertreter *agent, representative* **phûu thään** ผู้แทน
Verwaltung *administration* **kaan boríhaan** การบริหาร

Verwandte *relatives* **yâat** ญาติ
Videokamera *video camera* **klôøng thàay wii-dii-oo** กล้องถ่าย วีดีโอ
Videokassette *video tape* **múan têep wii-dii-oo** ม้วนเทป วีดีโอ
viel *much, many, a lot of* **mâak** มาก
vielleicht *perhaps, maybe* **baang thii** บางที
Vietnam *Vietnam* **wîatnaam** เวียดนาม
violett *purple* **sĭi mûang** สีม่วง
Virus *virus* **wairát** ไวรัส
Visitenkarte *business card* **naam-bàt** นามบัตร
Vogel *bird* **nók** นก
Volksmusik *folk music* **dontrii lûuk-thûng** ดนตรีลูกทุ่ง
Vorausbezahlung *prepayment* **kaan dschàay lûang-nâa** การจ่ายล่วงหน้า
vorgestern *day before yesterday* **waan-süün** วานซืน
Vorhang *curtain* **phâa mâan** ผ้าม่าน
Vorname *first name* **tschûû** ชื่อ
vorne *ahead, in front* **khâang nâa** ข้างหน้า
Vorwahl *dial prefix, area code* **rahàt thoorasàp** รหัสโทรศัพท

W

Waage *scales* **khrûang tschâng** เครื่องชั่ง
Waffe *weapon, gun* **püün** ปืน
Waggon *car* **rót** รถ
wählen (Telefon) *to dial* **mun** หมุน
Währung *currency* **ngöön traa** เงินตรา
Wald *forest* **pàa** ป่า
Wand *wall* **faa phanang** ฝาผนัง
Wann? *When?* **mûarai** เมื่อไร
Ware *article* **sĭnkháa** สินค้า
warm *warm* **ùn** อุ่น
warten *to wait* **khøøy, røø** คอย / รอ
Warum? *Why?* **tammai** ทำไม
Was? *What?* **arai** อะไร
Waschbecken *basin* **àang láang müü** อ่างล้างมือ
Wäsche waschen *to do the laundry* **sák phâa** ซักผ้า
waschen (Haare) *to wash (one´s hair)* **sà phom** สระผม
Wasser *water* **náam** น้ำ
Wasser abkochen *to boil water* **tôm náam** ต้มน้ำ
Wasser lassen *to pass urine* **yîao, pàtsaawá** เยี่ยว / ปัสสาวะ
Wasserfall *waterfall* **náam tòk** น้ำตก
Wasserhahn *tap, faucet* **hua-kók-náam** หัวก๊อกน้ำ
Wassermelone *watermelon* **tääng moo** แตงโม
Watte *cotton* **fâay** ฝ้าย
Wechselkurs *exchange rate* **àttraa lâäk ngöön** อัตราแลกเงิน
wechseln *to exchange, to change* **lâäk, lâäk-plian** แลก / แลกเปลี่ยน
wecken *to wake up* **plùk** ปลุก
Wecker *alarm clock* **naalíkaa plùk** นาฬิกาปลุก
weiblich *female* **yĭng** หญิง
weich *soft* **nîm** นิ่ม
Weintrauben *grapes* **angùn** องุ่น
weiß *white* **sĭi khaao** สีขาว
weit *far* **klai** ไกล
weit, locker *loose* **luam** หลวม
weitsichtig *far-sighted* **møøng hen kaan klai** มองเห็นการไกล
Welch (-e,-er,-es)? *Which?* **nai** ไหน
Wellen *waves* **khlûün** คลื่น
Welt *world* **lôok** โลก
weniger *less* **nøøy kwàa** น้อยกว่า
Wer? *Who?* **khrai** ใคร
Werbung, Reklame *advertisement* **khôotsanaa** โฆษณา
Werkstatt *garage* **roong søôøm-sääm rót** โรงซ่อมแซมรถ
Westen *West* **tàwan-tòk** ตะวันตก
Wetter *weather* **aakàat** อากาศ
Wie lange? (zeitlich) *How long?* **naan thâurai** นานเท่าไร
Wie weit? *How far?* **klai thâurai** ไกลเท่าไร

Wie? *How?* **yàang-rai** อย่างไร
wiegen *to weigh* **nàk** หนัก
Wieviel? *How much?* **thâurai** เท่าไร
Wieviele? *How many?* **kìi** กี่
Wildschwein *wild boar* **muu pàa** หมูป่า
Wimpern *eyelashes* **khon taa** ขนตา
Wind *wind* **lom** ลม
windig *windy* **lom rääng** ลมแรง
Winter (kalte Zeit) *winter* **rʉ̌duu naao** ฤดูหนาว
wir *we* **rau** เรา
Wirbelsäule *spine* **kradùuk san-lang** กระดูกสันหลัง
Wirbelsturm, Orkan *cyclone, typhoon* **phaayú mun** พายุหมุน
wirklich *really* **dsching rʉ̌ʉ plàu** จริงหรือเปล่า
Wissenschaftler *scientist* **nák wítthayaa-sàat** นักวิทยาศาสตร์
Wo? *Where?* **thîi nai** ที่ไหน
Woche *week* **aathít, sàpdaa** อาทิตย์ / สัปดาห์
Wochenende *weekend* **sîn sàpdaa, sau aathít** สิ้นสัปดา / เสาร์อาทิตย์
Woher? *Where from?* **dschàk thîi nai** จากที่ไหน
Wohin? *Where to?* **pai nai** ไปไหน
Wolke *cloud* **mêek** เมฆ
wolkenlos *cloudless* **mâi mii mêek** ไม่มีเมฆ
Wolle *wool* **phâa khon kà** ผ้าขนแกะ
Wundstarrkrampf *tetanus* **rôok bàat tayák** โรคบาดทะยัก
Wurm *worm* **nøøn** หนอน
Wurst, Würstchen *sausage* **sâi krøøk** ไส้กรอก

Z

zahlen *to pay* **dschàay ngöön, sǐa ngöön** จ่ายเงิน / เสียเงิน
Zahn *tooth* **fan** ฟัน
Zahnarzt *dentist* **thantaphâät, møø fan** ทันตแพทย์ / หมอฟัน
Zahnbürste *tooth-brush* **prääng sǐi fan** แปรงสีฟัน
Zahnpasta *tooth-paste* **yaa sǐi fan** ยาสีฟัน
Zehen *toes* **níu-tháu** นิ้วเท้า
Zeit *time* **weelaa** เวลา
Zeitschrift *magazine* **níttayasaan** นิตยสาร
Zeitung *newspaper* **nangsʉ̌ʉ-phim** หนังสือพิมพ์
Zelt *tent* **tén** เต๊นท์
Zentimeter *centimetre* **seentimét** เซนติเมตร
Zeremonie *ceremony* **phíthii** พิธี
Zeuge *witness* **phayaan** พยาน
Zimmer *room* **hôøng** ห้อง
Zimmernummer *room number* **böö hôøng** เบอร์ห้อง
Zinsen *interest* **dòøk bîa** ดอกเบี้ย
Zitrone, Limone *lemon* **manaao** มะนาว
Zitronengras *lemon grass* **takhrái** ตะไคร้
Zitronensaft *lemon juice* **náam manaao** น้ำมะนาว
Zollbehörde *customs department* **krom sunlakaakøøn** กรมศุลกากร
Zollformular *customs form* **bàap-phim sunlakaakøøn** แบบพิมพ์ศุลกากร
zu groß *too big* **yài köön pai** ใหญ่เกินไป
zu klein *to small* **lék köön pai** เล็กเกินไป
zu viel *too much* **mâak köön pai** มากเกินไป
zu wenig *too little* **nøøy köön pai** น็อยเกินไป
Zucker *sugar* **náam-taan** น้ำตาล
Zuckerapfel *custard apple* **nøøy-nàa** น็อยหน่า
Zuckerkrankheit *diabetes* **rôok bau waan** โรคเบาหวาน
Zuckerrohr *sugar cane* **ôøy** อ็อย
zufälligerweise *by chance.* **dooy bangöön** โดยบังเอิญ
Zukunft *furture* **ànaakhôt** อนาคต
Zunge *tongue* **lín** ลิ้น
Zwiebel *onion* **hua høøm** หัวหอม

Index